AKAL BÁSICA DE BOLSILLO **379**

AF276903

Diseño interior y cubierta: RAG

Imagen de cubierta:
Alfredo Montaña

1.ª edición, 1999
6.ª edición corregida y actualizada, 2025

© Luis López Ruiz, 1999, 2016, 2018, 2025

© Ediciones Akal, S. A., 2025
Sector Foresta, 1
28760 Tres Cantos
Madrid - España
Tel.: 918 061 996
Fax: 918 044 028
www.akal.com

ISBN: 978-84-460-5623-2
Depósito legal: M-8-2025

Impreso en España

Luis López Ruiz

Guía del flamenco

Luis López Ruiz nació en el Puerto de Santa María (Cádiz), uno de los núcleos de mayor tradición flamenca de la Baja Andalucía. Doctor en Filología y catedrático jubilado, ha sido director del Centro Cultural Hispánico de Madrid, donde ha organizado, durante veinte años, cursillos monográficos de flamenco (conferencias, audiciones, vídeos y debates) para profesores extranjeros de español. Es miembro de la Cátedra de Flamencología de Jerez de la Frontera (Cádiz).

akal

ARGENTINA / ESPAÑA / MÉXICO

Introducción

Lo que se pretende al escribir este libro es, fundamentalmente, orientar. Proporcionar información a las personas interesadas en este tema. Todo aquel que sintiéndose más o menos atraído por el misterioso arte que es el flamenco, desee conocerlo y no sepa cómo, encontrará en este estudio las vías necesarias para hacerlo.

No pretendemos dogmatizar ni descubrir nada nuevo. Queremos, simplemente, ayudar a los no iniciados para que puedan, con la mayor facilidad posible, acercarse a las verdades que el flamenco encierra. Y hacer que el recorrido por sus oscuros vericuetos –casi todos todavía sin esclarecer– se ilumine un poco. Después cada uno, en la medida que su sensibilidad se lo permita, sentirá más o menos profundamente el *pellizco* del flamenco y podrá calibrar, con cierta dosis de acierto, dónde está lo bueno y dónde no.

Todavía seguimos hoy sin saber apenas qué es el flamenco pero sí es posible saber dónde está en cada uno de nosotros. La dualidad «ser/estar» del español nos permite saber en cada caso lo que las cosas son y dónde –cómo– cuándo están; lo que es el hombre y dónde, cómo y cuándo está.

No pretendemos llegar a poder decir plenamente lo que es el flamenco (ni, por supuesto, el hombre) pero sí dónde está, cómo está y desde cuándo está.

De todos los tópicos adjudicados a España en los últimos tiempos, quizá ninguno ha sido tratado tan burdamente y con tanta intensidad como el flamenco. Andalucía como símbolo común de España y, de Andalucía, el flamenco ¡y olé!

Esta es la visión que tiene de España una gran mayoría de los millones y millones de turistas que la visitan todos los años. Sucede, además, que una serie de españoles oportunistas dedicados a la explotación del turista, no tiene el más mínimo reparo en engrosar esta falsa creencia que el viajero suele traer. Y le ofrece una España superficial y aparente de pandereta y castañuelas para que el foráneo «se sienta» de verdad en España. Muchos de ellos –hoteleros, dueños de restaurantes, organizadores de espectáculos, agentes de los llamados «tour operators», etc.– les pondrían, si pudieran, batas de cola a las taquilleras del metro y una guitarra en la mano a los guardias para que dirigieran el tráfico con ella.

Esta falsa España tópica que mucho turista adocenado quiere descubrir se fomenta, como decimos, desde dentro de la propia España. La muestra suprema la encontramos, sin duda, en el pseudoflamenco que se ofrece, con más frecuencia de lo que quisiéramos, en algunos tablaos.

Y que nadie se ofenda por lo que acabamos de decir. Que si alguien se siente aludido sus motivos tendrá para que así sea. Porque hay por fortuna muchas y muy honrosas excepciones tanto en el gremio de los hoteleros como en el de los restauradores, promotores de espectáculos, agentes de viaje, etcétera.

La mayoría de las agencias de viaje que programan las estancias de grupos de turistas en Madrid, por ejemplo, no dejarán nunca de incluir en su repertorio una excursión a Toledo (un poco de cultura queda siempre muy bien); la asistencia a una corrida de toros (y de esto habría igualmente mucho que hablar pero no es el tema que nos ocupa) y, ¡por supuesto! un espectáculo flamenco en un tablao. Aquí es donde, a veces, el timo llega a la exasperación. Porque en Toledo, a pesar de la especial interpretación que se le dé a las cosas, la catedral y El Greco seguirán siendo lo que son. Y en la corrida, por mucha mixtificación que exista, el toro –mal que bien– sigue teniendo dos cuernos. ¡Pero en el flamenco de algunos tablaos...! ¡Dios nos coja confesados! ¡Se oye y se ve cada cosa...! Justo es decir también que ha habido, y hay, tablaos muy buenos que han sido básicos para el mantenimiento y el desarrollo del flamenco.

Naturalmente no pretendemos establecer sistemas de vida a ultranza de corte dictatorial: las agencias pueden organizar los viajes como prefieran; los tablaos pueden igualmente montar los espectáculos que deseen y los turistas pueden seguir «tragándose» cuanto quieran. Nosotros lo único que queremos es aclarar las cosas e intentar que el lector consiga sacar unas cuantas ideas también claras en lo que al flamenco se refiere.

Situar al presunto aficionado adecuadamente ante el flamenco y fijarle las coordenadas imprescindibles para que sepa, a su vez, situarlo frente a sí mismo, estos son los objetivos que, con humildad, nos proponemos.

1
Orígenes del flamenco

La vinculación de los gitanos al flamenco es total. De ahí que, cualquier análisis que quiera hacerse acerca del flamenco, implique el estudio previo del pueblo gitano. Cuanto mejor conozcamos a los gitanos mejor podremos entender el misterioso mundo del flamenco.

Procedencia de los gitanos

La creencia falsa –mantenida en pie incomprensiblemente durante tantos años– de que los gitanos (los egipcianos) venían de Egipto está hoy totalmente superada. Nadie que estudie a los gitanos con un mínimo de rigor dirá hoy tal cosa. Las opiniones más serias y más fidedignas coinciden en afirmar que los gitanos proceden del norte de la India, de la zona que se llama hoy Pakistán. Son, por tanto, indios. Pero no son arios de origen sino que su etnia hay que vincularla a la raza prearia que habitó y desarrolló una extraordinaria cultura en el valle del Indo antes de ser sometidos por los invasores.

Con el paso de los años esta cultura superior se fue imponiendo de nuevo, renaciendo, porque, como apunta Félix Grande, «el orgullo de los humillados sobrevive a la soberbia de los poderosos».

El misterio acerca del origen de los gitanos ha sumido en la confusión y el error a mucha gente. No vamos a pretender esclarecerlo todo aquí en cuatro líneas pero sí queremos dejar constancia de dos verdades evidentes e imprescindibles:

1. Los gitanos son indios y no egipcios.
2. No proceden, por lo tanto, de Egipto ni mucho menos llegan a España encaminados desde Flandes como han podido imaginar algunas mentes alienadas.

Su tortuoso peregrinaje

Después de largas y penosas vicisitudes, los gitanos inician un éxodo masivo en el siglo ix. El pueblo gitano prefiere huir antes que luchar. Y emigra. Nunca se adornó esta raza de virtudes guerreras.

Existen opiniones diversas sobre la ruta seguida y, probablemente, lo más acertado sea suponer que no tuvieron un itinerario único. Sin embargo, la opinión más generalizada se inclina por estimar que el camino seguido preferentemente fue salir de lo que ahora es Pakistán y atravesar Afganistán, Persia (hoy Irán), Armenia, bordear el mar Negro, Turquía y toda la franja sur de Europa con incursiones hacia el centro para terminar con derivaciones hacia los países nórdicos, Gran Bretaña y España.

Este largo peregrinaje fue lento y dificultoso aunque no sea este el momento de analizarlo con detenimiento. Digamos que, salvo periodos excepcionales, las penalidades les acompañaron por todas partes y el gitano fue, de ordinario, mal recibido dondequiera que estuvo.

En Europa penetraron en el siglo xiv y se extendieron por ella a lo largo de ese siglo y del siguiente.

Llegada a España

Con respecto a España –que es lo que ahora nos interesa– la más antigua prueba documental escrita con que contamos data de 1425. Es un salvoconducto expedido por el rey Alfonso V el Magnánimo autorizando la entrada de un grupo de gitanos en enero de ese año. O sea, que los gitanos entran en España cuando se cumple el primer cuarto del siglo xv.

Se calcula que, en sucesivas oleadas, debieron llegar a España –siempre a través de los Pirineos– hasta 180.000 gitanos que se fueron desperdigando por todo el país.

Otro documento testimonial nos informa de que llegaron a Andalucía, concretamente a Jaén, en 1462. Allí encontraron una tierra y un ambiente adecuados para asentarse. La razón fundamental fue la idiosincrasia de los andaluces.

Durante siglos Andalucía había padecido numerosas invasiones (tartesos, fenicios, griegos, cartagineses, romanos, visigodos, árabes...) pero también se había beneficiado de ellas convirtiéndose en crisol de culturas. El espíritu abierto de los andaluces, siempre hábiles receptores, acogió al pueblo gitano y se produjo una profunda simbiosis.

Recreación por parte de los gitanos de la música andaluza. Nacimiento del flamenco

Los gitanos se aclimatan en Andalucía y asimilan las formas de vida, las costumbres y el folclore de la tierra. Bernard Leblon lo analiza con absoluta claridad:

> Una larga tradición de hospitalidad, un don particular para la comunicación, unas afinidades evidentes en lo que concierne al gusto por la música y el sentido de la fiesta sin olvidar la necesidad de artesanos y comerciantes especializados, han debido facilitar la instalación de los gitanos en varias regiones de Andalucía.

Sabemos que los gitanos practicaron dos tipos de música muy diferentes. Por una parte, fomentaron una música folclórica, alegre, expansiva a la que podríamos incluso llamar comercial que les sirvió para divertir a la gente y para asegurarse el pan de cada día. Pero, paralelamente, también desarrollaron otra música intimista, cargada de valores, humana, que ejecutaban solamente en círculos cerrados.

No hay que olvidar que, por diversas razones políticas, religiosas, ideológicas o económicas numerosos grupos étnicos heterogéneos compartieron en la España de aquel entonces miseria y penas: judíos, moriscos, gitanos, andaluces... Todos ellos, en ambientes familiares reducidos o en solidaria convivencia comunitaria aportarían a la música el eco de sus sufrimientos. Con innegables influencias judías y moriscas y, sobre todo, basándose en la mutua asimilación de andaluces y gitanos, nacerían los primeros gritos, preludio de lo que luego fue el cante. Por eso se ha dicho a veces que el flamenco nació por necesidad.

Es indudable que la participación gitana ha sido decisiva en la gestación del flamenco pero también hay que afirmar rotundamente que el flamenco no es patrimonio exclusivo de los gitanos como muchos pretenden afirmar. Sin ellos el flamenco no existiría pero no han sido sus creadores exclusivos.

Los gitanos no se distinguen por su espíritu creativo precisamente; imaginativo, sí. El gitano no crea: asimila, se integra y, al mismo tiempo, deja sentir su influencia.

Su verdadera incapacidad creadora –si es que llega a negársele por completo– la suple con ingenio, ductilidad y actitud maleable. Su participación en el proceso engendrador del flamenco es decisiva e imprescindible. Pero de ahí a decir que el cante les pertenece hay un abismo; un abismo insalvable.

Una simple prueba que demuestra de una vez por todas y para siempre que el flamenco no es creación suya es el hecho de que no haya ni un cante con nombre caló: todos tienen nombre castellano. No es creación suya desde luego pero coadyuvan definitivamente.

Molina y Mairena –que tan exageradamente han realizado el papel de los gitanos en la creación del cante– aciertan sin embargo cuando dicen que «con los materiales dispersos en los campos de Sevilla y Cádiz, un nuevo pueblo, el gitano, llegado al final del siglo xv, forjará los primitivos cantes flamencos, integrando en ellos diversas tradiciones musicales».

Ríos Ruiz incide en el mismo tema:

> Los gitanos absorbieron el folclore andaluz de viejísimas resonancias orientales, un cancionero popular de amplia gama musical y estilística para inyectarle su racial eco, brotando de este cruce algo nuevo: el cante jondo.

La conclusión a la que hay que llegar es clara: el flamenco surge cuando los gitanos llegan a Andalucía. Pero también, y sobre todo, porque llegan precisamente a Andalucía. En su largo peregrinar por tierras muy diversas y conviviendo con pueblos y razas muy diferentes jamás hubo ni el más mínimo atisbo de flamenco en ningún sitio. El gitano no canta flamenco por el hecho de serlo. El flamenco no es un producto natural de los gitanos sino la muestra musical que nace sólo y exclusivamente también en algunos sectores de Andalucía.

Sirva de rúbrica a lo que venimos diciendo estas palabras de Félix Grande:

> Sean cuales sean las diversas procedencias de las remotas músicas que sirvieron para la formación del cante, lo decisivo fue la mezcla; y esa mezcla sólo ocurrió en Andalucía.

2
Evolución y desarrollo

Aparición y desarrollo del flamenco

> Ciertos reflujos tribales de los gitanos han sido quienes
> rehicieron en algunas insignes covachas andaluzas lo que ha-
> bía permanecido en estado latente durante siglos.

Estas palabras de Caballero Bonald enlazan con lo que
hemos visto en el capítulo anterior y reafirman lo que ya
sabemos: los gitanos, en íntima convivencia con los andaluces y asimilando su folclore musical, posibilitan el nacimiento del flamenco. ¿Cuándo ocurre esto? Ríos Ruiz dice que
«hasta que no llegan a Andalucía y se asientan dos siglos en
Sevilla y Cádiz, los gitanos no cantan nada parecido». Teniendo en cuenta que los gitanos llegan al norte de Andalucía en 1462; que tardarían algún tiempo en alcanzar Sevilla
y, sobre todo, Cádiz y que el proceso de aclimatación y asimilación del folclore y la cultura sobrepasaría los dos siglos,
deducimos que el flamenco como tal no aparecería antes del
siglo XVIII.

Suelen mencionarse como primeras referencias literarias
del flamenco las que aparecen en 1847 en el libro de Serafín
Estébanez Calderón *Escenas andaluzas*.

Efectivamente, las citas que en el mencionado libro encontramos son claras, evidentes y definitivas pero no pueden considerarse como las primeras. Hay otras mucho antes. Nos limitaremos a decir que, por ejemplo, en 1793 José de Cadalso, en su obra *Cartas marruecas,* habla de haber escuchado un polo cantado por los gitanos.

Desde cuándo se canta flamenco no lo sabemos. Contamos con las referencias mencionadas del siglo xviii aunque cabe sospechar que los primeros brotes fueron anteriores. Fernando Quiñones opina que «las líneas actuales del cante flamenco fueron básicamente trazadas en el siglo xviii e incubadas en los anteriores».

Sabiendo que los gitanos están ya en Andalucía en el último tercio del siglo xv, no puede resultar descabellada tal afirmación.

Consideramos, por tanto, que el flamenco, más o menos estructurado como hoy lo conocemos, se manifiesta en el último tercio del siglo xviii. A pesar de todas sus apariencias de arte arcaico y antiquísimo, sólo tiene, por lo tanto, poco más de dos siglos de existencia. Y de esta breve singladura aún tenemos que considerar que sabemos bastante poco de los primeros cuarenta o cincuenta años.

Periodos históricos fundamentales

Resumiendo al máximo, se podría hablar de prehistoria e historia del flamenco. ¿Qué entendemos por prehistoria? Todo el periodo transcurrido desde sus orígenes hasta el momento de aparecer las primeras grabaciones. La prehistoria del cante sería, por tanto, el que no conocemos. El cante del que hemos oído hablar, del que tenemos referencias pero no sabemos exactamente cómo era. La *seguiriya* de El Planeta o la *cabal* de El Fillo, ¿cómo eran realmente? Nadie puede saberlo. La muerte sepultó en silencio las voces de aquellos cantaores legendarios.

Con la aparición del disco en el mundo del flamenco en 1901 comienza lo que podríamos llamar la historia del flamenco. Contamos con el documento necesario. A partir de ahí sabemos ya cómo era el cante. Se han acabado las elucubraciones intuitivas deduciendo a base de imaginación y fantasía, cómo cantaba Silverio o El Nitri. El disco representa el testimonio de una voz grabada para siempre. Y así se escribe la historia del flamenco.

Estos dos grandes periodos son susceptibles, sin embargo, de desglosarse en etapas más cortas y mejor definidas. Podemos considerarlas así:

a) Etapa inicial, es decir, desde el último tercio del siglo XVIII hasta los comienzos del siglo XIX. Aparecen los primeros nombres conocidos, capitaneados todos ellos por Tío Luis el de la Juliana[1], el primer cantaor conocido, auténtico patriarca del cante. De él no se sabe nada directamente sino sólo las referencias que nos da otro cantaor, Juanelo, que decía haberlo conocido.

b) La llamada Edad de Oro del flamenco, aproximadamente de 1840 a 1860. Aparece el primer cantaor verdaderamente conocido: El Planeta, con referencias literarias. La época la llena con su avasalladora personalidad un cantaor de fábula: El Fillo.

c) Apogeo del café cantante. Para algunos este es el periodo más grande de todos los tiempos con figuras excepcionales e irrepetibles como Silverio, El Nitri, Enrique el Mellizo, Manuel Torre o Chacón. El café cantante difunde el flamenco al máximo. El cante se profesionaliza con todo lo que esto tiene de bueno y de malo. Y el cantaor se dignifica. Frédéric Deval comenta a este respecto:

---

1 Según nos dice Juan de la Plata, no hay rastro de la existencia de la tal Juliana en los archivos parroquiales de Jerez. El nombre del cantaor debió de ser Tío Luis de la Jeliana, aludiendo a este tipo de cante. Por corrupción fonética o por confusión dio lugar a Juliana.

El café cantante constituye una etapa esencial de la profesionalización del flamenco. En ella el cantaor aprende a construir un recital, la bailaora se habitúa a medirse con otras y el guitarrista aprende igualmente a darle consistencia a su estilo gracias a la obligación melódica-armónica de acompañar el cante y la obligación rítmica de acompañar el baile.

Esta época de los cafés de cante se desarrolla entre 1860 y 1920 aproximadamente.

d) El flamenco en el teatro: 1920-1940.

Se dice que Silverio sacó el flamenco de la taberna para llevarlo al café cantante. Y también se ha dicho que Chacón, después de frecuentar el café cantante durante muchos años, lo llevó al teatro. Sin embargo, mucho antes que él lo hicieron Silverio, Juan Breva y otras figuras del cante. Luego, Marchena, La Niña de los Peines o Caracol, por ejemplo, han actuado en el teatro mucho más que él.

Como quiera que sea, el horizonte se amplía a partir de 1920 y el flamenco invade los teatros. Los puristas seguirán rasgándose las vestiduras presintiendo, sin duda, la degradación que terminaría en el operismo flamenco. Efectivamente, la masificación no puede beneficiar al flamenco. Ríos Ruiz llega a decir que «nada ha dañado tanto al cante como la escena».

En el teatro, el flamenco atraviesa por varios periodos diferentes. En una primera etapa, la calidad se conserva. Chacón, por inadecuado que pueda resultar un teatro para cantar flamenco, mantiene el tipo y su cante sigue siendo bueno. Pero, quizá inconscientemente, introdujo excesivas modificaciones modernizantes que, en la voz de sus continuadores, nos llevaron a un virtuosismo sofisticado carente de toda hondura. Este cante afiligranado, sonoro, efectista constituye lo que se dio en llamar Ópera Flamenca.

e) El Concurso Nacional de Cante Jondo de Granada en 1922.

No representa ningún periodo en sí puesto que se refiere a un acontecimiento de muy breve duración. Sin embargo, su relevancia fue tan grande que marcó un hito histórico.

Un grupo de intelectuales y artistas con Manuel de Falla a la cabeza lo convocaron con la intención de reivindicar la pureza de un arte que agonizaba. La competencia del operismo era avasalladora. Lo triste fue que, mientras que los intelectuales respondieron con entusiasmo a la llamada de Falla colaborando intensamente, el pueblo –¡tanto como se dice que el flamenco es voz del pueblo!– apenas si prestó atención y volvió la espalda al Concurso.

El primer premio lo ganaron al alimón El Tenazas y Manolo Caracol, por aquel entonces Niño Caracol, pues sólo tenía doce años.

Lamentablemente, el Concurso –que tenía muchas lagunas en su estructura organizativa– no influyó de forma positiva en la mejora del cante. Sirvió sólo para dar publicidad a un arte en plena decadencia e incluso colaboró a fomentar todavía más su deterioro.

f) La Ópera Flamenca.

Con Pepe Marchena, el operismo flamenco se extiende al máximo y la degradación se acentúa. El cante puro se desprecia y el fandango se hace rey del cante acaparándolo todo. Se pierde el gusto por el cante auténtico y, en su lugar, se supervalora el cante superficial. Y lo triste es que algunos cantaores de calidad tienen que refugiarse en esta mixtificación falsa y aparente para poder seguir viviendo. El gorgorismo y la filigrana imperan por completo y el cante, tan triste de por sí por su intrínseco dramatismo, se hace ahora ridículamente triste por su tergiversación.

Como colofón a esta tendencia surgieron en la década de los cuarenta los espectáculos teatrales aflamencados, especialmente de la mano de Manolo Caracol. Marchena y Caracol fueron dos grandes cantaores cuyas innovaciones pudieron perjudicar, sin embargo, al cante en cierta medida. En su tiempo entusiasmaron a un público sensiblero y enfervorizado, muy en consonancia con la situación política del momento. Por fortuna, este pseudoflamenco adulterado pasó pronto de moda.

g) La década de los cincuenta: renace la esperanza.

Varios acontecimientos trascendentales ocurren en esta época y transforman el panorama del flamenco por completo. José Blas Vega los resume con precisión:

> Con el año 1955 comienza una nueva etapa en la historia del flamenco [...]
>
> Varios factores han conducido a este renacimiento definitivo. El primero y más importante fue la publicación del libro de Anselmo González Climent titulado *Flamencología*. Le siguen una campaña de conferencias y más de una cincuentena de publicaciones [...]
>
> Fundación de la Cátedra de Flamencología de Jerez [...]
>
> Concurso Nacional de Arte Flamenco organizado cada tres años por el Ayuntamiento de Córdoba [...]
>
> Aparición de la primera Antología discográfica flamenca en Hispavox [...]
>
> El patrimonio espiritual y cultural del flamenco está a salvo y constantemente defendido por las instituciones culturales, las fundaciones, los congresos, las bienales [...]

Indudablemente todos estos hechos encadenados han ejercido una influencia decisiva, y en la actualidad el flamenco se apoya en unas estructuras que nunca tuvo y que, con toda seguridad, lo mantendrán vivo para siempre. Hasta tal punto, que ha sido reconocido por la Unesco como Patrimonio Cultural Inmaterial de la Humanidad en 2010.

h) De los años sesenta para acá: el tablao y el disco.

El florecimiento económico de los años sesenta y el crecimiento espectacular del turismo contribuyeron decisivamente a la proliferación de los tablaos flamencos. El tablao es una sala de fiestas nocturna en la que se exhibe un espectáculo flamenco. Entre el público predomina el turista extranjero y la base del espectáculo suele ser el baile, más llamativo y atrayente que el cante, como veremos en el capítulo 5. El tablao, en suma, es una modernización actualizada del antiguo café cantante. La diferencia está en que en el café cantante –a pesar de la sorprendente heterogeneidad de la programación que se ofrecía– se escuchaba, por lo general, cante del bueno y en el tablao puede haber de todo.

La función principal que cumple el tablao es la internacionalización del flamenco ya que son miles –millones, incluso, de turistas de todas las nacionalidades– los que contemplan y digieren, con mayor o menor fortuna, el *menú* flamenco. Que esta fortuna sea mayor o menor depende del grado de sensibilidad del público y de la calidad del espectáculo ofrecido.

Junto al tablao, otro elemento importantísimo de difusión ha sido el disco. La labor discográfica difusora del flamenco en los últimos setenta años ha sido impresionante y gracias al disco (llámese «long play» o «CD»), además, hoy es posible contar con todo el caudal de voces flamencas desde Chacón o Manuel Torre hasta nuestros días.

Somos acérrimos defensores del disco. En eso discrepamos de los puristas a ultranza. Admitimos que Fernando Quiñones tenga parte de razón cuando dice: «El disco no es más que un acercamiento, jamás la realidad del cante, de su mundo emocional».

O Pohren cuando afirma: «El flamenco verdaderamente grande sólo puede ser experimentado en la intimidad de las pequeñas *juergas*».

Indudablemente los dos tienen muchísima razón, pero también hay que reconocer que no a todo el mundo le es posible gozar de la integridad de un cante macizo paladeado en la intimidad de una *juerga* privada. Si la existencia del flamenco se hubiera reducido a transmitirse así, en pequeños círculos cerrados de cuatro amigos cabales, hoy estaría perdido. El disco, con todos los inconvenientes que se quiera, nos permite conservar el cante. Y con sensibilidad y veneración, en un sosegado rincón de cualquier casa, a solas, nos permite disfrutar de él plenamente.

En el capítulo I de su obra *Memoria del flamenco,* Félix Grande nos transmite la emoción del cante en soledad escuchando un disco. Y desconfiamos, como Manuel Barrios, de la sublime exaltación del valor supremo del cante en la *juerga* privada en la madrugada:

> El cante en el cuarto. La frase se ha hecho tópico. Conviene, sin embargo, pensar que ese cante del cuarto, escuchado siempre con cuatro copas, tenía predispuesto el ánimo para hacer sublime lo que tal vez no lo era. Quitemos cinco horas al reloj, cuatro botellas de vino, varios enteros a nuestra tensión arterial: ¿no acabaríamos por desmitificar unos sucesos deformados por buscadas alucinaciones?

Naturalmente, las posturas radicales nunca son buenas: ni se le debe negar todo al disco ni a la *juerga.* Pero es indudable que un disco bien hecho, escuchado en buenas condiciones técnicas y con la devoción que se merece, en silencio y con recogimiento, ofrecerá todas las posibilidades imaginables de deleite y emotividad.

i) Festivales y Nuevo Teatro.

En los últimos sesenta años, el flamenco ha dispuesto también de dos vías espléndidas para manifestarse. Nos referimos a los festivales y a las muestras de Nuevo Teatro de temática flamenca.

Los festivales se celebran en verano, de junio a septiembre, en multitud de ciudades de Andalucía y sus aledaños. Son espectáculos nocturnos al aire libre aprovechando la bonanza del clima. Están subvencionados por los ayuntamientos o por la Consejería de Cultura del Gobierno Autonómico. En ellos siempre hay algo bueno que ver o escuchar. Y, a veces, no solamente *algo* sino mucho. En la actualidad, por razones económicas y porque los gustos cambian con el tiempo, la proliferación de estos festivales ha decrecido muchísimo, desapareciendo bastantes de ellos.

Por último, no podemos omitir la serie interesantísima de manifestaciones teatrales aparecidas en los escenarios de España y del extranjero a partir de 1970. Desde las obras ya clásicas como *Oratorio,* del Teatro Lebrijano; *Quejío,* de la Cuadra de Sevilla de la mano de Salvador Távora o *Camelamos naquerar,* de Mario Maya, hasta las últimas muestras de espectáculos teatrales de la Bienal de Sevilla, por ejemplo.

Estado actual del flamenco

Es frecuente hablar de crisis cuando se habla de la situación actual del flamenco. Es palabra que se aplica con extremada generosidad al hablar de la pintura, del teatro, del cine... Y del flamenco, por supuesto. Los más alarmistas hablan de peligro de desaparición, de gradual declive de la pureza, etc. Así se hablaba en la época de Marchena, por ejemplo, olvidando que, junto a la degradación que impusieron el divo marchenero y sus seguidores, también cantaban en esos días nada menos que Juan Talega, Matrona, La Niña de los Peines, Tomás, Caracol y Mairena.

Posiblemente dentro de veinticinco años se seguirá hablando de lo mismo e incluso pueda decirse que la época que atravesamos es de crisis profunda sin darse cuenta de que, en nuestros días, han confluido en el cante Camarón, Fernanda, Fosforito, Lebrijano, Menese y Morente, por no citar más de media docena de nombres.

Si aceptamos el pesimismo de los timoratos, invoquemos también la realidad de los hechos. Y los hechos demuestran que el cante ha sobrevivido a todas las crisis demostradas o vaticinadas. Y que precisamente lo que para los intransigentes y atemorizados representa crisis, es decir, la evolución y los caminos nuevos, es lo que revitaliza al cante. Al cante y al arte en general. Renovarse o morir es una verdad irrefutable.

¿Podemos entonces lanzar las campanas al vuelo y proclamar de manera triunfalista la bondad de la situación actual? Francamente, no. Nunca es bueno «dormirse en los laureles» y hacer que se detenga la obligada búsqueda del perfeccionamiento continuo. Siempre será bueno y necesario tratar de mejorar y estar prevenidos ante los males que acechan. Porque, indudablemente, estos males existen.

¿Cuáles son los peligros que amenazan hoy al flamenco? Encontramos fundamentalmente estos:

a) En el toque, exceso de protagonismo, abandono de entusiasmo por tocar simplemente acompañando y un afán desmedido del guitarrista por convertirse en concertista.

b) En el baile, pretensión de virtuosismo en detrimento de la hondura. El bailaor cada vez es más bailarín y el baile, más ballet.

c) En el cante, peligro de trivialización y de que se generalice la politización queriendo convertirlo en protesta social. Sería un error total. Como dijo en su día Caballero Bonald «el flamenco, en el fondo, no es sino un grito sin rebeldía, una resignada protesta, algo así como la liberación de una queja personal sin destinatario».

Hay otros muchos testimonios en este sentido. Ríos Ruiz, por ejemplo, dice que «el andaluz es generalmente conformista y en muchos casos, algo más: fatalista».

Más rotundo todavía es Manuel Barrios:

> Algunos flamencólogos han llegado a asegurar que el cante es la primera canción protesta de que se tiene noticia. No lo creo ya que la protesta impone, por sí misma, el compro-

miso con una razón colectiva y las letras del cante, por rebeldes que algunas sean, comunican una problemática individualista, la mayoría de las veces de un atroz egoísmo. Se engañan quienes pretenden descubrir una actitud combativa, social, en el flamenco que sólo ha expresado toda una concienciación en contadísimos casos.

Sin embargo, sí es cierto que, en los años que rodearon la muerte de Franco –es decir, alrededor de 1975– hubo pruebas evidentes de letras que encerraban una abierta protesta política y social. Por ejemplo, Manuel Gerena en *Cantes del pueblo para el pueblo* o José Menese en *Andalucía: 40 años.* Ahora, el peligro latente de politización subsiste sin duda aunque la situación política sea muy diferente.

Un peligro más acusado es el excesivo afán de renovar el cante por parte de algunos, siguiendo rumbos equivocados o precipitando la renovación a través de vías experimentales poco fiables. Tal es el caso, por ejemplo, de Lebrijano, grandísimo cantaor que ha podido errar con sus experimentos de ecos magrebíes. Como también creemos que perjudica al flamenco la capitalización llevada a cabo por los estilos camaroneros. Una cosa es cantar con personalidad, crear escuela y tener imitadores –que esto ha ocurrido con los genios en todas las épocas– y otra que todo el cante se reduzca a un solo son y un solo estilo. Esto estaba ocurriendo en demasía con Camarón aunque la prematura muerte del genial gitano parece haber influido para que el impulso imitador decrezca siquiera un poco.

Anne-Marie Virelizier nos alerta con toda razón de un peligro que amenaza al flamenco de hoy: Lo que impresiona y hasta causa miedo es la notable aceleración en todos los procesos vitales del flamenco: aceleración en el ritmo de las creaciones; aceleración en la difusión (a través de los discos, el vídeo, los ejemplos suministrados por los espectáculos), lo que a su vez entraña una aceleración en la circulación de las

ideas [...] Aceleración incluso en la información interprofe-
sional y pública de la radio, de la televisión, la prensa; aceleración en los procesos de enseñanza [...] La impresión general
es la de un torbellino en el que los artistas y el público son
como una mecha que quema etapas. El ritmo acelerado está
en contraposición con la evolución tradicional del flamenco,
estilizado a lo largo del paso del tiempo, destilada y cristaliza-
da gota a gota.

Observamos también otro riesgo creciente que aumenta por
momentos: la orquestación del cante. Sabemos que el cante primitivo era todo él *a palo seco*, es decir, sin guitarra. La guitarra se
incorpora al cante en el transcurso del siglo xix. Durante siglo y
medio, más o menos, y hasta hace muy poco hemos tenido can-
tes *a palo seco* (*tonás* y sus derivados: *carcelera, martinete* y *debla*)
y cantes con guitarra (todos los demás). Pero ahora, desde hace
unos veinticinco o treinta años, se está generalizando un tipo de
cante acompañado de una auténtica orquesta (flauta, percusión,
contrabajo...), según veremos en el capítulo 7.

No nos oponemos a todo lo que signifique evolución me-
surada e incluso entendemos que el estancamiento anquilosa.
Pero nos parece excesiva la proliferación de los instrumentos
musicales que están ahogando el cante, con esa misma aceleración que denunciaba Anne-Marie Virelizier, excesiva y peli-
grosa para la integridad de la autenticidad requerida.

Sin embargo, el peligro mayor está en la trivialización. Hoy
se aborda el cante con una frivolidad que estremece. Muy atrás
quedaron, por ejemplo, aquellas manifestaciones de Manolito
de María («canto porque me acuerdo de lo que he vivido») o de
Tía Anica la Piriñaca («cuando canto por seguiriyas, la boca
me sabe a sangre»). Era –como dice Fernando Páramo– «cuando aún había una experiencia vital capaz de resolverse en cante, mientras que hoy el rito se reduce a llevar el pelo a lo chun-
guito, como reconoce José Mercé que afirma que si se lo corta,
lo contratan menos».

Ahí, en esa desnaturalización del sentimiento trágico del cante, es donde sospechamos que está el mayor peligro cara al futuro.

¿Dónde se puede escuchar buen flamenco hoy?

La respuesta no es fácil. No existen, por lo general, espectáculos permanentes con suficientes garantías. Hay algunos tablaos con programación digna aunque el elenco de los artistas puede variar inesperadamente y la calidad del programa, también.

Los teatros ofrecen flamenco de forma muy esporádica y, desde luego, las dos únicas ciudades españolas con una amplia gama de espectáculos teatrales funcionando de forma permanente todo el año –Madrid y Barcelona– no tienen ni un solo local dedicado al flamenco exclusivamente. No ya de manera continuada sino ni siquiera frecuente. Tablaos sí hay que funcionan a lo largo de todo el año sólo con espectáculos flamencos. Es cuestión de saber seleccionar y desde aquí resulta arriesgado hacer alguna recomendación por las razones anteriormente expuestas.

Tres ciudades andaluzas organizan periódicamente grandes muestras de flamenco: Córdoba, Sevilla y Jerez. En Córdoba se celebra, cada tres años años, el Concurso Nacional de Arte flamenco. Empezó en 1956, llamándose Concurso Nacional de Cante Jondo. Tiene lugar en el mes de noviembre.

En Sevilla se celebra –como su propio nombre indica– la Bienal de flamenco cada dos años. Empezó en 1980 y se lleva a cabo en el otoño. En opinión de muchos aficionados, es la mejor muestra flamenca que puede verse hoy en el mundo entero. A partir de 2021, se celebrará, todos los años impares, la Bienal de Flamenco en la Provincia, que este año empieza en Los Palacios, Pilas y Morón de la Frontera.

En Jerez tenemos tres grandes acontecimientos:

a) El Festival que se celebra todos los años en invierno/pri-
mavera desde 1992 que es, sin duda, el mejor que existe
hoy dedicado al baile.

b) La Fiesta de la Bulería, en verano, creada en 1967.

c) La Bienal de Cante, nacida en agosto de 2019, y que se
celebra en los años impares. A partir de 2021, pasa a llamarse Bienal del Cante de Jerez, Cádiz y los Puertos. Tiene lugar en varias ciudades de la provincia. Concretamente en 2023 estuvo dedicado al baile y, además de en Cádiz
capital, se presentará en Jerez, Sanlúcar, San Fernando,
Puerto Real, Puerto de Santa María, Chiclana y Algeciras
entre el 28 y el 3 de septiembre.

En 2015, se inició en Sevilla un nuevo festival de gran categoría bajo la denominación de Septiembre es flamenco. Era complemento de la Bienal y se celebraría en los años impares, cuando no
hubiera Bienal. Sin embargo, no fue así y no ha vuelto a celebrarse.

Fuera de Andalucía es digno de mención el Festival Nacional del Cante de las Minas, que tiene lugar todos los veranos
en La Unión, Murcia y que está dedicado al cante de Levante en
general y, más concretamente, al cante minero. La Lámpara
Minera (cante), El Desplante (baile), El Bordón (toque) y El
Filón (otros instrumentos que no sean la guitarra), son los cuatro premios que se conceden.

También en Murcia, es de destacar el Festival Flamenco de
Lo Ferro. Se celebra anualmente en verano, desde 1980.

La mayor actividad flamenca del país se lleva a cabo sin
embargo en Madrid donde, con nombres diversos –Festival
Flamenco, Cumbre Flamenca, Veranos de la Villa, Suma Flamenca, etc.– se vienen celebrando en los últimos años sesiones
flamencas periódicas con las figuras más relevantes.

Otra forma inequívoca de escuchar buen cante y buena
guitarra y de contemplar buen baile es asistiendo a los festivales de flamenco en verano. Estos festivales siempre ofrecen algo
interesante. Pueden tener más o menos calidad, pero el timo
turístico tan generalizado en otros ambientes no existe.

En la Consejería de Cultura de la Junta de Andalucía, en Sevilla, informarán de la programación general, así como en los ayuntamientos de las ciudades en las que se celebren los festivales.

De un año a otro, muchos de estos festivales pueden variar de localidad y, en los últimos años, muchos de ellos, por razones económicas, han desaparecido.

Para adquirir las localidades no suele haber problemas. Se encuentran con facilidad el mismo día de la celebración del festival en la ciudad que corresponda, y los precios son moderados.

Y si se quiere simplemente escuchar buen flamenco tanto cante como guitarra, lo más recomendable y lo más seguro, sin duda, es recurrir al disco. O al vídeo, si se trata de baile.

En cualquier ciudad española medianamente grande encontraremos con facilidad tiendas dedicadas a la venta de discos. ¿Cómo puede el no iniciado seleccionar las grabaciones que encierran calidad? En el capítulo 12 de esta *Guía,* ofrecemos una relación de los artistas flamencos de relieve a lo largo de toda la historia del flamenco. En ella, señalamos no sólo los que ofrecen garantías de calidad sino que también hemos de tener en cuenta los que están disponibles en el mercado comercial. Ahorramos así la penosa tarea de buscar discos que son imposibles de encontrar.

En cualquier caso, recomendamos igualmente consultar la relación de biografías resumidas que se desarrolla en el capítulo 8 para que la orientación sea más completa.

Si el lector elige, siguiendo estos criterios, tendrá la absoluta seguridad de elegir bien y el riesgo de fraude o equivocación quedará totalmente descartado. Lo que compre de esta manera siempre será bueno.

3
Geografía del flamenco

El flamenco es un arte misterioso, lleno de enigmas y confusiones. De él apenas si conocemos nada con certeza y casi todo se intuye y se adivina más que se sabe.

Dentro de este oscuro panorama en el que difícilmente se puede asegurar nada que concierna a su origen, a su nacimiento y a las auténticas razones de su existencia, hay algo sin embargo que parece estar claro y que resulta evidente: la ubicación de su núcleo originario y el eje alrededor del cual se desarrolló.

Hemos manifestado ya que la aparición de este arte singular tiene mucho que ver con el asentamiento de los gitanos en España y, más concretamente, en Andalucía.

Pretendemos, dentro de lo posible, sacar en conclusión ideas claras en todo lo referente al flamenco. Para ello convendría, de entrada, eliminar todo aquello que pueda conducirnos al error, por ejemplo:

1) Los gitanos, por el hecho de serlo, no garantizan la existencia del flamenco ya que no lo han cantado ni lo han bailado jamás en ninguno de los países por los que han pasado antes de llegar a España.

2) El flamenco tampoco surge en cualquier sitio de España donde haya habido gitanos sino exclusivamente en Andalucía.

3) Dentro de Andalucía hay que situarlo muy concretamente en una determinada zona. ¿Cuál?

Todos los estudiosos especializados coinciden en afirmar que fue en la llamada Baja Andalucía, es decir, en la zona más meridional que se extiende entre Sevilla y Cádiz.

Para unos, la localización hay que hacerla siguiendo el curso bajo del río Guadalquivir, desde Sevilla hasta su desembocadura por Sanlúcar de Barrameda, en la provincia de Cádiz. Tomando el río como eje, el flamenco nacería y se arraigaría de una forma muy especial en la amplia zona que comprende –de una manera más o menos elástica– las dos márgenes del río, como si de una lengua *cantaora* y vibrante se tratase. El grito del cante y el quiebro del baile se asentarían, fundamentalmente, en Triana, en Utrera, en Alcalá, en Morón, en Jerez de la Frontera y en los Puertos, en Cádiz. Para otros, partiendo de la idea básica de que el núcleo es el mismo, resulta adecuado hablar de un triángulo cuyos vértices serían Sevilla-Lucena-Cádiz. El río sigue siendo cauce y causa del cante, aunque su radio de acción se ensanche.

Compartimos por completo ambos supuestos que, en el fondo, son uno mismo. Y preferimos utilizar otra figura geométrica para abarcar el núcleo primitivo y su radio de expansión: el círculo. Un círculo ensanchable que, extendiéndose desde Triana o Jerez, irradie los hondos *quejíos* del cante. Ahí, sin duda, está la raíz del flamenco. No sólo porque nació en esa zona sino porque siguió siendo a lo largo del tiempo –y aún lo es hoy– el embrión que alimentó –y alimenta– a las comarcas colindantes.

Resulta curioso constatar que, según el censo de habitantes que se hace en Andalucía a finales del siglo XVIII, las grandes concentraciones de gitanos corresponden a las dos provincias que hemos considerado como el núcleo matriz del flamenco: Sevilla (con Triana, Utrera, Lebrija, Écija, Marchena, Morón, Osuna y Carmona) y Cádiz (con Jerez de la Frontera, Arcos de la Frontera, Sanlúcar de Barrameda, Puerto de Santa María, Puerto Real y San Fernando).

Esto indica, de forma evidente, que la presencia gitana influye de manera decisiva en el nacimiento y vigorización del flamenco. Esta afirmación podemos ratificarla aún más si comprobamos que, atendiendo al censo mencionado con anterioridad, los apellidos de las familias gitanas que más se repiten coinciden con aquellos otros que han sido –y siguen siendo– apellidos ilustres dentro del mundo del flamenco: los Vargas, Heredia, Reyes, Jiménez, Montoya, Monje, Cruz, Fernández, Cortés, García, Peña, Soto, Ortega, de los Santos... Cualquier lector curioso que revise la relación de nombres famosos en la historia del flamenco (capítulo 8), comprobará que estos apellidos aparecen repetidamente. En el artículo «Nombres flamencos» de mi libro *De flamenco,* aparece una relación detallada de la frecuencia de todos estos apellidos entre los flamencos.

El flamenco, por lo tanto, puede situarse –geográficamente hablando– en una zona de Andalucía perfectamente definida, en la que existían a su vez las mayores concentraciones de población gitana. Eso en cuanto al núcleo originario; luego, a medida que fue pasando el tiempo, el flamenco se esparció y fue inundando otras comarcas más extensas. Nacieron cinturones receptores, por así decirlo, bajo la influencia del centro gravitatorio. Una primera banda podría situarse en Huelva, norte de Sevilla, nordeste de Córdoba y Málaga. A esta primera franja bordearía otra más amplia, especialmente por el este, abarcando Jaén, Granada y Almería, para terminar con una última zona de influencia, fuera incluso de la propia Andalucía, comprendiendo extensiones de Extremadura (Badajoz, en especial), sur de La Mancha y Murcia (preferentemente La Unión y Cartagena.)

A medida que la zona de influencia se ensancha, la autenticidad se desvirtúa. Y el cante flamenco-gitano del núcleo germinal se va *aflamencando* primero para terminar finalmente por convertirse en cante regional andaluz de muy escasas vinculaciones con el cante gitano.

Para completar el mapa flamenco de España, no podemos omitir otros tres puntos relevantes en los que el cante, el baile y la guitarra han arraigado con fuerza:

1) Salamanca y Valladolid, hasta donde llega la influencia ramificada a través de Extremadura y en donde grandes núcleos de población gitana allí asentados posibilitan el rebrote.

2) Madrid que, con su carácter cosmopolita, lo asimila todo sin olvidar tampoco que la capital de España, comparada con el resto del país, tiene más de meridional, de *andaluza*, que de norteña.

3) Barcelona, centro importante de inmigración por su poderío industrial. Una gran masa de gitanos y de andaluces que residen en ella mantienen allí viva la llama del cante y del baile.

Andalucía

En el mapa de Andalucía, que reproducimos a continuación, se enmarca con un círculo la gran zona de desarrollo del flamenco más auténtico y gitano. Es el ensanchamiento producido a partir del núcleo original que tendríamos que situar en la vertical entre Sevilla y Cádiz.

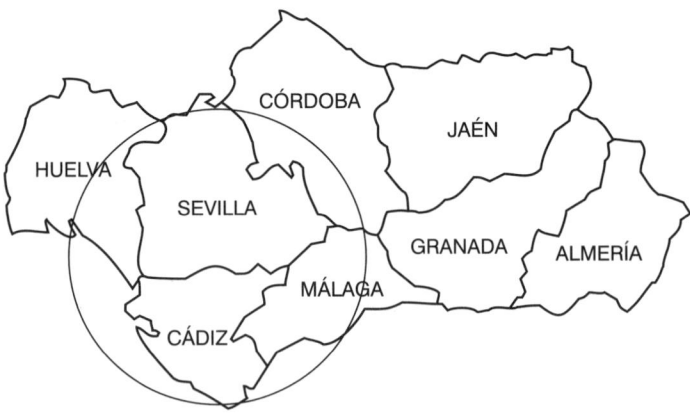

España

En este segundo mapa aparece la silueta de España. Dentro de ella, en el sur, se asienta Andalucía, cuna del cante. Y, dispersados por el resto de la geografía española, encontramos los otros puntos importantes en los que el flamenco también arraigó con fuerza: La Unión y Cartagena en Murcia; Badajoz en Extremadura; Salamanca y Valladolid en Castilla y León y, finalmente, los dos mayores núcleos urbanos del país: Madrid y Barcelona.

4
El cante

Imposible definición del cante

Se ha dicho repetidamente que el cante no tiene explicación. No es posible explicarlo porque resulta en sí mismo demasiado misterioso y su propio misterio desborda la capacidad expresiva de las palabras.

Al mismo tiempo hay que decir también que, sobre el cante, se ha escrito mucho en los últimos años. No se ha conseguido dar una explicación clara e incluso, en la mayoría de los casos, ni siquiera se ha pretendido al estar convencidos de la imposibilidad de hacerlo, pero sí se ha intentado, una y otra vez, describir las emociones que despierta.

Los pensadores, los poetas, los artistas, la gente del mundo del flamenco y los que sólo se han asomado esporádicamente a este mundo, todos han recurrido a la metáfora, al símbolo, a la evocación para tratar de encontrar alguna imagen que les acerque de alguna manera al flamenco. Y ya que parece imposible explicarlo, todos pretenden, al menos, comprenderlo, asimilarlo, penetrar en su intrincada contextura interna. Quizá se equivocan. Ni se explica ni se comprende. Ya dijo Fernando Quiñones que «el cante no se entiende, se vive».

Un poeta del Puerto de Santa María, José Luis Tejada, sintiendo sin duda su incapacidad para definirlo, susurró humildemente: «Una imposible voz, eso es el cante».

Algunos, como Ricardo Molina, aun sin explicarlo, al menos se atreven a manifestar el eco que les deja: «Lo que el cante flamenco expresa son sentimientos e intuiciones radicales del hombre». E incluso la profunda herida que ese eco les causa: «El cante es una publicación de males crónicos de la humanidad». Aunque el propio Molina, teniendo en cuenta todas las facetas que el cante abarca, añade que «también es una explosión gozosa de alegría». Y, al decir esto, pensará, por ejemplo, en ciertos estilos festeros de Cádiz o en las bulerías, cantes que analizaremos luego.

La más sincera confesión la hace Mairena cuando dice: «No creemos posible la definición del cante», aunque sí nos muestra ciertos aspectos de cómo es: «Su inspiración no es estética ni busca tampoco la amenidad ni el entretenimiento».

Acerca del desconcierto que produce el cante comentaba Hilaire, con cierta ironía jocosa:

> El cante flamenco es una forma de expresión específica. ¿Se le tiene por arcaico? Pues resulta que es moderno. ¿Se le juzga por popular? Es un arte de los más sabios [...] Es un arte refinado, un arte de *capilla*. Sólo grandes cantaores pueden divulgar sus formas puras, sus estilos ortodoxos.

A este respecto, convendría dejar sentado que su indudable raíz popular no le confiere calidad de arte de masas. Muy al contrario: el cante es arte de minorías aunque en los últimos años, por afanes más o menos demagógicos de populismo y por la inevitable influencia de la publicidad y de los medios modernos de difusión, se haya extendido mucho. Nos atreveríamos a decir que excesivamente incluso.

Una peculiaridad especialísima del cante es que no se canta a coro sino individualmente. El verdadero cante flamenco reposa siempre en la voz de un hombre o de una mujer y nunca en un grupo coral. A este respecto Ricardo Molina acusa acertadamente:

> En la actualidad, las mixtificaciones han ocasionado los coros. Este aspecto de interpretación colectiva es algo diametralmente opuesto a la raíz del cante jondo, cuya realización deriva exclusivamente de una pasión individual y personal.

Ni el cante nace de una conciencia colectiva manifestada en forma plural ni su destino es un público mayoritario. Con razón dice Ríos Ruiz:

> El cante es mensaje para muy pocos. El flamenco nunca gozó de popularidad, ni del entendimiento entre todos los andaluces porque no es, ni lo fue jamás, una común expresión regional, no ya de los payos, sino tampoco de los gitanos. Era una expresión secreta, muy íntima, menospreciada por gran parte de la población.

Apoya con estas afirmaciones la opinión de Ricardo Molina quien llega a decirnos:

> El común de los andaluces no cantó ni gustó siquiera del cante flamenco en sus especies fundamentales: *tonás, seguiriyas, soleares* [...] Los aficionados formaron siempre una reducida minoría en algunas localidades.

En esta misma línea se manifiesta el gran cantaor Pepe de la Matrona. Había nacido en 1887 y cuando le preguntaron un día si, a principios de siglo, oía él a la gente en Sevilla cantar flamenco, contestó:

> No; todo eso que cuentan y han escrito algunos sabihondos no es cierto. Sevillanas, sí pero por *soleá* y otros cantes,

no. Era cosa de gente escogida. Eso se quedaba para reunio-
nes seleccionadas.

Aparte de que sus características intrínsecas no sean aptas
para el gran público, el flamenco –y el cante, en concreto– no ha
tenido nunca excesiva difusión popular quizá porque nunca se
ha escrito ni la letra ni la música. Siempre ha sido un arte de
transmisión oral. La música sigue hoy sin escribirse salvo rarísimas excepciones y los guitarristas tocan de oído y no saben música en la inmensa mayoría de los casos. En cuanto a las letras,
sólo en los últimos años se ha generalizado que los poetas escri-
ban coplas para el cante. O que los cantaores se valgan de la
poesía de Lorca, de Alberti, de Machado o de Miguel Hernández para cantar. Manuel Machado decía: «Las coplas no se escri-
ben: se cantan y se sienten. Nacen del corazón, no de la inteli-
gencia y están hechas más de gritos que de palabras».

Y Chocolate, el gran *seguiriyero,* decía que «el cante nació
del grito».

Terminemos la relación de citas con las sentencias fabulosas
de dos gitanos, cantaor el uno –Manolito de María– y personaje de creación literaria el otro –Martín el de la Paula–. Al
primero le preguntaron que por qué cantaba y contestó: «Canto porque me acuerdo de lo que he vivido». Le bastaba la memoria. La memoria de su amarga vida. Más que memoria era
presencia existencial.

Y el de la Paula lo explicó todo en siete palabras: «El cante
no cabe en el papel».

Clasificación de los cantes

La configuración actual del cante arrastra dos siglos de existencia. Los diversos estilos, tal como los conocemos hoy, em-
piezan a perfilarse en las postrimerías del siglo XVIII. Y hay un
periodo fundamental en la fijación definitiva de unos estilos y

en la derivación de otros que anda a caballo, más o menos, entre el último cuarto del siglo xix y el primero del siglo xx. En estos cincuenta o sesenta años, el cante se divide en dos grandes bloques: por una parte, los que podemos considerar cantes básicos (*tonás, seguiriyas, soleares* y *tangos*) y, por otra, los *fandangos* y los cantes que se derivan de ellos.

En relación con esto, Ricardo Molina dice:

> El conjunto del cante flamenco brota de dos manantiales primitivos que son las *tonás*, fuente de los cantes gitanos, y el *fandango*, fuente de los andaluces.

En la historia del flamenco se ha hablado repetidamente de cante grande y cante chico. Estimamos que es el cantaor el que imprime grandeza al cante. Son ellos, los cantaores, los que, según sean sus cualidades –y sus calidades– son grandes o chicos y no el cante en sí.

En ese periodo crítico y crucial que hemos mencionado serán precisamente los cantaores los que establecerán las dos vertientes apuntadas: los grandes, los auténticos, los verdaderos –gitanos en su mayoría– cantarán los cantes básicos; los otros –andaluces no gitanos por regla general– cantarán los *fandangos* y sus derivaciones. Aunque el paso del tiempo hará que las distancias se acorten y sea frecuente el hecho de encontrar a un cantaor payo agitanado y a un gitano que se andaluza, por decirlo de alguna manera. Y todo ello, sin olvidarnos de que posiblemente los dos más grandes de todos los tiempos –Silverio y Chacón– no eran gitanos.

Hecha esta consideración previa, entremos ya de lleno en la clasificación de los cantes hoy. Rechazaremos de plano la que algunos pretenden establecer hablando simplemente de cantes bailables y cantes no bailables. Nos parece una selección demasiado simplista. El hecho de que un cante se baile o no, implica sólo una consideración secundaria y subsidiaria pero en modo alguno debe servir como un criterio de juicio. Por nuestra parte, nos limitaremos sin más a señalar los cantes que se bailan y los que no.

Los intentos de clasificación de los cantes conducen con frecuencia a la confusión o al caos. La tarea parece indudablemente compleja máxime si, de entrada, nos atenemos a las palabras de Ricardo Molina: «Alrededor de quinientos cantares distintos constituyen en la actualidad el dominio de este arte singular». Siendo esto así efectivamente, asusta la simple idea de intentar clasificarlos. Sin embargo, hay que matizar y empezar diciendo que esos quinientos cantares no son cantes totalmente distintos sino simples variaciones sobre los mismos temas. Las tipologías realmente diferentes no llegan al medio centenar. Estas especies o estilos serían, por ejemplo, las *tonás, las seguiriyas,* las *soleares*, los *tangos*, los *fandangos*, etc., y así hasta unos cincuenta cantes diferentes. A partir de ahí, dentro de cada uno de estos cantes, podemos encontrar variaciones o modalidades distintas por razones geográficas, personales, etc., por ejemplo:

Tonás (*toná* grande, *toná* chica, *toná* del Cristo, *carcelera, martinete...*)

Soleares (de Alcalá, de Triana, de Cádiz y los Puertos, de Utrera...)

Fandangos (de Almería, de Málaga, de Lucena, de Huelva...)

Y nuevas subdivisiones dentro de muchos de ellos. Por ejemplo, entre los *fandangos* de Huelva cabe diferenciar los de Alosno, Valverde, Almonaster, Calañas, etcétera.

Nosotros vamos a intentar esquematizar todo este conjunto reduciéndolo a la fórmula más simple posible. Estableceremos, en primer lugar, un encuadramiento simplificado colocando cada cante en su sitio. Y luego, por orden alfabético, analizaremos las características de los más importantes prescindiendo del resto. Hay cantes de los cuales sólo se tiene una vaga referencia de que existieron pero no se sabe ni cómo fueron. Hay otros que hoy están prácticamente en desuso y no se cantan nunca. Y, finalmente, los hay excesivamente comarcales, de tan escaso ámbito de difusión que carecen de interés general. Nos olvidaremos de todos ellos. Y con los cantes que tienen en la actualidad auténtica vigencia estableceremos los siguientes agrupamientos, aun con la convicción de que encasillarlos con rigidez resulta imposible y absurdo:

a) Cantes básicos y sus derivados: *toná, carcelera, debla, martinete, saeta, seguiriya, soleares, tangos, tanguillos, tientos, polo, caña, liviana, serrana, romance, cantiñas, alegrías, romera, mirabrás, caracoles, alboreá, peteneras* y *bulerías.*

b) Fandangos y sus derivados: *fandangos* locales (de Málaga, de Huelva, de Almería, de Lucena, de Granada...), *malagueñas, verdiales, jaberas, rondeñas, granaína, media granaína, minera, cartagenera, taranta* y *taranto.*

c) Cantes aflamencados de procedencia folclórica regional o hispanoamericana: *bamba, nana, mariana, sevillanas, campanilleros, villancicos, farruca, garrotín, guajira, milonga, vidalita, colombiana, rumba* y *zambra.*

Alboreá. De albor, luz del alba. De las coplas castellanas llamadas alboradas o alboreadas. La copla tiene 4 versos, generalmente heptasílabos (siete sílabas) y un estribillo. Es cante típico de la boda gitana. Está lleno de misterio y superstición y muchos gitanos no quieren cantarlo en público. En realidad, es dudoso si el cante que escuchamos hoy con ese nombre es la verdadera *alboreá.* El gran cantaor Juan Talega confesaba que «cantamos otra cosa, una forma parecida a eso».

La copla que transcribimos alude a la ceremonia ritual de la desfloración de la novia para comprobar su virginidad. Esta operación la realiza una gitana vieja y, aunque se crea lo contrario, la mencionada ceremonia no es de origen gitano sino castellano. Esta bárbara costumbre se derogó al término del reinado de la casa de los Austrias en España, es decir, el año 1700.

> En un prado verde
> tendí mi pañuelo.

Salieron tres rosas
como tres luceros.

Levanta y no duermas más
que por la mañana tendrá lugar.
¿Dónde está el padre de la novia?
Que ya su hija salió con victoria.

No es cante de origen gitano sino adoptado por ellos utilizando una letra castellana en la que no aparecen nunca voces del caló.

Alegrías. Su nombre viene de lo que indica: alegría, alborozo, fiesta. La copla tiene, por lo general, cuatro versos octosílabos (ocho sílabas) y pertenece al grupo de las *cantiñas,* que analizaremos en su momento. Parece que proceden de la aclimatación en Cádiz de la jota que cantaban los soldados de Aragón llegados en la época de la invasión de Napoleón (1808) aunque algunos refutan hoy por completo este origen. Su compás es el de la *soleá* aunque con un ritmo más rápido. Es cante festero que nació fundamentalmente para bailar. Ofrece un gran dinamismo al tiempo que gracia y desparpajo. Destacan, sobre todo, las *alegrías* de Cádiz y la de Córdoba. En cuanto a su métrica, se basan ambas en la seguidilla castellana, aunque hay que tener muy en cuenta que la copla flamenca –y mucho menos el cantaor– no se atienen nunca de forma rígida a la medida del verso. La verdad es que la métrica les interesa bastante poco. Veamos una muestra de las *alegrías* de Cádiz:

A la mar que te vayas,
querido Pepe,
a la mar que te vayas
me voy por verte.
Cuando te vengas conmigo,
¿a dónde te voy a llevar?

> Que a darte un paseíto
> por la muralla real.

La *alegría* de Córdoba –que, en realidad, es sólo una– tiene el mismo origen que las de Cádiz, pero ha sido reelaborada. Suele utilizar las letras de la *serrana* y es menos flamenca y más folclórica que las de Cádiz. De cualquier manera, es un cante que hay que encajarlo en el grupo de las *cantiñas*. La copla tiene cuatro versos y un cambio o macho final, con algunos versos que se repiten.

> ¿De quién son esos machos
> con tanto rumbo?
> Son de Pedro Lacambra,
> van para Bollullos.

Y el cambio que dice así:

> Esta noche voy a ver
> la voluntad que me tienes.
> Si no te vienes conmigo
> es señal que no me quieres.
> ¡Ay! Que dime lo que tienes
> debajo del pie.
> ¡Ay! que dime lo que tienes
> que yo no lo sé.

Este cante, aparte su nombre, lo único que tiene realmente en común con las alegrías de Cádiz es el compás y el toque de guitarra. El tema difiere del gaditano y es mucho más melódico.

Bambas. Conocidas también como *bamberas*. Etimológicamente significa balanceo u oscilación. Su nombre se deriva de que solían cantarse en las fiestas de los pueblos al vaivén de un columpio. La copla tiene cuatro versos octosílabos aunque, a veces, el primero y el tercero son heptasílabos y el segundo y el cuarto, pentasílabos (cinco sílabas). Es un cante que no tiene compás, que se canta sin guitarra y que no se baila, con alguna excepción ya en el siglo XXI. No es gitano ni siquiera auténtico flamenco sino canción folclórica aflamencada, divulgada y engrandecida por La Niña de los Peines, que la adoptó al compás de una *soleá* de ritmo más ligero.

> Entre sábanas de Holanda
> colcha de carmesí,
> está mi amante durmiendo
> que parece un serafín.

> Eres palmera y yo dátil,
> tú eres alta y yo me enredo.
> Eres la rosa fragante
> del jardín de mi deseo.

A veces, la letra es una quintilla:

> Eres una y eres dos,
> eres tres y eres cincuenta;
> eres la Iglesia Mayor
> donde todo el mundo entra:
> todo el mundo menos yo.

Bulerías. Probablemente viene de burlería, burla, broma. O también de bulla, prisa y alboroto. La copla tiene tres o cuatro versos octosílabos y, con frecuencia, se canta como remate de una *soleá*. Aparecen hacia finales del siglo XIX y admiten todo tipo de improvisaciones. Es el estilo más rítmico y vibrante de todos los cantes. Se canta y se baila al ritmo de una *soleá* ligerísima. Espontaneidad y vibración están siempre presentes. Es un cante festero al parecer creado por los gitanos de Jerez, que son sus supremos portadores. Otros núcleos fundamentales de bulerías son Utrera y Cádiz. Dentro de su heterogeneidad pueden destacarse dos básicamente: las *bulerías al golpe,* o para cantar, y las *bulerías ligadas,* o para bailar. A las primeras se les llama también *bulerías por soleá* y son de ritmo más lento. Las segundas son trepidantes. De ellas dijo Pemán: «Como si una ventolera se hubiese llevado la veleta».

Con la *bulería* se remata hoy invariablemente toda *juerga* flamenca aunque en otro tiempo no fue así. Tienen la misma forma literaria de las *soleares:* tercetos y cuartetos de versos octosílabos como ya se ha dicho aunque, dada su flexibilidad, cualquier letra *entra* por *bulerías* y, de hecho, su repertorio es inagotable.

> En un cuartito los dos,
> veneno que tú me dieras,
> veneno tomara yo.
>
> Mi amante es pajarero;
> me trajo un loro
> con las alas de plata
> y el pico de oro.
>
> Tengo un novio relojero:
> cada vez que viene a verme
> se le para el minutero.
>
> Y tú tendrás un altar
> y un palacio hecho con besos
> y reinarás junto a mí
> porque el mundo será nuestro.

Cabal. O *cabales.* Del castellano cabal, es decir, íntegro, completo, recto. Es una variante de la *seguiriya* que se canta siempre rematándola con un cambio. Su creación se atribuye a El Fillo.

Desde la Porverita
hasta Santiago
las fatiguitas, madre, de la muerte
me rodearon.

Campanilleros. Se suele cantar con un fondo de música de
campanillas de donde le viene el nombre. Es el único cante que
puede cantarse a coro, por un coro de campanilleros naturalmente. La copla, por regla general, tiene seis versos asonantados
de los cuales el primero, el tercero y el quinto son decasílabos
(diez sílabas); el segundo y el cuarto, dodecasílabos (doce sílabas)
aunque esta métrica puede variar. En realidad, no es un cante
flamenco auténtico sino un cante aflamencado de origen folclórico. Arranca de los cánticos religiosos del Rosario de la Aurora, manifestación pública en forma de procesión o comitiva
piadosa que recorre las calles de la ciudad al amanecer cantando el rosario. Manuel Torre –quizá el más genial cantaor de
todos los tiempos– los cantó de improviso en una *juerga* en
Sevilla y los convirtió en grandes, aunque nadie haya sabido
repetir la experiencia en toda su extensión.

A la puerta de un rico avariento
llegó Jesucristo y limosna pidió;
al igual que darle limosna
los perros que había se los achuchó.
Y Dios permitió
que al momento, los perros murieran
y el rico avariento pobre se quedó.

Cantiñas. Del gallego cantiña, canción, o del verbo canti-
ñear, o sea, cantar a media voz e improvisando o jugueteando.
De su origen se sabe poco y su compás se relaciona con el de la
soleá estando igualmente emparentadas con las *bulerías*.
Con esta designación genérica de *cantiñas* se alude a una
serie de cantes con similitudes evidentes entre sí como son las

alegrías, la *romera*, el *mirabrás* o los *caracoles*. Todos estos estilos tienen coplas cortas. Eran cantes para bailar y resultaban imprescindibles en cualquier fiesta flamenca gaditana. Posteriormente alcanzaron categoría de cante para escuchar. Siempre es cante festero, más sonoro que hondo. Cuando analicemos separadamente los diversos estilos que forman el grupo de las *cantiñas,* estudiaremos las coplas de cada uno de ellos.

Caña. De dudosa procedencia etimológica. La teoría generalizada de que procede de la voz árabe *gaunnia,* canción, es muy discutible. Parece más verosímil –como propone García Matos– que se derive de otro cante anterior en cuyo estribillo se repetía la palabra caña. La copla tiene cuatro versos octosílabos de los que riman el segundo y el cuarto. Tiene indudables analogías con cantes muy diversos, lo que induce a algunos a considerarlo como cante matriz o germen primitivo de otros muchos. No lo creemos así porque la *caña* no tiene ni el compás ni la emoción que cabe esperar de un cante gitano genuino. Es un cante duro al oído, seco y melancólico, al mismo tiempo con indudables raíces o influencias litúrgicas. Los ecos gregorianos –por extraño que esto resulte– están presentes. No era cante bailable pero hacia los años treinta, Carmen Amaya lo incorporó a su repertorio aunque también hay quien opina que, en época primitiva, sí se bailó. Antonio Chacón conformó musicalmente la *caña* de manera perfecta y dio a conocer una letra muy popular hasta nuestros días:

> A mí me pueden mandar
> a servir a Dios y al Rey
> pero dejar tu persona
> eso no lo manda la ley.

Esta copla y la que ofrecemos a continuación son letras de *soleares* antiguas:

Todos le piden a Dios
la salud y la libertad
y yo le pido la muerte
y no me la quiere mandar.

Caracoles. No tiene relación alguna con el animal del mismo nombre. Este cante se llama así por un estribillo, a modo de pregón, en el que se menciona la palabra caracoles repetidamente como interjección o exclamación. La copla tiene una serie de estrofas enlazadas con versos de diversas medidas y pertenece al grupo de las cantiñas. Su origen es andaluz aflamencado, no gitano. Hoy algunos lo consideran cante de Madrid porque otra célebre letra de caracoles alude con insistencia a la capital de España. Chacón los engrandeció enormemente. El baile por *caracoles* es más adecuado para la mujer por la serie de movimientos ondulatorios que requiere, con ornamentación y arabescos excesivos para un hombre.

Cómo reluce
la gran calle de Alcalá
cuando suben y bajan
los andaluces.
Vámonos, vámonos
al Café de La Unión
donde paran Curro Cúchares,
El Tato y Juan León.

Conviene quizás aclarar que el Café de La Unión era en Madrid lugar de encuentro de destacadas personalidades del mundo del cante y del toreo, y que los tres personajes citados fueron toreros de tronío.

Carcelera. Su nombre deriva de cárcel, naturalmente. Es un cante gitano primitivo del grupo de las *tonás* y, por lo tanto, *cante a palo seco,* es decir, sin acompañamiento de guitarra. La copla tiene, por regla general, cuatro versos octosílabos y evoca el tema carcelario. No se baila, carece de compás y, a no ser por el contenido temático de las letras, no tiene prácticamente diferencia con el *martinete*. Es un cante desolado, patético y desgarrador. Representa el polo opuesto al tópico generalizado de flamenco, *castañetas* y ¡olé!

> Veinticinco calabozos
> tiene la cárcel de Utrera;
> veinticuatro llevo andados,
> el más oscuro me queda.

> Ya han tocado el toque de silencio,
> ya nos mandan a acostar
> y al toque de diana, madre,
> nos mandan a levantar.

Cartagenera. De Cartagena. Copla con cuatro o cinco versos octosílabos. Es el *fandango* de Cartagena y pertenece al grupo de los cantes de Levante y, más concretamente, al cante de las minas. No se baila y es el más moderno de los cantes de Levante. No es gitano en absoluto. El toque de la guitarra coincide con el de la *malagueña* y, al igual que esta, la engrandeció Chacón.

> Se está quedando La Unión[2]
> como corral sin gallinas:
> a unos se los lleva Dios,
> a otros los matan las minas.

Colombianas. Suele encasillarse dentro de los cantes llamados de ida y vuelta o de influencia hispanoamericana por enten-

---

2 Ciudad de la provincia de Murcia que tuvo una intensa actividad minera, convirtiéndose en el núcleo de los estilos mineros. En la actualidad se celebra en La Unión todos los veranos el famoso Festival del Cante de las Minas.

der que procede de Colombia. Nada más lejos de la realidad: es un cante artificial creado por Marchena y debe su nombre a que una letra, que se hizo muy popular, repetía la palabra colombiana. La copla tiene seis versos octosílabos. Su compás tiene reminiscencias de la guajira y la rumba, o sea, influencia de la música cubana. No se bailan ni tienen valor flamenco en realidad. Estuvieron muy de moda hace cincuenta años.

Quisiera, cariño mío,
que tú nunca me olvidaras,
que tus labios con los míos
en un beso se juntaran
y que no hubiera en el mundo
nadie que nos separara.
Morena, por tu cariño
sabes lo que estoy sufriendo,
en vez de quitarme penas
de mi amor te vas riendo.
Nadie te querrá en el mundo
como yo te estoy queriendo.

Debla. Cante enormemente misterioso por muchas razones. Molina y Mairena afirman que es una palabra de origen sánscrito que significa diosa. Bernard Leblon lo refuta rotundamente: «Debla no significa diosa sino que es el vocativo de Devel (Dios)». *Debla* sería, por lo tanto, una invocación.

José Blas Vega aporta una teoría muy sugestiva. Según él, un viejo cantaor llamado Blas Barea creó una *toná* nueva y personal. La gente, al escucharla, preguntaba de quién era ese cante. Y la respuesta era: «De Blas Barea». De ahí, por la habitual deformación fonética propia de los andaluces al pronunciar, se pasó a *Debla Barea,* estribillo con que suele rematarse este cante, a veces en forma de diminutivo: *deblica barea.*

Indudablemente es una *toná* y hoy la conocemos a través de la versión hecha por Tomás Pavón, aunque no sabemos si su *debla* es como las primitivas, de las que no hay ninguna referencia que nos ilustre. La copla tiene cuatro versos octosílabos o polimétricos (de diversa cantidad de sílabas), se canta sin guitarra y no se baila.

> En el barrio de Triana
> ya no hay pluma ni tintero
> para escribirle a mi madre
> que hace tres años que no la veo.
> Deblica barea...

Fandango. Parece derivarse del portugués fado, que significa canto y baile típico. Su origen es vago aunque parece que era un baile que se acompañaba cantando y que tiene una procedencia árabe. La copla tiene cuatro o cinco versos octosílabos pero, a veces, se alarga hasta seis por repetición de algún verso. En un principio fue cante para bailar (el baile era lo fundamental en el *fandango*), pero ahora, casi siempre, se canta sólo para escuchar. Como baile es muy antiguo en toda España, y luego ha ido adquiriendo calidad de flamenco tanto en el cante como en el baile. Los musicólogos Antonio y David Hurtado, en su obra *La llave de la música flamenca,* afirman: «El fandango es el cante flamenco más antiguo que existe y el que más influencia ha ejercido en todos los demás. Es una de las piedras fundacionales más importantes –si no la que más– del flamenco». Y lo demuestran musicalmente.

La pluralidad de *fandangos* es inmensa, aunque podríamos sintetizarlos en tres grupos básicos:

a) Por razones geográficas, tenemos los *fandangos* regionales (de Málaga, de Almería, de Lucena, de Huelva...).

b) Por creación propia, tenemos los *fandangos* personales (de El Gloria, de Pérez de Guzmán, de Vallejo, de Cepero...).

c) Por derivación, nacen las *malagueñas* y el cante de Levante.

Tanto en los *fandangos* regionales como en las *malagueñas* y el cante de Levante, la variedad interna vuelve a ser enorme. Son muchos y muy diferentes los *fandangos* que hay en Huelva o en Málaga, por ejemplo, de la misma manera que hay modalidades distintas dentro de las *malagueñas* y una amplia gama diferenciada dentro de lo que llamamos cante de Levante, es decir, la zona de Levante o este de Andalucía y aledaños: Málaga, Almería, Granada, Jaén y Murcia.

Los *fandangos* en sí no se bailan hoy y el acompañamiento de guitarra no tiene compás fijo. El guitarrista ha de seguir muy de cerca al cantaor. Las coplas son estrofas de cuatro o cinco versos octosílabos aunque, a veces, se pueden ampliar por repetición de algún verso.

> Una mujer se moría,
> sus hijos la rodeaban
> y el más chico le decía:
> mamá, mírame a la cara,
> no te mueras todavía.

> A un sabio le pregunté
> y me contestó al momento:
> yo también me enamoré
> y aunque me sobra el talento,
> lloro por una mujer.

> He recorrido la España,
> toda Francia y Portugal;
> carita como la tuya
> no la he podido encontrar.

Fandanguillo. El Diccionario de la Real Academia de la Lengua Española diferencia claramente *fandango* de *fandanguillo*:

> *Fandango* designó primitivamente un tipo especial de baile, mientras que *fandanguillo* se refirió a una modalidad de canto con el que se acompañaba aquel.

Muchos flamencólogos no comparten estas definiciones.

En la época llamada de Ópera Flamenca, tuvieron un éxito extraordinario. Los *fandanguillos* alargan mucho los tercios o, muy al contrario, se cantan con gran ligereza buscando en un caso y en otro, una mayor brillantez efectista, llegando más al público a base de espectacularidad. Las letras, desde el punto de vista de la métrica, son iguales que las de los *fandangos*. Por su contenido aportan, en muchos casos, ese grado mayor de superficialidad colorista que hemos mencionado.

> Entre el monte y la marisma
> hay un lucero *escondío*.
> Si la vista no me engaña
> es la Virgen del Rocío,
> la más bonita de España.

Farruca. Del árabe *faruq,* valiente. Los andaluces llamaban farruco al gallego o al asturiano que emigraba a Andalucía. La copla tiene cuatro versos octosílabos, rimando segundo y cuarto. Es de origen gallego pero tiene indudables influencias gaditanas. Dulzura, cadencia y melancolía son caracteres evidentes de su tono. El baile resulta recio y sobrio. Estatismo y gravedad con desplantes llenos de altanería. Redoble constante de los pies con fuertes taconazos. Su creador fue Faíco el Viejo.

Frente a tantos cantes que no se bailan contamos con un baile –el único quizá– que apenas si se canta: la farruca. En todos los tiempos hubo sin embargo notables excepciones desde Manuel Torre o Pastora Pavón hasta Rafael Romero o, ya en nuestros días, Manuel Mairena y José Menese.

> Una farruca en Galicia
> amargamente lloraba;
> se le había muerto el farruco
> que la gaita le tocaba.
>
> Arriba el limón,
> abajo el olivo,

limonero de mi vida,
limonero de mi amor.

Garrotín. De origen incierto. Quizá del verbo asturiano garrotinar que significa dar golpes a las espigas de trigo para desgranarlas. Es un baile gitano pero no andaluz que se incluyó en el repertorio flamenco. Parece que procede de Asturias, pasó por Cataluña y los gitanos allí lo tomaron como suyo reelaborándolo. Posteriormente dio nombre al cante que lo acompaña, que inició su proceso de aflamencamiento a comienzos del siglo xx. Es un cante festero que tiene alguna semejanza en el ritmo con los tangos flamencos y que debe toda su popularidad a la difusión que le dio La Niña de los Peines. Las letras son ingenuas y superficiales, destacando el uso repetido del estribillo que martillea incesantemente.

Si fueras gitana pura
la sangre te hirviera,
te pondrías tu mantoncito
y conmigo te vinieras.

Garrotín, con el garrotán,
de la vera, vera, vera
de san Juan.

¿Qué te han hecho mis ojitos
que tanto me los maldices
sabiendo que mis ojitos
hacen lo que tú dices?

Garrotín, con el garrotán,
de la vera, vera, vera
de san Juan.

Tú presumes de que eres
una gitana muy grande

porque has puesto la bandera
donde no la ha puesto nadie.

Garrotín, con el garrotán,
de la vera, vera, vera
de san Juan.

Estando de centinela
en el cuartel de las Velas
una, dos y tres,
me ha arrestado mi coronel.

Garrotín, con el garrotán,
de la vera, vera, vera
de san Juan.

Giliana. Es un cante que hoy puede considerarse desaparecido a pesar de los intentos de Mairena por recuperarlo con alguna grabación relativamente reciente. Se supone –porque no se sabe seguro– que se cantaba como los *romances,* y su composición métrica corresponde a la estructura de estos. Existe una tradición oral que afirma que la familia de Enrique el Mellizo cantaba por *gilianas*[3]. Las letras utilizadas por Mairena en la grabación que se menciona son las mismas de los *romances.*

Granaína. De Granada, por deformación de granadina. Copla de cinco versos octosílabos, con rima consonante del primero, tercero y quinto verso. Como ocurre también en otros cantes, a veces se repite uno de los versos y la estrofa se hace entonces de seis versos. Es cante de Levante a partir del aflamencamiento de un *fandango* regional. Como casi todos los cantes de estas características, fue ampliamente difundido por Chacón, quien –según opinión de algunos– fue su verdadero creador. Sus

---

3 Dícese indistintamente *giliana, jiliana* o *jeliana.*

letras suelen tener una excesiva carga sentimental y su música se apoya en el arabesco y la ornamentación.

> Rosa si no te cogí
> fue porque no me dio gana,
> al pie de un rosal dormí
> y rosa tuve por cama,
> de cabecera un jazmín.

Guajira. De guajiro, campesino blanco de Cuba y canción popular que ellos cantan. La *guajira* es un cante aflamencado que arranca del folclore cubano aunque, según recientes investigaciones, la *guajira* existió primero en España de donde fue a Cuba y de allí volvió evolucionada. La temática de sus letras es de ambiente cubano. La copla es una estrofa de 10 versos octosílabos. Pepe de la Matrona tiene grabadas algunas excelentes. En la década de los treinta y los cuarenta estuvieron muy de moda y acompañaban a un baile del mismo nombre, hoy casi desaparecido. Se generalizó como cante para estilistas, sin profundidad, que gustaba a la masa pero sin llegar a interesar a los verdaderos aficionados.

> Contigo me caso, indiana,
> si se muere tu papá.
> Díselo a tu mamá,
> hermosísima cubana.
> Tengo una casa en La Habana
> destinada para ti
> con el techo de marfil,
> el piso de plata forma,
> para ti, blanca paloma,
> tengo yo la flor de lis.

Jabera. Al parecer, de habera, vendedora de habas, aunque algunos lo rebaten. Copla de cuatro versos octosílabos. Es un cante sin compás, rebosante de barroquismo y alardes orna-mentales. Como dicen Molina y Mairena, «su mundo espiri-tual carece de personalidad». En el fondo se trata de un *fan-dango* comarcal que exige sin embargo grandes facultades al cantaor para su ejecución.

> ¿Por qué no me olvidas hoy
> si me vas a olvidar mañana?
> Sácame de esta ilusión,
> no seas mala gitana.
> Barrio de la Trinidad
> cuántos paseos me debes,
> cuántas veces me ha tapado
> la sombra de tus paredes.

Liviana. De liviano. El cante de la *liviana* no es, en sí, livia-no o superficial pero, en comparación con la *seguiriya,* propor-ciona alivio o desdramatización. Según algunos, solía cantarse para romper la excesiva tensión creada por la *seguiriya* y es un cante de transición entre esta y la *serrana.* Otros, en cambio, opinan que era un cante de preparación que se hacía por de-lante de la *seguiriya.* La copla responde a la estructura estrófica típica de la seguidilla castellana, aunque en muchos casos es claramente un cuarteto octosilábico.

Casi siempre que se habla de este cante se dice *livianas,* en plural, pero mejor sería decir simplemente *liviana,* en singular, ya que se conoce sólo un estilo o modalidad. Aparece a media-dos del siglo XIX y, en un principio, se cantaba sin guitarra. Hoy se acompaña siempre de este instrumento y se baila de forma parsimoniosa y solemne.

> ¿Adónde van esos machos
> con campanillas?
> Son de Pedro Lacambra,
> van para Sevilla.

El que quiera madroños
vaya a la sierra
que se están desgajando
las madroñeras.

Malagueñas. De Málaga. Copla de cuatro o cinco versos octosílabos, con frecuencia convertidos en seis por repetición de alguno. Procede de antiguos *fandangos* de Málaga que se transformaron en auténtico cante flamenco hacia la mitad del siglo xix. De entre todos los cantes de Levante y de entre todos los *fandangos* que se han aflamencado representa hoy –y desde hace ya mucho tiempo– el más flamenco de ellos. Hondura y sentimiento. Cante muy acompasado, muy melodioso y solemne, adquirió categoría de cante grande en la voz de Enrique el Mellizo y en la de Chacón. Hoy se cantan muchas variedades de *malagueñas* (Luis Soler Guevara distingue más de 40) pero, indudablemente, las mejores y las más seguidas son las de estos dos grandes maestros. El acompañamiento de la guitarra es siempre el mismo cualquiera que sea el tipo de *malagueña* que se cante. Hasta hace poco, no se bailaban pero hoy, sí. Las interpretó por primera vez Rafaela Carrasco en el año 2004.

Yo en mi vida negaré
que te quise con locura.
Mira qué cariño fue
que siento la calentura
que tuve por tu querer.

Este querer tuyo y mío
dime dónde va a llegar;
tú tratas de aborrecerme,
yo *ca* vez te quiero más.
¡Que Dios me mande la muerte!

Mariana. De Mariana, nombre que aparece en el estribillo de una célebre letra de este cante. Así se llamaba una mona –o cabra– que pertenecía a una trupe de gitanos que la obligaban a realizar determinados ejercicios de equilibrio al compás de un pandero. De ahí nació el cante de la *mariana*. Es un cante folclórico que se aflamencó. La copla consta de varios versos polimétricos que terminan con un estribillo. La cadencia de este cante es monótona, con ciertas resonancias orientales y que recuerda, de alguna manera, el son de los *tientos*.

> Yo vengo de Hungría;
> con mi Mariana
> me busco la *vía*.
> Trololó, trololó...

Martinete. De martillo, o martinete, instrumento con que se golpeaban los metales candentes en la fragua para darles la forma adecuada. La copla tiene, por lo general, cuatro versos octosílabos. Es una modalidad de *toná* que se fue individualizando simplemente por el contenido de sus letras, lo mismo que pasó con la *carcelera*. Es un cante libre, sin compás, reflejo inequívoco de un estado anímico desolado que se manifiesta en forma de lamento tristísimo. Cante sin guitarra, lastimero e hiriente. Molina y Mairena dicen que «el *martinete* empieza a desarrollar su plañidera melodía trabajosamente y como arrastrándola con esfuerzo de penado que tira de pesadas cadenas». La fuerza dramática del *martinete* es sobrecogedora. Su interpretación bailable es relativamente reciente. Antonio lo incorpora a su repertorio al final de la década de los cincuenta.

> ¡Ven acá, mujer del mundo!
> ¡Convéncete a la razón!
> Que no hay hombre en la tierra
> tan fijo como el reloj.

A mí me llaman el loco
porque siempre voy callado;
llamarme poquito a poco
que soy un loco de cuidado.

Si la mamaíta mía de mis entrañas
levantara la cabeza
y viera cómo me veo
se moriría de tristeza.

Media granaína. Cante con la misma copla y la misma medida que la *granaína.* Es creación de Chacón y su nombre es
totalmente arbitrario y caprichoso. Se cuenta que Chacón,
queriendo transformar la *granaína* dándole una mayor sonoridad, lo llamó así porque «como algún nombre le tengo que
poner le llamo *media granaína».* Hoy, la *media granaína* es un
cante forzado, con tercios muy alargados para recreo y luci-
miento de los estilistas sin que encierre hondura de ninguna
clase. Se baila desde época muy reciente[4].

La Virgen de las Angustias,
la que habita en la Carrera,
esa Señora me falte
si no te quiero de veras.

Milonga. Al parecer de la lengua bunda, en la región ameri-
cana del Plata, significando «sitio donde se baila». Es un cante
aflamencado que viene, por lo tanto, del folclore argentino y
que tiene escasísimo valor como flamenco. La copla consta de
cuatro versos octosílabos, con frecuente repetición de alguno
de ellos. Como todos estos cantes de procedencia hispanoame-

---

4 En el espectáculo *Eva,* presentado en la X Bienal de Sevilla de 1998, Eva
la Yerbabuena incorporó a su repertorio la interpretación de una *granaína*
que, según creemos, es la primera vez que se baila.

ricana, estuvo muy de moda entre los años veinte y los cuarenta. Según parece, de América la trajo Pepa de Oro, hija del torero español Paco de Oro. Ambos vivieron en América algún tiempo. Y, como en tantas otras ocasiones, Chacón lo asimiló, lo recreó y lo engrandeció, siempre dentro de las escasas posibilidades que ofrecía este estilo. No se baila, salvo muy excepcionalmente.

> Eran las dos de la noche
> y a tu puerta llegué ufano
> con la bandurria en la mano.
> Despierta, divina flor,
> despierta, ángel de amor,
> las dos están dando ahora
> y son de la madrugada
> y si estás embelesada,
> despierta, divina aurora.
> ¡Ay! cu-cú que tú me estás matando.
> ¡Ay! cu-cú que no puedo más.
> Serrana, que yo me voy contigo
> donde me quieras llevar.

Minera. De mina. Copla de cuatro o cinco versos octosíla-bos. Como otros cantes de Levante, aparece a mediados del siglo XIX como evolución de un *fandango* comarcal. En realidad po-demos considerarla como una *taranta,* con tema concreto del mundo de la mina. Es un estilo muy delimitado que se sitúa claramente en La Unión. La opinión generalizada es que se trata de una creación personal de Rojo el Alpargatero aunque, en época reciente, después de estar prácticamente desaparecida, debe su resurgimiento a Antonio Piñana, el gran especialista en cantes de La Unión y de Levante en general. No se baila.

> De las minas no me quejo
> porque nunca me fue mal,
> pero ahora me las dejo

porque quiero descansar,
que ya me encuentro muy viejo.

Mirabrás. Existen numerosas opiniones sobre el origen de su nombre. Unos dicen que se debe al estribillo de una de sus letras más populares que menciona esta palabra sin que sepamos realmente qué significa; otros creen que se trata de la deformación de «mira, Blas», por corrupción fonética; y, finalmente, también hay quien piensa que se trata de otro tipo de corrupción fonética ocasionada a partir de «mira y verás». La copla tiene cuatro versos de medida muy variable que el cantaor va enlazando, a voluntad, con otras estrofas de características similares. Pertenece al grupo de las *cantiñas,* o sea, cante hermano de las *alegrías, romeras* y *caracoles.* Cante festero propio para bailar, vivaz y vibrante. La guitarra lo acompaña con igual vivacidad. Las letras recuerdan a veces los pregones, como sucede con los *caracoles.* En determinados momentos, las letras tienen también conexión con el ambiente liberal que se desprende de las Cortes de Cádiz de 1812.

A mí no me importa
que un rey me culpe,
si el pueblo es grande y me abona,
voz del pueblo, voz del cielo.
Y viva verdad que son las obras,
con el *mirabrás*
se amarra el pelo
con una hebra de hilo negro.

Nana. De nana, canción de cuna para dormir a los niños. La copla tiene una medida muy libre y no se ajusta a una dimensión métrica estable. No se acompaña de guitarra ni se baila[5]. Su

---

5 Algunas bailaoras están incorporando últimamente a su repertorio la interpretación de las *nanas.*

ritmo se acompasa al balanceo de una cuna, en cierto modo como ocurre con la *bamba* que sigue el vaivén del columpio. No es auténtico cante flamenco sino simplemente una canción folclórica que puede adoptar ecos flamencos aportados por quien cante la *nana*. A veces, para mejor ambientación en las grabaciones discográficas, se cantan con guitarra. Lo mismo pasa con el baile: no es bailable por sí, pero se ha incluido esporádicamente en alguna coreografía de ballet. Lo mismo se ha hecho con otros cantes considerados hasta hace poco como no bailables. Es cante dulce que evoca, naturalmente, la infancia.

> A dormir que va la rosa
> de los rosales;
> a dormir va mi niño
> porque ya es tarde.
>
> Este niño chiquito
> no tiene cuna;
> su padre es carpintero
> y le hará una.
>
> Mi niño cuando duerme,
> lo guarda un ángel,
> que le vela su sueño
> como su madre.
> Nana, nana, nana
> duérmete, lucerito
> de la mañana.

Petenera. Deformación de paternera, es decir, mujer natural de Paterna. La copla tiene cuatro versos octosílabos con repetición de alguno o añadido de otros por lo que suelen cantarse seis versos. Se canta y se baila en son pausado, con arrogancia, majestuosidad y sensualidad. Tiene connotaciones con la *soleá*.

La leyenda cuenta que una muchacha del pueblo mencionado, conocida como la Petenera, se dedicaba a romper corazones encendiendo la pasión entre los hombres, y que murió a manos de uno de ellos, enloquecido de celos. Esto ocurría –si lo damos por cierto– al final del siglo XVIII. El cante está envuelto en misteriosa leyenda no exenta de superstición, hasta el punto de que algunos artistas se niegan a interpretarlo. La despiadada crueldad de la Petenera se refleja en algunas de sus letras:

> Quien te puso Petenera
> no supo darte nombre,
> que debía de haberte puesto
> la perdición de los hombres.

> La Petenera, mal haya
> y quien la trajo a esta tierra
> que la Petenera es la causa
> de que los hombres se pierdan.

> Petenera de mi vida,
> Petenera del corazón,
> por culpa de la Petenera
> estoy pasando dolor.

Musicalmente la *petenera* despierta ecos de canto gregoriano, y en la temática de sus letras afluyen, con frecuencia, el ambiente judío y sinagogas así como la tragedia siniestra y la fuerza del destino:

> ¿Dónde vas, bella judía,
> tan compuesta y a deshora?
> Voy en busca de Rebeco
> que estará en la sinagoga.

> Al pie de un árbol sin fruto
> me puse a considerar:
> que pocos amigos tiene
> el que no tiene que dar.

Playera. De origen dudoso. Puede tratarse de otra corrupción fonética, en este caso de *plañidera*, que los andaluces pronuncian *plañiera* y de ahí se haya desembocado en *plañera* y, finalmente, en *playera*. Desde luego con playa no tiene nada que ver. Con este nombre se designaban antiguamente las *seguiriyas* o a ciertas modalidades de ellas. Hoy no existe diferencia alguna. El término *playera* se emplea poco y cuando se hace, alude directamente a la *seguiriya*. No existen letras específicas de *playeras*. Son las mismas de las *seguiriyas* y también se bailan igual que ellas.

Polo. El nombre proviene del que tenía un baile muy popular en el siglo XVIII que se generalizó en el XIX. El parecido musical entre este baile y el cante del mismo nombre no existe en absoluto. Parece que el *polo* deriva de la *caña* y hoy han llegado a fundirse en un mismo cante, sin que se diferencien el uno del otro. La copla es una estrofa de cuatro versos octosílabos de los que riman segundo y cuarto. Es un cante estático, fósil, que ni ha evolucionado ni se le ven perspectivas de que lo haga. Hoy se encuentra prácticamente muerto.

En el pasado se hablaba de *polo natural* y de *polo de Tobalo* aunque, en realidad, no sepamos quién fue ese Tobalo ni cómo cantaba el *polo*. Algunos ponen incluso en duda su existencia. En la actualidad, el *polo* se canta muy poco y es el llamado *polo natural* que, de hecho, se confunde con la *caña*. Lo mismo sucede con el baile.

> Carmona tiene una fuente
> con catorce o quince caños,
> con un letrero que dice:
> ¡Viva el polo de Tobalo!

Romance. De origen latino, denominación dada a los pueblos y a las lenguas con vinculación o dependencia de Roma. Este cante se llama también *corrido* o *corrida*, por la forma de cantarse, todo seguido o de corrido. No es otra cosa que el romance castellano asimilado por los gitanos y convertido en flamenco en la convivencia entre gitanos y andaluces. Posiblemente, es el estilo más antiguo del flamenco, fuente y manantial de todos los demás. La versión de *romances* que da Mairena en tono festero y a ritmo de *bulerías* nos parece errónea. El *romance* o *corrido* primitivo se canta sin guitarra, es el antecedente de las patéticas *tonás* y no tiene absolutamente nada de bullanguero o alegre. Existen algunas grabaciones interesantísimas de estos *romances* primitivos a cargo de viejos gitanos del Puerto de Santa María como José de los Reyes, «El Negro» o Alonso el del Cepillo. En estas versiones primitivas no hay baile; en las interpretaciones al modo de Mairena, se puede bailar por *bulerías*.

Mi madre me metió a monja
por reservarse mi dote.
Me cogieron entre cuatro,
me metieron en un coche,
me pasearon por pueblos
y a una y a dos a dos
me iba yo despidiendo
de las amigas que tengo.
Me pararon en la puerta,
me metieron para dentro,
me quitaron gargantilla,
las alhajas de mi cuerpo,
pero yo no siento más
que me cortaron el pelo
y en una fuente de oro
a mi padre se lo dieron.
Me vistieron de picote
y en voz alta gritan todas:
¡Pobre inocente!

Romera. El nombre parece derivarse de la mención repetida de una romera en sus letras más populares, en el equivalente de mujer o amada. La copla tiene cuatro versos octosílabos y suele tener rima asonante en los pares intercalando remates o pareados varios al mismo tiempo. Es cante festero, se acompaña de guitarra y pertenece al grupo de las *cantiñas*. Tiene el mismo compás que las *alegrías* y un ritmo muy ligado, por lo que resulta muy apropiado para bailar. Como ocurre en muchos cantes del flamenco, la copla ofrece posibilidades de modificaciones por el propio impulso personal del intérprete. Esta faceta de aportación personal introduciendo diversas variantes tiene vía absolutamente libre en la *romera* siempre que mantenga el ritmo y la melodía que se requieren.

Romera, ¡ay mi romera!
no me cantes más cantares.
Como te coja en el hierro
no te salva ni tu madre.

Debajo de los laureles
tiene mi niña su cama
y cuando se va a dormir
viene la luna y la llama.

A revolcarme en un capote
¡vaya capote que huele a carne!
Y cuidadito con ella
que es moza y doncella.

¡Ay de mí que me perdí
y no hay quien me lleve a casa!
Que vivo en San Agustín
junto a los Padres de Gracia.

Estoy por decir
que no quiero a nadie
más que a ti.

Rondeñas. De Ronda. O también de ir a rondar o ir de ronda. La copla tiene cuatro o cinco versos octosílabos, por lo general con rima asonante. Su origen hay que buscarlo en un viejo *fandango* malagueño que, en opinión de algunos, corresponde al estilo llamado *bandolá* o *fandango abandolao*. En cualquier caso, claramente malagueño y el más viejo de todos ellos. La *rondeña* no tiene compás. Su mundo temático es muy variado, aunque predominan las letras alusivas al campo. Su popularidad en el siglo xix fue muy grande. El baile de la *rondeña* es vivo, alegre y encierra una reiteración de vueltas como si de rondar se tratara.

> Por esos mares de Dios
> navegando me perdí
> y con la luz de tus ojos
> a puerto de mar salí.

> Vive tranquila, mujer
> que en el corazón te llevo
> y aunque lejos de ti esté
> en otra fuente no bebo
> aunque me muera de sed.

> Después de haberme llevado
> toda la noche de jarana
> me vengo a purificar
> debajo de tu ventana
> como si fuera un altar.

Rumba. Es nombre onomatopéyico, de ruido que retumba. Procede de un baile cubano. El cante folclórico aflamencado que acompaña este baile tiene el mismo nombre. La copla tiene cuatro versos que suelen ser heptasílabos y, a veces, octosílabos. Como cante flamenco era desconocido hace poco más de medio siglo, pero los gitanos de Cataluña lo divulgaron a partir del año 1940. En la actualidad, aunque no goza de estimación entre los verdaderos aficionados, sí es enormemente popular en todo tipo de fiestas y es uno de los bailes preferidos de la juventud. Aunque carece por completo de verdadera hondura y de autenticidad flamenca, se ha convertido en el símbolo universal del flamenco entendido al modo turístico y frívolo.

> El sol le dijo a la luna:
> apártate bandolera,
> que a las seis de la mañana,
> ¿qué hace una mujer soltera?

> Yo me la llevé a mi casa,
> se la presenté a mi gente,
> y le pusieron corona
> por ser gitana decente.

> Hazme con los ojos señas
> que en algunas ocasiones
> los ojos sirven de lengua.

Saeta. Parece que la palabra viene del tipo de oración o rezo cantado que va derecho al Cristo o la Virgen como una saeta, es decir, como una flecha. La costumbre de que el pueblo cante *saetas* en la época de la Pasión parece haberse extendido hacia la mitad del siglo XIX. Es la *saeta* primitiva que hoy puede decirse que, prácticamente, no existe, sustituida por la *saeta* flamenca. La copla tiene cuatro o cinco versos octosílabos y es la consecuencia del aflamencamiento del cántico religioso primitivo. Se canta normalmente por *seguiriya* o por *martinete*. No tiene acompañamiento de guitarra. Tal como se canta hoy, su origen se debe a Centeno que la diseñó así hacia 1920. Esta *saeta* actual, tan popular en las procesiones de Semana Santa –especialmente en el sur de España– tiene motivaciones artísticas pero, también, una profunda raíz religiosa y espiritual. Repetidamente se ha dicho que el flamenco es una oración; la *saeta* es buena muestra de ello. No se baila. En algún caso aislado, sí se ha bailado. Por ejemplo, en la Bienal XI de Sevilla, año 2000, o en Festival de Jerez, en febrero de 2010.

> ¡Ay Madre mía de la Esperanza!
> ¿Quién es tu Hermano Mayor
> que te saca tan hermosa
> que relumbras como el sol?

> Todas las madres tienen
> penas y amarguras,
> pero la tuya es mayor,
> que los judíos azotan
> a tu hijo Redentor.

Seguiriyas. De seguidilla, por corrupción fonética. Y esta corrupción deforma el término de formas muy diversas lo que hace que también se diga *siguiriya, segiriya, sigiriya, sigeriya, siguediya...* La copla tiene cuatro versos, todos heptasílabos excepto el tercero que es endecasílabo (once sílabas). También hay *seguiriyas* de tres versos en cuyo caso el primero y tercero son hexasílabos (seis sílabas) y el segundo, endecasílabo. Cuando la copla tiene sólo tres versos, se repite el segundo al cantarla. Musicalmente, carece de relación con la seguidilla castellana. Es un cante trágico, sombrío y dolorido que aparece al final del siglo XVIII y que encierra los valores básicos de lo que podemos entender por cante puro y hondo. Como dice Ricardo Molina, «es el grito de un hombre mortalmente herido por el destino. No expresa sino sentimientos profundos, una tragedia radical, la condición trágica del hombre». Podríamos definirla como la columna vertebral del cante aunque ya sabemos que, en el flamenco, pocas cosas pueden llegar a definirse. Se acompaña de la guitarra, y sus continuas matizaciones y cambios de tono en la voz la hacen difícil de interpretar. Aparte de estas dificultades técnicas, la *seguiriya* exige sentimiento y vibración interior. No se aprende. Sólo si se siente la *seguiriya* se la puede cantar. El baile por *seguiriyas* es seco y ritual, pausado y ceremonioso. Desvinculado de toda ornamentación superflua, es un baile pleno de solemnidad, majestuoso y patético que fue incorporado por primera vez en su repertorio por Vicente Escudero en 1939, que las bailó en el Teatro Falla de Cádiz; antes de esa fecha no se bailaban. Se derivan de las *tonás* primitivas y ofrecen tres núcleos básicos de origen: Cádiz y los Puertos, Jerez y Triana. Pueden rematarse con un *cambio* (son muy famosos los de Manuel Molina o María Borrico) o con una *cabal* que impuso El Fillo y popularizó Silverio.

Parece ser que esta letra que ofrecemos a continuación es de la *seguiriya* más antigua que conocemos y que cantaba El Planeta:

> ¡A la luna le pido,
> la del alto cielo,
> ¡cómo le pido que saque a mi padre
> de donde está metido!

Otras muestras de *seguiriyas* famosas son estas:

> A canela y clavo
> huele tu jardín,
> el que no huela a canela y clavo
> no sabe distinguir[6].

---

6 La letras, al transmitirse de forma oral, sufren enormes distorsiones dando paso a versiones surrealistas o absurdas. Por ejemplo, esta:

A canela y clavo
Me hueles tú a mía
La que no huele a canela y clavo
No sabe distinguir.

Así la cantan muchos cantaores sin pararse a pensar siquiera qué es lo que están diciendo.

Si algún día yo te llamara
y tú no vinieras
si la muerte amarga a mí me llegara
yo no la sintiera.

Por aquella ventana
que al campo salía,
compañerita, voces yo te daba,
no me respondías.

Tú no duermes sola,
mientes como hay Dios,
que con el pensamiento, compañera mía,
dormimos los dos.

Serrana. De serrano, de la sierra. Copla de cuatro versos. Riman el primero y el tercero –que son heptasílabos– y el segundo y el cuarto –que son pentasílabos–. Como remate de la copla se canta un terceto en el que riman el primero y el tercero –que son pentasílabos– y queda libre el segundo, que es heptasílabo. Es un cante que alude a temas del campo y de la sierra. Viril, brioso y solemne. Tiene el mismo compás que las *seguiriyas* y muestra, al mismo tiempo, evidentes influencias de estas, de la *caña* y, sobre todo, de la *liviana.* La gente suele emplear el término de *serranas* pero, en realidad, es más correcto decir simplemente *serrana,* en singular, ya que se conoce sólo una variedad.

El baile de la *serrana* es bastante reciente.

Por la Sierra Morena
va una *partía*
y el capitán se llama
José María.
Que no va preso
mientras su jaca torda
tenga pescuezo.

Sevillanas. De Sevilla. Copla con métrica semejante a la utilizada por la seguidilla castellana, aunque en la actualidad hay muchas variantes de todo tipo. Cuando son clásicas tienen cuatro o siete versos. Si tienen cuatro, el primero y el tercero son heptasílabos y no riman mientras que el segundo y el cuarto –pentasílabos– tienen rima asonante. En el caso de tener siete versos, mantiene invariables los cuatro primeros; el quinto y el séptimo son pentasílabos asonantes y el sexto es heptasílabo y queda libre, o sea, sin rima. Es, sin duda, la canción aflamencada más popular de cuantas existen en Andalucía y, desde hace unos años, goza de una difusión extraordinaria. En las fiestas nocturnas de cualquier ciudad española la gente baila por *sevillanas* y hay multitud de salas dedicadas a este menester y también una gran cantidad de escuelas de baile para enseñar a bailarlas. El baile se ejecuta por parejas formadas por un hombre y una mujer o por dos mujeres en series de cuatro coplas o estrofas que se llaman simplemente la primera, la segunda, la tercera y la cuarta. En realidad, son siete pero suelen bailarse solo las cuatro primeras por las dificultades que tienen las otras tres. Todas ellas tienen letras diferentes, con algún estribillo común a veces. Los pasos del baile en cada una de ellas también difieren. Las *sevillanas* aluden por igual tanto al baile como al cante que lo acompaña. Son alegres, vivaces y están llenas de agilidad y movimiento, aunque en los últimos años, han ido ralentizándose paulatinamente y algunas de las actuales son lentísimas.

> Es tan alta la nave
> de mi marina
> que ningún marinero
> se determina.
> Y yo me atrevo
> a subir la marina
> del marinero.

En el río de amores
nada una dama;
y su amante en la orilla
llora y la llama.
¡Ay, que te quiero
y como no me pagas
de pena muero!

Del Rocío venimos,
nadie se pique;
que se lleva la palma
Villa Manrique.
¡Anda, embustera!
¡Que se llevan la palma
las trianeras!

A dibujar tu cara
me puse un día,
cuando llegué a tus labios
ya no podía.
Porque tus labios
necesitan pinceles
para dibujarlos.

Soleares. O *soleá*, del castellano soledad, aunque algunas opiniones modernas apuntan que podría venir del verbo solear, es decir, poner al sol. Por ejemplo, las aceitunas para madurar y que se cantaran mientras se realizaba esta labor en el campo. La teoría nos parece poco válida. La copla tiene tres versos octosílabos (a veces, cuatro) con rima asonante o consonante. Es un cante que debió originarse en los comienzos del siglo XIX y su finalidad inicial fue la de acompañar el baile, aunque con posterioridad se convirtió en cante para escuchar. Forma parte –junto a *tonás, seguiriyas* y *tangos*– de los cuatro pilares básicos del cante. Hay muchas variedades tanto geográficas (*soleares* de Alcalá, de Triana, de Cádiz y los Puertos, de Utrera, de Jerez...) como de creación personal (del Mellizo, de la Serneta, de Joaquín el de la Paula, del Loco Mateo...). Es cante gitano, como todos los pilares básicos mencionados, y es también, por lo general, cante de tierra adentro, solemne y sentencioso. El baile por *soleá* resulta suntuoso y es especialmente apropiado para la mujer por los muchos movimientos ondulatorios de caderas que tiene al tiempo que los brazos revolotean con singular aire garboso. Ya hemos dicho que las primitivas eran para bailar, lo que las hacía más ligeras y ágiles. Convertidas en cante para escuchar, su ritmo se ha hecho más pausado y majestuoso.

> El día del terremoto
> llegó el agüita hasta arriba;
> pero no pudo llegar
> donde llegó mi fatiga.

> ¡Puente de Triana!
> ¡Se cayó la barandilla
> y el coche que la llevaba!

> Del color de cera virgen
> tengo yo mis propias carnes;
> me ha puesto esta flamenquita
> que no me conoce nadie.

> ¡Qué dulce melonar!
> ¡Toca los dulces melones,
> las sandías colorás!

Tangos. Onomatopeya de un ruido que resuena monótono y cansino. Quizá proviene de una danza africana para bailar al son de un tambor; el propio tambor toma este nombre. No tienen origen gitano como se ha dicho repetidamente, sino afrocubano. La copla tiene, por lo general, cuatro versos octosílabos y, a veces solamente tres. Acabamos de decir, hablando de la *soleá,* que los *tangos* entran dentro de los cantes básicos del flamenco. También hay diversas modalidades, fundamentalmente por razones geográficas. Así se puede hablar de *tangos* de Triana, de Cádiz, de Jerez, de Jaén, de Málaga... Al igual que las *soleares,* se acompañan de la guitarra y es cante que nació para el baile, aunque posteriormente se independizó convirtiéndose en cante para escuchar. El baile por *tangos* se remonta a las épocas más remotas del flamenco, de cuando tenemos las primeras noticias de su existencia. Según Antonio y David Hurtado, la primera referencia que menciona el tango en el mundo andaluz se halla en la Tonadilla Escénica de 1779 titulada *La Anónima,* de Tomás de Abril. Es, por tanto, muy antiguo. Papel importantísimo desempeñado en el baile por *tangos* es la gracia y el salero. Los movimientos son garbosos y, al mismo tiempo, pícaros e insinuantes, admitiendo constantemente improvisaciones personales. Cuando el *tango* gitano se hace más lento se convierte en *tiento.*

> Péinate tú con mis peines,
> que mis peines son de azúcar,
> quien con mis peines se peina
> hasta los dedos se chupa.

> Dolores,
> ¿con qué te lavas la cara
> que tanto te huele a flores?

> Si alguna vez vas a Cádiz
> pasa por el barrio Santa María;
> tú verás a los gitanos
> cómo bailan por alegrías.

> Que te quiero yo,
> primita de mis entrañas,
> más que a la madre
> que me parió.

Vales más millones
que los clavelitos grana
que asoman por los balcones.

Tanguillo. Diminutivo de tango. La copla del *tanguillo* no tiene medida fija y el estribillo que se repite es igualmente polimétrico. Es un cante enormemente saleroso, lleno de gracia y típicamente gaditano. Las letras tienen importancia fundamental porque son irónicas y alusivas a determinadas situaciones actuales o históricas. Son coplas características de las fiestas de Carnaval, tan arraigadas en Cádiz, de tono festero y burlesco. El acompañamiento de la guitarra es muy vivo y el baile está lleno de sutilezas e improvisaciones garbosas. Según Aurelio Sellé, la verdadera letra del tanguillo de Las Viejas Ricas dice así:

Aquellos duros antiguos
que tanto en *Cai* dieron que hablar
que se encontraba la gente
en la orillita del mar
fue la cosa más graciosa
que en mi vida he visto yo.
Allí fue medio *Cai*
con espiochas
y hasta fue un día mi suegra
y eso que estaba ya medio chocha.
Con las uñas a muchos
vi yo escarbar
cuatro días seguidos
sin descansar.
Estaba la playa
igual que una feria.

¡Válgame San Cleto
lo que es la miseria!
Algunos encontraron
más de ochenta duros
pero más de cuatro
no vieron ni uno.
Mi suegra como ya dije
estuvo allí una semana
escarbando por la tarde
de noche y por la mañana.
Perdió las uñas y el pelo
aunque bien poco tenía
y en vez de coger los duros
lo que cogió fue una pulmonía
y en el patio de las malvas
está escarbando desde aquel día.

Taranta. De origen confuso. Quizá de tarantela, música. O de taranto, gentilicio con el que se designa a los naturales de

Almería. La copla tiene cuatro o cinco versos octosílabos que se convierten en seis al cantar por repetición alguno de ellos. Junto con la *malagueña,* representa el cante fundamental de Levante aunque se diferencie por completo de esta. La *taranta* es el cante de la mina y la *malagueña,* no. Como todos los cantes de Levante, se origina por el aflamencamiento de un *fandango,* en este caso el de Almería, engrandeciéndolo al mismo tiempo. Va acompañado de guitarra y es un cante duro, seco, casi áspero que no se baila. Su creación se atribuye a Rojo el Alpargatero, cantaor de trascendental importancia en todo el cante minero.

> En el fondo de una mina
> clamaba un minero así:
> ¡En qué soledad me encuentro!
> ¡Es mi compañía un candil!
> ¡Maldigo mi nacimiento!

Taranto. Cante similar a la *taranta,* con la misma métrica y el mismo carácter. La única diferencia estriba en el toque de la guitarra que lo acompaña. El tono que se emplea es el mismo de la *taranta,* pero el guitarrista imprime un compás de ritmo acentuado y característico, con cierto recuerdo del tono acompasado de la *zambra,* mientras que en la *taranta* el ritmo y la medida son libres. El *taranto* sí se baila. La copla es idéntica en métrica y tema.

> El alcalde de Guadix
> ha publicado un bando:
> que las cañas de maíz
> no se lleven arrastrando
> porque tienen que servir.

Tientos. Probablemente de tentar, de echar un tiento en el sentido de probar o provocar a alguien. La copla tiene tres o cuatro versos octosílabos y va seguida de varios estribillos. Es uno de los pocos cantes de origen claro: su nacimiento es relativamente reciente, de la mano –o más bien de la voz– de Enrique el Mellizo, lo que significa final del siglo xix y comienzos del xx. Y su origen es evidente: es la recreación lenta del *tango*. Lo que inició El Mellizo lo redondeó definitivamente Manuel Torre, ya claramente en el siglo xx.

Los *tientos* siguen el compás de los *tangos* pero son más lentos y solemnes. El baile resulta majestuoso y dramático, con una recreación cadenciosa y ritual.

Te voy a meter en un convento
que tenga rejas de bronce;
que la gente no te vea
ni la ropita te roce.

En aquel pozo inmediato,
donde beben mis palomas,
allí me distraigo un rato
con ver el agua que toman.

Si bajaran del alto cielo
los serafines a hablar contigo
de flores te coronaran,
entrañas mías, yo te lo digo.

Eres la tonta inocente,
eres la tonta *perdía*,
cuando riñes con tu gente...
¿por qué no te vienes
a la vera mía?

Yo no le critico a nadie
que le domine un querer;
que a mí me está dominando
¡y no me puedo valer!

¿Qué pájaro será aquel
que canta en la verde oliva?
¡Corre y dile que se calle
que su cante me lastima!

Tú serás mi prenda querida,
tú serás mi prenda adorada,
tú serás el pájaro cuqui
que alegre canta de madrugada.
¡Ay, que te quiero!
¡Lo que yo te quiero!
Sin ti, mi vida,
¿para qué la quiero?

Tonás. Deformación de tonadas. Copla con cuatro versos octosílabos con rima asonante de segundo y cuarto. En la mayoría de los casos se remata con un terceto.

Ya hemos visto que, en realidad, no hay diferencias entre las *tonás,* la *carcelera* y el *martinete* a no ser por el contenido de las letras. Es un cante fundamental, uno de los más primitivos de los conocidos hoy y verdadero tronco originario de todos los demás. Se cantan sin guitarra. Su música –sustentada exclusivamente por la voz– es triste y patética, transmitiendo con desolación y abatimiento el oscuro mundo que presentan sus letras. El hecho de que las más primitivas que conocemos hablen continuamente de persecución, de tortura, de muerte no se debe a ninguna fantasía creadora: se cantaba sencillamente lo que se padecía, lo que se vivía.

Existen discrepancias sobre cuántas modalidades o estilos de *tonás* pudo haber. Rafael Marín habla de 33; Demófilo, de 26; Blas Vega opina que, en la época de Chacón, había 19; posteriormente se ha hablado de siete *tonás,* aunque en los últimos años la reducción ha sido drástica y hoy se reconocen sólo tres: la grande, la chica y la del Cristo.

Vinieron y me dijeron
que tú hablabas mal de mí;
mira mi buen pensamiento,
que no lo creí en ti.

Yo soy como aquel buen viejo
que está puesto en el camino:
yo no me meto con nadie,
nadie se meta conmigo.

¡Oh, padre de almas
y ministro de Cristo,
tronco de nuestra Madre Iglesia Santa
y árbol del paraíso!

Como remate solía utilizarse una coplilla de tres versos:

Si no es verdad
que Dios me mande la muerte,
si me la quiere mandar.

Verdiales. El nombre se debe al pueblo de donde proviene este cante. Es un *fandango* regional que puede catalogarse dentro del grupo de las *malagueñas*. La copla tiene cuatro versos octosílabos. Se canta y se baila con guitarra empleándose con frecuencia el violín y las castañuelas. Es igualmente frecuente el uso de los *pitos* para marcar el compás. Su estilo es al mismo tiempo vivo y claro pero también un poco edulcorado y carente de profundidad. Se hicieron muy populares gracias a la difusión que les dio el cantaor Juan Breva.

¡Ay pueblo de Los Verdiales!
¡Quién te pudiera traer
metido en la faltriquera
como un pliego de papel!

Vidalita. Derivado del amerindio vidala, compuesto de vida y el sufijo quechua -la, con valor exclamativo. El significado sería el de ¡Oh vida!, ¡Vidita! Es voz utilizada en el folclore argentino. La copla se compone de cuatro versos de medida cambiante con repetición de los dos últimos o añadido de otros dos versos en forma de estribillo o remate. Es una canción aflamencada, muy poco flamenca en realidad, de carácter triste y melancólico con temática amorosa que habla casi siempre de frustraciones y penas. Como la *milonga,* la *guajira* o la *rumba,* pertenece a los llamados cantes de ida y vuelta, es decir, coplas españolas llevadas a América, aclimatadas allí dentro del folclore autóctono y traídas de nuevo a España por viajeros andaluces que las recrean y las refunden con aires andaluces, aflamencándolas más o menos. En la actualidad, atraviesan un periodo de cierta revalorización después de muchos años de olvido.

A la *vidalita* se la ha definido como una especie de *villancico criollo* en la línea melódica y melancólica de la *milonga.*

> Ya sale la luna,
> se pierde el sol
> por el horizonte,
> te llamo, mi amor,
> y tú no respondes.
> Te llamo, mi amor,
> y tú no respondes.
>
> Sal a la ventana,
> rosa de azahar, flor de romero,
> que eres tú, *vidalita,*
> mi amor primero.
> ¡Ay, ay, ay!
> mi amor primero.

Villancico. Diminutivo de villano, es decir, labriego, campesino. Existían las canciones de villano o de villancico y se simplificó la denominación dejándolo, en *villancico*. Son coplas de cuatro versos octosílabos o polimétricos y el cantaor las va acumulando mientras cuenta la historia. Las letras aluden al tema navideño y son, con los *campanilleros* y las *saetas,* los cantes flamencos de tema religioso. Naturalmente, hay que señalar que la temática de la *saeta* pertenece siempre a la Pasión de Cristo, la de los *campanilleros,* a la Eucaristía y la de los *villancicos,* a la Navidad. Es un cante vivo, alegre, que transmite el mensaje de la esperanza y que pertenece al grupo de las coplas folclóricas andaluzas aflamencadas. Hoy se cantan mucho en son de *bulerías,* siguiendo la pauta marcada por El Gloria y son popularísimos entre la gitanería de Jerez.

> La Virgen lleva una rosa
> en su divina pechera,
> que se la dio San José
> antes que el Niño naciera.
>
> ¡Alegría, alegría, alegría,
> alegría, alegría y placer,
> que ha parido la Virgen María
> en el portal de Belén!
>
> Al Niño le han regalado
> una jaulita de alambre,
> con un pajarito dentro
> para que al Niño le cante.
>
> ¡Alegría, alegría, alegría,
> alegría, alegría y placer,
> que ha parido la Virgen María
> en el portal de Belén!
>
> La Virgen va caminando,
> va caminando solita

y no lleva más compaña
que el Niño en la barriguita.
¡Alegría, alegría, alegría
alegría, alegría y placer
que ha parido la Virgen María
en el portal de Belén!

Zambra. De *zambr,* onomatopeya del ruido de algunos instrumentos musicales o de bullicio. En castellano antiguo, se designaba con este nombre a la fiesta morisca que implicaba música y alegría. Hoy es posible contemplar la *zambra* bailada en las cuevas del Sacromonte en Granada, rememorando momentos de la boda gitana. Desgraciadamente está muy comercializada y apenas se aspira a otra cosa que no sea la explotación del turista. Es, sin embargo, un baile muy antiguo al que acompañan guitarra y cante sin excesiva gracia por lo rutinario y monótono de su ritmo. En la década de los cuarenta del siglo XX, en pleno apogeo de los espectáculos teatrales aflamencados, hubo versiones orquestadas. A su difusión y popularización contribuyó de manera decisiva Manolo Caracol.

La copla de la *zambra* tiene 4 versos heptasílabos o polimétricos. He aquí una de las letras más famosas:

Que razón tenía
la pena traidora
que el niño sufriera
por la *Salvaora.*

Diecisiete años
tiene la criatura
y yo no me extraño
de tanta locura.

Eres tan hermosa
como el firmamento.

¡Lástima que tengas
tan malos pensamientos!

¡Quién te puso *Salvaora*
qué poco te conocía!
El que de ti se enamora
se pierde *pa toa la vía.*

Tengo a mi niño *embrujao*
por culpa de tu querer.
Si yo no fuera *casao*
contigo me iba a perder.

¡Dios mío! ¡Qué pena más grande!
El alma me llora.
A ver cuando suena la hora
de que las intenciones
se le vuelvan buenas
a la *Salvaora.*

5
El baile

Razón de su existencia

El baile nació –¡sabe Dios cuándo!– espontáneamente. Alguien debió sentir la necesidad de exteriorizar una carga de sentimientos internos y rompió a bailar.

Nos estamos refiriendo a la danza en general. El baile flamenco, en concreto, no tiene otro origen que la adaptación agitanada de ritmos ya existentes. Andaluces y gitanos, en la común simbiosis que los ensambló a partir del siglo XV, aflamencaron los sones bailables que procedían del folclore andaluz e incluso que tenían otras procedencias más lejanas.

Los andaluces han tenido siempre una natural predisposición genética que los capacita excepcionalmente bien para el baile. Como dice Ricardo Molina, «el substratum del cante es tan profundo que se confunde con la nativa aptitud andaluza para cantar y bailar». El substratum del cante y del baile, añadiríamos nosotros. Las citas de los clásicos desde los tiempos más remotos así lo atestiguan. Lo decía Avieno, en su *Oda Marítima,* cuando elogiaba, asombrado, el fabuloso sentido rítmico de los habitantes de la Bética, es decir, Andalucía.

Igual testimonio aportan Marcial y Juvenal cuando mencionan la gracia sin par de las bailarinas fenicias que, desde

Cádiz, eran trasladadas a la metrópolis del Imperio donde amenizaban los más fastuosos festines de Roma. Mucha de esa gracia aún queda hoy en Cádiz donde las mujeres, más que andar, parece que bailan cuando atraviesan las calles. Cualquiera que visite la antigua Gades puede comprobarlo.

El baile flamenco no es creación particular de los gitanos. No corresponde en exclusividad a su patrimonio. Como no lo es el cante, según hemos visto. Sin embargo, la aportación gitana es importantísima. Tanto en el origen y la evolución del baile flamenco como en el sello peculiar que los gitanos saben imprimirle. Naturalmente no es condición imprescindible para bailar bien flamenco el hecho de ser gitano, pero sí es indudable que los gitanos lo hacen de otra forma, con otro aire. Y sin necesidad de escuela ni aprendizaje de técnicas, simplemente por pura intuición, el gitano baila. Porque lo siente y eso le basta.

Primeras referencias

Alusiones literarias a la música, y más concretamente al baile de los gitanos en España aparecen ya en el siglo XVI, por ejemplo, en Gil Vicente. Como se encuentran también en Lope de Vega y Cervantes, un siglo más tarde. Y en el siglo XVIII, don Ramón de la Cruz habla por primera vez de seguidillas gitanas.

Hay que tener muy en cuenta, sin embargo, que todas estas menciones –y otras muchas más que hay– no se refieren en modo alguno al flamenco sino que se trata simplemente de alusiones a la música popular hispánica interpretada –como se dice repetidamente– a la manera gitana.

La primera referencia concreta a lo que, sin duda alguna, podemos considerar ya como flamenco, aparece en *Escenas andaluzas* de Serafín Estébanez Calderón, en 1847. En esta obra hay un capítulo titulado «Un baile en Triana» en el que se mencionan nombres concretos de cantes y cantaores que pertenecen ya, con todo derecho, al mundo del flamenco. E igualmente se citan bailes y bailaoras de la misma índole.

Una vez más tenemos que confirmar que, a pesar de todas las intuiciones que nos lleven a sospechar que el flamenco –el baile flamenco, en este caso– sea muy antiguo, la verdad es que no tenemos ninguna cita testimonial que lo ratifique como anterior al siglo XVIII. Y, mientras no se demuestre lo contrario, a eso debemos atenernos.

Características del baile flamenco

Entre los más entendidos prima el cante. Un mayor número de verdaderos aficionados presta especial atención al cante y lo antepone al baile. Esta jerarquización es, sin embargo, subjetiva y podría ser discutible quizá en todos los casos.

Lo que sí resulta evidente es que, entre los no entendidos, el baile fascina con mayor rapidez. Por su propia naturaleza, el baile es más extrovertido y abarca mayores posibilidades de comunicación. Es más sensorial que el cante. Penetra por la vista y por el oído y resulta mucho más fácil de comprender y de admirar. De ahí que, los no iniciados, aprecien más el baile. El atractivo que provoca una figura en movimiento arrebata con mayor facilidad a la masa que una simple voz, por quejumbroso que sea su lamento. El bailaor o la bailaora tienen además más medios a su alcance. Les favorece el juego de piernas y brazos, el aleteo de las manos, el taconeo, el zapateado, los quiebros de cintura, el desplante del torso, los gestos... Todo ello impresiona más a los profanos que el cante. Por eso, en los locales públicos en los que se ofrece flamenco, el mayor atractivo radica, por lo general, en el baile. Y mucho más si son locales para turistas con fines exclusivamente comerciales.

Analizando individualmente el baile comprobamos que, en el hombre, ha predominado siempre el gesto de torso erguido, el zapateado y el juego de brazos con las manos casi estáticas mientras que en la mujer, el juego de brazos implica, a su vez, un mayor dinamismo de las manos y los dedos y el cuerpo se quiebra y se retuerce, con frecuencia a base de contorsiones salomónicas, en forma de espiral ascendente.

Asistimos hoy, por degeneración, a un acercamiento entre el baile de la mujer y el baile del hombre, con movimientos cada vez más afines entre ambos lo que nos lleva a una especie de unisexualidad gesticular.

En el baile flamenco son cualidades fundamentales el garbo, la gracia, la personalidad y el *duende*. Podríamos decir que el baile se perfecciona, pero no se aprende. Los que tienen el don natural del baile lo perfeccionarán cada vez más dominando la técnica, pero los que no lo tienen no pasarán de interpretar de manera insulsa y fría los pasos que marca la normativa de cada estilo, incluso con gran precisión técnica pero sin el sabor y el sentimiento que el baile en sí requiere.

Cuanto más sofisticado, superficial y falso sea un baile más pintoresco será el vestuario utilizado. En general la ropa que llevan los bailaores y las bailaoras es una consecuencia de la evolución en el tiempo y de las exigencias del espectáculo comercial. Si repasamos ilustraciones y fotos del siglo XIX, comprobaremos que la ropa que utilizaban los artistas para bailar difiere bastante poco de la que llevaban normalmente por la calle aunque en el baile, las faldas solían ser más amplias y tenían más volantes. Para intensificar la luminosidad del espectáculo, la falda se fue alargando en forma de cola. Bailar con bata de cola no resulta fácil y saber moverla con agilidad y gracia requiere una destreza especial. Pero, al mismo tiempo, las bailaoras que consiguen dominar esta técnica, cuentan con un elemento fundamental para enaltecer la fisonomía del baile, realzando su vistosidad en gran manera. En el hombre, se ha acentuado la esbeltez de la figura estrechando al máximo pantalones y chaquetillas, al tiempo que se ha generalizado el uso de lunares grandes en las camisas. El tono predominante en los trajes de los hombres es el negro, incluso entre cantaores y guitarristas. Cualquier coreografía repleta de colorines y lente-juelas resultará siempre sospechosa y poco fiable. Cuanto más colorido en la vestimenta menos seriedad flamenca.

Digamos finalmente que existe una estrecha vinculación entre espacio y baile. El artista, para bailar bien, necesita desa-rrollar adecuadamente sus movimientos pero estos no impli-can necesariamente un amplio desplazamiento por el escena-rio. Dicho de otro modo: el baile flamenco no es, en modo alguno, una acumulación de movimientos rápidos que el artis-ta ejecuta mientras recorre un gran espacio. Muy al contrario: si baila bien, necesitará muy poco espacio y la calidad de su baile estribará en componer una serie encadenada de figuras estéticas sin apenas desplazar el cuerpo del suelo que pisa. Hoy se echa en falta eso en gran cantidad de bailaores: que no saben pararse en el escenario.

El baile flamenco no es una gimnasia ni un ejercicio de contorsionismo. Es una sucesiva transformación gestual cons-truida sobre sí misma. Es mímica más que recorrido y enjun-dia más que desarrollo corporal.

Estilos del baile flamenco

El artista de calidad imprimirá siempre su sello personal al baile que interprete sin atenerse estrictamente a normas rígidas ni estereotipadas. Pero eso, naturalmente, no está en contra-dicción con que existan pasos, ritmos y normas que diferen-cian a unos bailes de otros y que el artista, por muy personal que sea su interpretación, estará obligado a respetar.

En el flamenco, cante y baile no van siempre juntos. Hay muchos cantes que no se bailan y que pueden clasificarse en cuatro grandes grupos:

a) Los cantes *a palo seco,* con la salvedad ya hecha del *mar-tinete.*

b) Los *fandangos* grandes y diversos cantes de Levante derivados de ellos como las *cartageneras, mineras, malagueñas* o *jaberas.*

c) Los cantes que no pasan de ser folclóricos andaluces más o menos aflamencados como las *nanas, bamberas, campanilleros* o *marianas.* Últimamente, se han montado coreografías con nanas como música de fondo. Y con malagueñas, también.

d) Los llamados cantes de ida y vuelta, de influencia hispanoamericana, como las *milongas, guajiras* o *vidalitas,* aunque la *guajira* se baila con frecuencia en la actualidad. Cabe apuntar lo ya dicho páginas atrás: hoy se bailan cantes considerados hasta hace poco como no bailables.

Siempre ha sido norma tradicional, tanto en el cante como en el baile, mitigar los estados de excesiva tensión emocional o dramática rematándolos con otro estilo más distendido. Así ocurría antiguamente –al decir de algunos– con las *seguiriyas* que solían terminarse cantado una *liviana* para desdramatizar, es decir, para aliviar una emotividad a punto de estallar. Y así sigue sucediendo hoy con el baile por *soleá* que, en el colmo del paroxismo, se aligera y se trivializa por *bulerías* o por *fiestas.* Pero una cosa es atenuar un estado de ánimo «in extremis» sosegándolo con un cambio hacia caminos más dulces o templados y otra el vicio actual –cada vez más generalizado– de mezclar indiscriminadamente estilos con una arbitrariedad injustificada y con una frecuencia que apabulla. El aficionado termina por no saber qué cante está escuchando o qué baile contempla. Y si esto ocurre así entre los entendidos, ¡ya podemos imaginarnos el confusionismo y la desorientación que se originan entre los menos iniciados! Afortunadamente, esto no sucede siempre ni en todas partes. Con frecuencia, los estilos no se mezclan. Venimos observando que este vicio de enlazarlos indebidamente, creando la confusión correspondiente, se acentúa en el caso de los *tangos* y los *tientos.* Resulta ya costumbre generalizada empezar por *tangos* y pasar de pronto a *tientos* o a la inversa.

Otro vicio extendido en el baile de hoy es la aceleración. Entienden muchos –y entienden mal– que el baile es como una carrera contra reloj. Cuantos más pasos se den y más rápidos, mejor. Pues, no; es todo lo contrario. El baile flamenco es pausa más que prisa. Con razón dice Manuela Carrasco: «El baile es arte, personalidad y pararse un poquito en el escenario». Y Manolete también lo dice muy claramente: «No me gusta que la gente hoy no se pare».

Digamos como resumen final que el baile es como una prolongación febril del cante. Vive de él y de él se alimenta. Se puede cantar sin baile pero difícilmente se puede bailar sin cante. Es como si la voz del cantaor tomara cuerpo mediante un misterioso hechizo y se encarnara en ardiente figura humana. La llama la anima y la voz del cante la mantiene y, como decía Cocteau, en esta llama el bailaor se consume.

6
El toque

En el flamenco, el toque significa la acción de tocar la guitarra. Y así como al que canta se le llama cantaor y al que baila, bailaor, al que toca se le conoce como tocaor.

Son los tres pilares fundamentales del flamenco: el cante, el baile y el toque. Y resulta curioso comprobar que existen unas claras inclinaciones, según los sexos, hacia cada uno de estos tres vértices del triángulo mágico del flamenco. En el cante predominan los hombres y han sido siempre mayoría a lo largo de la historia, aunque en todas las épocas –y en la actual, también– hubo mujeres que fueron –y que son– excepcionales cantaoras.

En el baile ocurre justo lo contrario y la balanza se inclina claramente a favor de las mujeres. Podríamos decir lo mismo que se ha dicho del cante, pero a la inversa: las mujeres han sido mayoría a lo largo de la historia del flamenco aunque en todas las épocas –y en la actual, también– hubo hombres que fueron –y que son– excepcionales bailaores.

En cambio, en el toque el hombre monopoliza casi por completo el protagonismo. Así ha ocurrido a lo largo de la historia del flamenco y así sucede en la actualidad. No ha habido –ni hay hoy– tocaora de guitarra verdaderamente sobresaliente aunque en nuestros días hay algunas que ya destacan como Antonia Jiménez, Celia Morales o Laura González. Explicar por qué sería demasiado complejo y nos tememos que incluso no sabríamos hacerlo de una forma convincente. En el fondo, la cuestión no tiene mayor importancia ya que el único interés radica en que la guitarra suene bien, la toque quien la toque.

Analicemos ahora diversos aspectos relativos a la guitarra que merecen especial atención.

Origen y evolución de la guitarra

Los folcloristas y musicólogos dedicados al estudio de la guitarra tienen opiniones distintas en cuanto al origen de este instrumento. Para unos, el antecedente más remoto –y también más directo– se encuentra en el Antiguo Egipto. Existen bajorrelieves de las dinastías faraónicas XI y XII en los que aparecen guitarras esculpidas. Para otros, en cambio, su origen se encuentra en la primitiva cítara grecoasiria que trajeron a nuestro país los romanos.

Sea cual fuere su origen sí parece evidente que se trata de un instrumento muy antiguo. Como también parece evidente que a España llega por dos conductos distintos: por un lado, la traen los romanos, como ya se ha dicho; por otro, los árabes.

Esta diversidad de procedencia originó el establecimiento de un dualismo claro: la guitarra latina, después castellana, rasgueada, y la guitarra morisca o punteada. Más adelante hablaremos de estas técnicas de rasgueo y punteado.

Personaje fundamental al que muchos adjudican la introducción de la guitarra en España es Ziryab, cantor y poeta nacido en Bagdad en el siglo IX. Abul-l-Hasán Alí ibn Nafi –que este era su verdadero nombre completo– se estableció en Córdoba en la corte de Abderraman II y pronto fue conocido por el sobrenombre de Ziryab («pájaro negro») a causa de su tez muy morena. En Córdoba creó un Conservatorio, crisol de la música andaluza y música oriental, e introdujo importantes innovaciones técnicas, agregando una quinta cuerda a la guitarra morisca. Su influencia de cara a la posteridad ha sido enorme.

La convivencia de las dos guitarras mencionadas se mantuvo durante siglos y, cuando los gitanos llegan a España en el siglo xv tienen oportunidad de conocerlas. En toda España se produce un proceso de fusión e identificación de ambos modelos de guitarra que se desarrolla hasta el siglo xix, momento en el que se le agrega la sexta y definitiva cuerda.

A medida que ha ido pasando el tiempo el instrumento se ha ido unificando pero, paralelamente, se forjan dos técnicas diferentes, dos sentimientos distintos, dos sonidos y dos estilos. Es lo que hoy conocemos como guitarra clásica y guitarra flamenca.

Como decía Andrés Segovia, la guitarra es como una montaña con dos vertientes: una es la vertiente flamenca; otra, la clásica, ambas igualmente admirables.

Incorporación de la guitarra al flamenco

Todos coinciden en opinar que la guitarra se incorpora al cante en el siglo xix.

Es indudable que el cante, en sus orígenes, prescindió de todo acompañamiento musical que pudiera edulcorar el patético grito que entrañaba. Todavía hoy quedan cantes *a palo seco* en los que la voz cabalga a solas entre tinieblas.

Unos, como Manuel Ríos Ruiz, afirman que su incorporación sobrevino en los comienzos del xix; otros, como Ricardo Molina y Antonio Mairena, sostienen que el hecho se produjo un poco más tarde y aventuran que «su simbiosis con el cante gitano debió de iniciarse allá por el año 1850». La más antigua referencia histórica concierne a Francisco Rodríguez, alias «El Murciano», nacido en 1795 (en Granada, por cierto, y no en Murcia) y que, según Molina y Mairena, «seguramente acompañaba los cantos folclóricos de su tierra natal con una pequeña guitarra llamada tiple».

Lo indudable es que la guitarra se empareja con el cante en el transcurso del siglo xx. Su misión no fue puramente decorativa, innovadora o renovadora sino que, como manifiesta Ríos

Ruiz, «cuando el flamenco toma el auge de espectáculo, inicia una labor digna de encomio: la de consolidar la estructura de los estilos al dar entrada y salida a la copla y cerrar los distintos tercios o melismas del cante»[7].

La guitarra regula pues, en gran medida, los esquemas del cante y canaliza su ordenamiento.

Técnicas de la guitarra flamenca

La técnica puesta en práctica por el tocaor de flamenco difiere por completo de la que se emplea en la guitarra clásica. Y esta diferencia va desde la forma misma de coger el instrumento hasta la utilización de determinados aditamentos exclusivos del flamenco, desconocidos en la guitarra clásica. Si a todo esto añadimos la enorme dosis de personalidad, improvisación y sentimiento que aporta el tocaor, tendremos la suma de los elementos que operan en el toque de un guitarrista flamenco.

Pero vayamos por partes. Analicemos primero la forma de coger el instrumento. El guitarrista flamenco tiene a gala el hecho de adoptar una postura incómoda y difícil para manejar la guitarra. Consiste en apoyarla en el muslo derecho al tiempo que trata de sujetarla entre el brazo derecho y el torso. La mano izquierda recorre el mástil marcando los tonos sobre las cuerdas mientras la derecha las tañe. La guitarra queda entonces en una situación de difícil equilibrio inestable que acongojará al principiante. De hecho ocurre que el guitarrista flamenco principiante pasa primero mucho más tiempo aprendiendo a sostenerla que a tocarla en sí.

El concertista de guitarra clásica adopta una postura más cómoda y práctica apoyando el pie izquierdo en un escabel. El mus-

---

7 Según Georges Hilaire, los melismas son «los elementos melódicos del trozo musical». De una manera menos técnica, podríamos decir que se trata del adorno que se consigue cantando una serie de notas diferentes sobre la misma sílaba.

lo izquierdo queda entonces más elevado que el derecho y la guitarra se acomoda perfectamente entre ambos, reposando la base sobre el derecho y la curvatura cóncava de la guitarra –su *cintura*– sobre el izquierdo. El instrumento se encuentra así seguro y las manos pueden dedicarse a tocar libremente. Pero el guitarrista flamenco, por lo general, desdeña el empleo del escabel. Por tradición, y quizá también por inercia, adoptará siempre la difícil postura ya descrita, alegando incluso –lo que sería muy discutible– que, en esta posición, la guitarra emite mejor sonido.

Algo que diferencia por completo la guitarra flamenca de la clásica es la utilización de la cejilla. Es una varilla o puente móvil que se ajusta transversalmente sobre el mástil a la altura que se desee. Con su empleo se consiguen los tonos diferentes que se requieran para acomodarse a la voz del cantaor.

La cejilla es un aditamento exclusivo de la guitarra flamenca, jamás empleado en la clásica. Aparte de conseguirse con ella la intensidad tonal que se necesite, como ya hemos dicho, los tocaores alegan también que con ella se consigue un sonido más flamenco.

Otra diferencia fundamental –la más importante sin duda– no se produce entre las guitarras en sí sino entre los guitarristas ya que, el de flamenco, por regla general, no sabe música. Toca de oído, por intuición, improvisando continuamente. Y aporta, como productos de cosecha propia, las falsetas.

Se llaman falsetas a las variaciones personales que el tocaor intercala modificando e incluso enriqueciendo la melodía. Resultan siempre imprevisibles y, como dice Hilaire, «no tienen valor flamenco si no se inscriben en el ritmo y el espíritu del toque. Es decir, deben ser más significativas que ornamentales».

Imagínense la escena: el cantaor ha terminado un tercio de la copla; el tocaor marca ritmo y compás con su guitarra hasta dar entrada al tercio siguiente y, de pronto, inesperadamente, en un estallido de la sensibilidad que le desborda, desgrana una serie de notas personalísimas. No corresponden a la melodía pero por una inspiración momentánea sobrecogedora y por un sentimiento avasallador, el tocaor siente la irreprimible necesidad de expresarlos. Es cuestión de segundos. Luego volverá al compás normal de la copla.

Las dos técnicas tradicionales al tocar la guitarra son el punteado y el rasgueado. Consiste la primera en puntear las cuerdas, una a una, en secuencia, al modo de los tañedores árabes de laúd, produciendo un cierto sonido lánguido, azucarado y monocorde.

La segunda técnica, en cambio, consiste en deslizar los dedos sobre las cuerdas de manera nerviosa y repetida. El movimiento de los dedos puede orientarse, frente a las cuerdas, en sentido transversal, diagonal e incluso circular produciendo en todos los casos una sensación de repique o redoble. Con un buen dominio técnico, el rasgueado permite al guitarrista seguir, simultáneamente, melodía, armonía, ritmo y contrarritmo.

Precisamente, como apunta Hilaire, «la gran originalidad de la música flamenca de guitarra se resume en el hecho de que los elementos melódicos, armónicos y rítmicos que la componen tienden a interferirse en provecho de un elemento expresivo superior que engloba y enriquece a los demás y que podría calificarse de dinamismo».

El guitarrista flamenco –aparte de otras técnicas que apuntaremos someramente– se apoya, en esencia, en el rasgueado, el punteado, los trémolos y los golpes sobre la caja. Desentendiéndose momentáneamente de las cuerdas, el tocaor golpea con los dedos, de forma fugaz, la tapa de la guitarra, como si fuera un tambor. Para evitar desgaste o deterioro en las partes más vulnerables de la misma, se le incrustan trozos de madera dura o de plástico que se llaman golpeadores.

Según Donn Elmer Pohren, los trémolos son «sonidos que implican la pulsación de una cuerda baja por el pulgar y una determinada cuerda alta, generalmente la primera, por dos, tres, cuatro dedos en alternancia».

Otras técnicas complementarias pueden ser el picado y el arpegio. Se llama picado a la acción de tocar una cuerda con dos dedos alternativamente.

El arpegio es una técnica más complicada pero no por ello menos utilizada. Consiste en pulsar una cuerda baja con el dedo pulgar al tiempo que se pulsan varias cuerdas altas con dos o tres dedos de forma alterna.

Presente y futuro de la guitarra flamenca

Molina y Mairena fijaron perfectamente en su momento la situación:

> La guitarra flamenca cuenta con una ilustre ascendencia hispana. Marca una desviación de la clásica y acaso represente en la actualidad la síntesis del primitivo dualismo técnico peninsular cuyos exponentes fueron la guitarra punteada morisca y la rasgueada o castellana.

Durante muchos años –más de un siglo sin duda– la guitarra no se excedió jamás de su misión de acompañar al cante. El tocaor se dedicó simplemente a mantener el ritmo y a seguir el cante procurando que el sonido de las cuerdas se acoplase lo mejor posible a la voz. Así ha sido desde su incorporación al cante en el siglo xix hasta sobrepasada la mitad del siglo xx.

Quizá este papel permanentemente secundario es lo que hizo que Donn Elmer Pohren escribiera en 1962: «El guitarrista es el héroe anónimo del flamenco».

La verdad es que, de entonces acá, las cosas han cambiado bastante. El guitarrista, ansioso quizá de protagonismo o de compartir al menos las mieles del éxito –fama y dinero– se arriesgó a adoptar una postura nueva, con un mayor grado de participación. Es lo que Molina y Mairena dieron en llamar «tendencia coloquial», es decir, una actitud más activa, más relevante del tocaor en la que la guitarra –sin abandonar su misión fundamental de acompañar al cante– se manifiesta al mismo tiempo con más personalidad, entablando una especie de guerra dialéctica con el cante. La guitarra pugna por colocarse a su altura, no como un elemento secundario sino más bien como copartícipe, como un complemento primordial que, al cincuenta por ciento, sostiene, con la voz, la copla.

Naturalmente los puristas acérrimos rechazan este afán progresivo de la guitarra quizá porque no olvidan –y con razón– que, en el principio, fue el cante. Es decir, que la guitarra vino después y detrás y que nunca debe pasar de ahí. A este respecto, Molina y Mairena dicen:

> Naturalmente que al cante sólo convienen tocaores penetrados de su misión, que es la de acompañar y nada más. Toda desorbitación o aspiración que rebase este papel es injustificable.

Sin embargo, el empuje avasallador de la guitarra ha sido incontenible y hoy nos encontramos en una fase nueva. Los guitarristas no sólo pretenden hacerse escuchar tanto como los cantaores sino que, en cuanto pueden, se emancipan y se convierten en concertistas independientes. La gran aspiración de todo guitarrista flamenco hoy es alcanzar la perfección y el relieve necesarios para tocar solo, dar conciertos y grabar discos olvidándose de los cantaores. Es, quizá, la consecuencia lógica de tantos años de ostracismo y oscurecimiento. Es como la rebelión de los sometidos que aspiran a su propia libertad.

Gracias a unos intérpretes formidables que impusieron su innegable magisterio, la guitarra ha ido evolucionando no sólo en técnica sino también –y más aún– en su papel a desempeñar. Con media docena escasa de grandes figuras se ha conseguido, primero, la evolución y, después, la revolución. Todo ello debido, fundamentalmente, a las guitarras de Patiño, de Javier Molina, de Ramón Montoya, de Paco de Lucía, de Manolo Sanlúcar...

De los mencionados y de otros muchos buenísimos guitarristas encontraremos noticia en el capítulo 8.

¿Qué va a pasar a partir de hoy? Es difícil predecirlo. Desde que en 1975 el Teatro Real de la Ópera de Madrid abrió sus puertas por primera vez para un concierto de guitarra flamenca, las cosas variaron por completo. Paco de Lucía sentó el precedente. A partir de ahí puede esperarse todo. Si en la segunda mitad del siglo XIX Tárrega consigue que la guitarra española sea reconocida como instrumento de concierto abandonando y superando el concepto plebeyo y vulgar que se tenía de ella, también ahora asistimos a la sublimación y estimación de la guitarra flamenca como instrumento de concierto. Paco de Lucía primero y Manolo Sanlúcar después prendieron la mecha. Tras ellos, toda una serie de guitarristas pugnan por alcanzar el reconocimiento y la gloria.

¿Peligra con ello el futuro del guitarrista flamenco? Posiblemente, sí. Por dos razones fundamentales:

a) El afán desmedido de protagonismo y el exceso de la propia supervaloración que están llevando a cabo casi todos ellos –como hemos dicho– a no tener más meta que la de tocar solos, prescindiendo del cante.

b) La subestimación que hoy supone limitarse a acompañar el cante (cuando además el cante se acompaña hoy de otros muchos instrumentos, como se verá en el capítulo 7) hace que, en la mayoría de los casos, los guitarristas toquen de forma rutinaria, sin personalidad, limitándose a contar con la técnica necesaria. La ilusión, en la mayor parte de los casos, se ha perdido. La ilusión por acompañar. No sienten el cante como vehículo fundamental al que hay que dar apoyo con la guitarra. Y aspiran sólo a independizarse.

Sin embargo, no queremos ser pesimistas. Confiamos en que las aguas vuelvan a su cauce. Por una parte, porque sospechamos que la fiebre independentista se sofocará aceptando la inmensa mayoría que a la cumbre sólo llegan los muy dotados. Y, por otra parte, porque confiamos en que los guitarristas recuperen la confianza en su misión. Sin que tengan que sentirse condenados a ser secundones, recuperarán –esperamos– la satisfacción de sentirse imprescindibles colaboradores del cante.

Características de la guitarra flamenca y cuidados que requiere

La fabricación de una guitarra de calidad supone un verdadero trabajo de artesanía, esmerado y cuidadoso. En la actualidad y por razones económicas, se fabrican multitud de guitarras comerciales, en serie y mecánicamente, pero una auténtica guitarra de calidad exigirá el mimo y el conocimiento de un artesano especializado y, naturalmente, resultará cara.

Con los años, la guitarra gana en nitidez de sonido, cuando la madera y la cola se han secado por completo y los engarces se ajustan sólidamente.

En el proceso de mantenimiento influye de manera decisiva el clima. Los ambientes excesivamente húmedos retrasan el secado total de la madera, que puede tardar años en consumarse. Por el contrario, un clima cálido en exceso, el sol o la calefacción deterioran también la guitarra. Si la madera se seca demasiado rápidamente, el instrumento puede sufrir deformaciones. Es costumbre generalizada poner en el estuche donde se guarda la guitarra humidificadores especiales o un simple paño ligeramente mojado, lo que equilibrará la excesiva sequedad del ambiente.

La guitarra flamenca es algo más ligera y pequeña que la clásica y su sonido resulta más áspero y arcaico.

Para fabricar una buena guitarra flamenca se utilizan diferentes clases de madera: ciprés para la caja, pino para la tapa y cedro o caoba para el mástil. El mejor ciprés es el de Aranjuez; el mejor pino, el de Alemania y para el cedro o la caoba se prefieren los de Centroamérica. Se utilizan también otras maderas como, por ejemplo, palosanto, alerce o ébano.

Algunos tocaores prefieren utilizar guitarras negras, de palo santo como las clásicas, mejor que las blancas de ciprés. De esta forma consiguen un sonido más amplio o, como dicen algunos, más *gordo*.

Ya hemos dicho que la guitarra flamenca es más pequeña que la clásica. Tiene algo menos de medio metro de largo, unos 38 centímetros de ancho y apenas 10 de hondo. Las cuerdas están montadas a menor distancia de la tapa.

La guitarra flamenca primitiva, por ejemplo la de la segunda mitad del siglo XIX, era mucho menos profunda –apenas unos cinco centímetros– y las formas curvas de la caja eran muy diferentes: las curvas laterales eran menos pronunciadas. Algunos han comparado la forma de la guitarra con la silueta de una mujer. Sería como un cuerpo de cintura breve, y anchas caderas. Con el paso del tiempo ambas curvaturas se fueron acercando en tamaño y la altura de la tapa aumentó al doble. Se consiguió así un instrumento más equilibrado y de mejor resonancia.

Aparte de la cejilla –ya mencionada– la otra gran diferencia que ofrece la guitarra flamenca con respecto de la clásica es la existencia de los golpeadores que se colocan en la tapa. La clásica no los tiene.

Digamos como colofón que, dentro del toque de la guitarra flamenca, observamos hoy una acentuada aceleración. Como en el baile, se pretende progresar a base de velocidad. Esto sucede mucho más, naturalmente, en los recitales que da el guitarrista como concertista y no cuando acompaña el cante.

La delirante técnica interpretativa de Paco de Lucía ha llevado a muchos de sus imitadores a tocar de forma supersónica, intentando incluso superarle.

Junto al afán independentista, ya apuntado, de los tocaores de hoy que pretenden hacerse todos solistas, encontramos en la actualidad este otro defecto peligrosísimo de entender que se toca mejor cuando se toca más de prisa. O lo que es lo mismo: cuanto más rápido, mejor. Creen que la perfección se alcanza cuando se logra tocar a mil revoluciones –es decir, notas– por minuto.

7
Otros elementos de acompañamiento

Ya hemos visto que la guitarra se incorpora al cante hacia la primera mitad del siglo XIX y en la mayoría de los casos lo acompañará ya siempre hasta nuestros días.

Además de este acompañamiento fundamental de la guitarra hay otros elementos que también hemos de tener en cuenta y que aportan una colaboración muy estimable. En algunos casos, verdaderamente esencial para la consecución del *clímax* que el cante y el baile requieren.

El *jaleo* es un componente complejo que acompaña al flamenco. En él intervienen muchos elementos diferentes. Sirve, en esencia, para crear ambiente, para animar, para excitar al cantaor, al bailaor e incluso al público. Se utiliza, por lo general, como complemento de ritmo y compás en el cante y en el baile junto con la guitarra pero, a veces, puede utilizarse solo, sin cante ni baile, prescindiendo hasta de la guitarra, creando por unos momentos una vibrante sensación rítmica, una *música* ritual, armónica y personalísima.

La denominación de *jaleo* en sí viene del verbo jalear, es decir, animar, estimular al que canta, baila o toca con voces y exclamaciones de aliento. Suponen, al mismo tiempo, un desahogo para quien escucha, una manifestación espontánea ya que, al no poder reprimir su emoción y su entusiasmo, explota con un grito comprimido, con un rugido casi, consiguiendo así satisfacción y sosiego.

La forma más generalizada de esta exclamación arrebatada es *¡ole!* Según Molina y Mairena, parece proceder del árabe «Wala» que significa «¡Por Dios!» y expresa admiración apasionada. Etimológicamente, esto es muy discutible y puede tener también otros orígenes. Otras exclamaciones habituales en el jaleo son *¡Eso es!, ¡Arsa!* y *¡Agua!*

No sería posible mencionar aquí de una vez todos los elementos que componen el *jaleo* en una relación exhaustiva que agotase todas las posibilidades existentes. Entre otras cosas porque, en cualquier momento, las personas que escuchan el cante y participan en la *juerga* pueden improvisar un acompañamiento de la forma más insólita que quepa pensarse.

Sin embargo, ateniéndonos a la normalidad habitual y dentro de lo que podríamos considerar como la costumbre ortodoxa, los elementos del *jaleo* que se utilizan más comúnmente como acompañamiento del cante son: palmas - pitos - chasquidos con la lengua - taconeo - golpes con una vara o un bastón - golpes con los nudillos - golpes en el yunque - violín - castañuelas o crótalos- pandereta - cascabeles - botella de anís. No todos sirven para acompañar al verdadero cante flamenco y, en la mayoría de los casos, se utilizan en las coplas regionales andaluzas más o menos aflamencadas.

Pasemos ahora a comentar, siquiera sea brevemente, cómo son estos elementos, de qué manera se emplean y en qué medida acompañan el cante y el baile.

Palmas

Son golpes que se dan con las manos y que representan un apoyo importantísimo para marcar el compás del cante. A veces —como ocurre en el caso de las *bulerías*– son verdaderamente imprescindibles.

Batir palmas no es fácil y sólo deberían atreverse a tocarlas los que saben. ¡No hay cosa más ridícula, esperpéntica y burda que ver a un turista pretendiendo seguir el compás de una co-pla batiendo palmas estúpidamente, sin ton ni son! Podría aplicarse aquí lo que decía el Maestro Otero acerca del baile: «Vale más permanecer como mero espectador que demostrar torpeza, exponiéndose al ridículo».

Manuel Ríos Ruiz dice que «todo el que no sabe hacer son a compás no tiene derecho a llamarse aficionado».

Hay muchas formas de tocar las palmas en el flamenco, a veces con técnicas muy complicadas aunque, en general, pre-dominan dos: las palmas *sonoras* y las *sordas*. En las primeras, se golpea la palma de una mano con los dedos de la otra, jun-tos y excluyendo el pulgar. A veces también, se prescinde del dedo meñique según la costumbre de cada cual. Son palmas vibrantes y *despiertas* que producen un sonido agudo y pene-trante. Suelen utilizarse en cantes de ritmo rápido y resultan –como ya dijimos– absolutamente imprescindibles en las *bule-rías*. En las segundas –las llamadas sordas– se golpean suave-mente las dos manos, una contra otra, con las palmas ahueca-das. Son palmas lentas y *dormidas* que producen un sonido *sordo*, como de un eco que retumba lejano.

Los gitanos son maestros en el manejo de las palmas, aun-que muchos payos saben igualmente tocarlas con suprema perfección.

Los palmeros son las dos o tres personas que acompañan al cantaor. El repiqueteo de sus palmas simples o redobladas producen un maravilloso eco a modo de carillón de campanas. Como dice Donn E. Pohren:

> Tres buenos jaleadores son capaces de hacer el efecto de diez. Uno lleva el ritmo, otro el contrarritmo y el tercero va por entre el *jaleo* de los otros dos.

Bernard Leblon por su parte, hablando de las palmas, dice: «Se prestan a que varios batidores marquen respectiva-mente los tiempos, contratiempos e intervalos intermedios».

Pitos

Son simples chasquidos de los dedos. Consiste en chasquear los dedos medio y pulgar de cada mano con lo que se consigue –al igual que con las palmas– un intercambio fascinante de ritmos y contrarritmos.

Los pitos se utilizan para acompañar algunos cantes, por ejemplo, los *tientos* aunque se emplean fundamentalmente en el baile. Tocarlos bien y con fuerza no es nada fácil. Hay quienes consiguen una mayor pluralidad de sonidos encadenados utilizando no sólo el dedo pulgar y el de en medio de cada mano sino que emplean también el anular y, en algún caso, incluso el meñique.

Chasquidos con la lengua

Se considera como un método artificioso que no debe emplearse en una correcta utilización de los elementos complementarios que acompañan al baile. El uso de estos chasquidos de la lengua produce un sonido muy similar al de los pitos, incrementando su intensidad de forma notable por lo que más de un bailaor se vale de esta técnica secreta y falsa. Sólo un experto, observándolo atentamente, podrá descubrir el truco.

Taconeo

Golpear el suelo con el tacón y la suela del zapato es un ejercicio habitual y repetido –a veces, excesivamente– entre los bailaores y las bailaoras y entra de lleno en los medios a su alcance para lograr una mayor expresividad.

Sin embargo aquí nos referimos a otra cosa. Se trata de marcar el compás golpeando suavemente el suelo con el pie. No lo realizan precisamente los bailaores sino los cantaores, los guitarristas, los palmeros y todo aquel que, de alguna manera, participa en el ritmo de la copla. Cuanto más rítmico y vivaz sea el cante –caso de las *bulerías*, por ejemplo– más se utilizará este elemento de acompañamiento.

Golpes con una vara o con un bastón

Paralelamente al taconeo, se puede emplear también un bastón o una simple vara para marcar los tiempos del compás golpeándolos contra el suelo. Hoy parece que es práctica desaparecida casi por completo pero antiguamente era frecuente que el cantaor se valiese de este medio. Y lo mismo hacían muchos de los cabales que participaban en la *juerga*.

Golpes con los nudillos

Escribe Ricardo Molina:

> El ritmo interno o estructural, intrínseco al cante mismo, esto es, a la voz cantora, se marca también con los nudillos sobre la mesa, con las palmas, con un bastoncito o con el pie.

Efectivamente, formando parte de un tríptico simultáneo, los golpes de nudillos sobre la mesa acompasan el cante junto al bastón y los pies.

La técnica utilizada suele ser doble: por una parte, se golpea la tapa de la mesa con el puño cerrado aplicando los golpes justamente con los nudillos de una forma repetida y, por otra, se intercala entre golpe y golpe –más espaciado– un redoble de los dedos de la mano. Con la excepción del pulgar, los otros cuatro dedos se disparan sucesivos contra la tapa de la mesa siempre en el mismo orden: índice, corazón, anular y meñique. Es un despliegue ordenado y armónico que se repite con una cadencia rápida y vibrante.

Esta segunda técnica se emplea menos y su utilización queda reducida al acompañamiento de los cantes festeros. La primera, en cambio, acompaña los cantes básicos. He aquí el testimonio de Ríos Ruiz:

> Algunos cantes, tal los *tientos,* también admiten el adorno de los pitos y otros, como la *soleá* y la *seguiriya,* el acompañamiento de golpes sobre la madera de las mesas en las reuniones de cabales.

El yunque

Sabemos que hay cantes con guitarra y cantes sin guitarra. Estos últimos son los llamados cantes *a palo seco* como la *toná,* la *carcelera,* la *debla* o el *martinete.* Son cantes patéticos, sin acompañamiento musical de ninguna clase, en los que la voz desolada del cantaor se queda sola.

Sin embargo, de unos años a esta parte, se ha hecho costumbre generalizada incorporar al *martinete,* como música de fondo, el martilleo monótono de un yunque. Se trata con ello de evocar el trabajo de la fragua de donde se supone que proviene este cante. Entendemos que con ello se consigue sólo una mixtificación artificiosa, superficial y turística. El cante no gana nada en profundidad sino muy al contrario. Y estamos totalmente de acuerdo con Molina y Mairena cuando dicen:

> El cantaor depurado no acusará el compás con pies ni manos sino con el cante, expresado rigurosamente. Por eso, los *martinetes* suenan tan artificiales cuando se les yuxtapone el acompañamiento teatral del yunque, buscando con ello efectismo.

Violín y pandereta

Instrumentos habituales en múltiples manifestaciones de música cíngara en muchos sitios, los gitanos españoles no los han incorporado nunca a los cantes flamencos genuinos. Se utilizan exclusivamente en ciertos cantes y bailes (los *verdiales,* por ejemplo) de carácter folclórico-regional, derivados del *fandango,* y son muy frecuentes en los cantes de Málaga.

Castañuelas y crótalos

Las castañuelas españolas actuales, de madera, parecen derivarse de los antiguos crótalos, tan habituales entre las bailarinas gaditanas fenicias llevadas a Roma para realzar las fiestas del Imperio.

Estos crótalos eran, por lo general, de mayor tamaño que las castañuelas de hoy y se hacían de metal, de barro cocido y de madera. Estaban enlazados por un cordel o cinta, igual que las castañuelas actuales.

Para tocarlas se las prende metiendo el dedo corazón por entre el cordel golpeando las dos conchas dentro de las palmas de las manos. En Andalucía –donde son muy populares– se las llama *palillos* (al igual que a los pitos), mientras que en el resto de España se les sigue llamando castañuelas y no *castañetas,* como suelen decir los turistas. Se emplean en bailes regionales no plenamente flamencos, tales como las *sevillanas* o los *fandangos* de Huelva. Cuando invaden el terreno flamenco no hacen sino desvirtuar su pureza. Como dice Pohren, «el uso de las castañuelas es una forma excelente de destruir el efecto hondo de un baile grande». El bailaor o la bailaora, si quieren ser flamencos de verdad, deberán tener las manos libres y limitarse, a lo sumo, a hacer sonar los pitos pero nunca a tocar las castañuelas. Las manos han de estar liberadas para exteriorizar con ellas su lenguaje, extraordinariamente expresivo. Sin em-

bargo, aunque resulte una contradicción, desde hace unos
años –a partir de Pilar López– es norma habitual bailar *seguiriyas* con ellas.

Dejemos las castañuelas –las *castañetas*– para que los turistas
desinformados sueñen con ellas su tópica España de pandereta.

Cascabeles, sonajas, tamboril y flauta

Son otros elementos de acompañamiento, claramente secun-
darios, que no se utilizarán nunca en el flamenco sino en cantes y bailes andaluces de carácter más o menos aflamencados.
Son frecuentes, sobre todo, en Málaga y en Huelva.

Otros instrumentos complementarios más los anteriormente mencionados se emplearán cuando se canten *villancicos*, siendo fundamental e indispensable la pandereta.

Los *villancicos* son coplas típicas de Navidad, a veces con
indudable influencia gitana. Los *villancicos* gitanos por *bulerías* encierran un garbo, un ritmo y una musicalidad realmente
admirables y alcanzan gran calidad en Jerez.

Botella de anís y zambomba

Nunca falta quien se incorpora al festín arrebatador de estos *villancicos* utilizando, como instrumento musical rudi-
mentario, una simple botella de anís y una cuchara. Sobre la
superficie labrada de la botella, con surcos claramente marca-
dos que se entrecruzan, se frota repetidamente una cuchara,
produciendo un sonido monocorde que se integra en el ritmo
central de la copla.

A modo de eco de fondo que todo lo envuelve y en papel
semejante al que desempeña el bajo en el «jazz», resoplan, ás-
peras y opacas, las zambombas.

En el último cuarto del siglo xx (desde hace, aproximadamente, veinticinco o treinta años) han ido incorporándose al cante unos instrumentos musicales nuevos. Para los aficionados más puros y exigentes, esto significa una innovación inadmisible por lo que tiene de mixtificación y superficialidad. En determinados casos, son verdaderas orquestas con instrumentos de muy diverso uso y significado. Los hay de percusión, como el bongo, el cajón o el *hang,* de reciente incorporación; de viento, como la flauta y de cuerda, como el ya mencionado violín y, sobre todo, el contrabajo. La flauta suele tocarse como contrapunto del cante manteniendo a veces un diálogo con la voz.

El contrabajo y la percusión se utilizan, fundamentalmente, a modo de acompañamiento ambiental de fondo: el primero en los cantes más desgarrados o lacónicos; el segundo en los más vivos y rítmicos, esencialmente en las *bulerías.* El último nuevo instrumento que se incorpora al acompañamiento musical del flamenco es el arpa. A partir de 2016, Ana Crismán da conciertos de flamenco o acompaña a cantaores y bailaores como arpista, lo que significa una novedad total. Participó en 2020 en la Bienal de Flamenco de Sevilla.

En el capítulo 9 hablaremos más extensamente de esta nueva orquestación que se emplea en el cante de hoy.

8
Figuras del flamenco de ayer y de hoy

No pretendemos dar una lista exhaustiva de cantaores, bailaores y tocaores de todos los tiempos sino solamente aquellos que han sido –y son– importantes. De épocas pasadas excluimos a muchos que, aun siendo figuras relevantes, no tienen cabida en una «Guía», ya que no es posible encontrar sus grabaciones. De estos artistas, cuyas grabaciones no existen en el mercado comercial o que nunca grabaron nada por ser muy antiguos, mencionamos exclusivamente a los pocos que han sido realmente decisivos en el nacimiento o la evolución del flamenco.

Hacer una enumeración de todos ellos ordenándolos alfabéticamente no es fácil. Con frecuencia utilizan nombres artísticos de difícil clasificación ya que no está claro qué parte de esa denominación podemos considerar como fundamental.

El criterio que hemos seguido es el siguiente:

1. En todos aquellos casos en los que el artista utiliza su verdadero nombre, se clasifica por la letra inicial de su primer apellido. Por ejemplo, a José Menese Scott lo situamos en la «M» o a Vicente Escudero Uribe en la «E».

2. En aquellos otros casos en que el artista emplea un apodo simple, con o sin artículo, la clasificación se hace

atendiendo a la letra inicial de dicho apodo. Por ejemplo, a Antonia Mercé y Luque, «La Argentina», la situamos en la «A» o a Juan Peña Fernández «El Lebrijano», en la «L».

3. Cuando el artista tiene un sobrenombre compuesto de dos o tres palabras, como «El Cojo de Huelva» o «Manolo Sanlúcar», lo clasificamos atendiendo al sustantivo, toponímico o gentilicio que mejor lo defina. Por ejemplo, a «El Cojo de Huelva» en la «C» y a «Manolo Sanlúcar» en la «S».

4. Finalmente, cuando lo más conocido del artista sea su nombre propio, lo clasificamos atendiendo a la primera letra de dicho nombre y lo remitimos después al lugar de su primer apellido. Por ejemplo, a Antonio lo clasificamos en la «A» diciendo «*véase* Ruiz Soler, Antonio» o a Silverio, en la «S» diciendo «*véase* Franconetti Aguilar, Silverio».

En todas las fichas damos las siguientes referencias, siempre en el mismo orden:

– Nombre artístico
– Faceta artística (bailaor, cantaor o tocaor)
– Lugar de nacimiento
– Año de nacimiento y, en su caso, de muerte
– Nombre completo (si es distinto al nombre artístico)
– Características personales

Adrián. Bailaor, bailarín y coreógrafo.
   Buenos Aires (Argentina), 1965. Adrián Jorge Caviglia Marcioni. Innovador de la danza. Grandes éxitos internacionales.
Acedo, Joselito. Guitarrista.
   Sevilla, 1979. Hijo de José Acedo. Guitarrista, productor y compositor. Clásico y moderno. Acompañante y concertista. Ecos trianeros.

Águila y Aranda, Rafael del. Guitarrista.
  Jerez de la Frontera (Cádiz), 1900-1976. Estudió música.
  Discípulo de Javier Molina. Se dedicó especialmente a dar
  clases de guitarra.

Aguilar Belmonte, Inmaculada. Bailaora.
  Córdoba, 1959. Profesora de danza. Baila con empaque y
  donosura. Armoniza con elegancia gesto y movimientos.

Aguilera, Paca. Cantaora.
  Ronda, 1877-Madrid, 1913. Francisca Aguilera Domínguez. Destacó por soleares.

Aguilera, Paco. Guitarrista.
  Barcelona, 1906-1986. Francisco Aguilera Fernández. Amplísima discografía.

Aguilera, Tamara. Cantaora.
  La Puebla del Río (Sevilla), 1989. Tamara Aguilera Garamendi. Ganadora del Certamen Andaluz de Jóvenes Flamencos,
  2010. Empezó bailando. Amplio repertorio.

Agujeta, El. Cantaor.
  Rota (Cádiz), 1939-Jerez de la Frontera (Cádiz), 2015. Manuel de los Santos Pastor. Hijo de Agujeta el Viejo. Cante
  ritual y patético. Rememora a Manuel Torre. Destaca en los
  cantes *a palo seco* y por *seguiriyas*.

Agujeta, Dolores. Cantaora
  Jerez de la Frontera, 1960. Dolores de los Santos Bermúdez. Hija y nieta de cantaores. Continuadora de los «oscuros duendes morenos de su familia». Está en las antípodas
  de la flamenquita comercial de nuestros días.

Agujeta el Viejo. Cantaor.
  Jerez de la Frontera (Cádiz), 1908-Rota (Cádiz), 1976. Manuel de los Santos Gallardo. Padre de El Agujeta. Conservó
  el cante de Manuel Torre. Autenticidad y hondura.

Albaicín, María. Bailaora.
  Madrid, 1943. María García García. Elegancia y estética.
  Retirada del baile.

Albaicín, María de. Bailaora.

Chillarón de Cuenca (Cuenca), 1898-París, 1931. María García Escudero. Hermana del torero Rafael Albaicín y tía de la bailaora María Albaicín. Polifacética. Flamenco, danza y cine. Éxitos internacionales.

Albarrán Heredia, Lucía. Bailaora.

Madrid, 1956. Hija de Maruja Heredia. Se crió en los Estados Unidos. Baila entregada, con vibración y mesura al mismo tiempo.

Albarrán Heredia, María. Guitarrista.

Los Ángeles (Estados Unidos), 1960. Hija de Maruja Heredia. Acompaña el cante de su madre y el baile de su hermana. También canta y baila a veces.

Alcaraz, Abdón. *(Véase capítulo 10.)*

Almadén, Jacinto. Cantaor.

Almadén (Ciudad Real), 1899-Igualada (Barcelona), 1968. Jacinto Antolín Gallego. Murió en accidente de tráfico. Admirador de Chacón. Elegancia y buen gusto. Modela muy bien. Destacó en los cantes de Levante.

Amador Amador, Juan José. Cantaor.

Sevilla, 1960. Destaca en el cante *p'atrás*. Incursiones en el campo del experimentalismo.

Amador Fernández, Diego, Churri. *(Véase capítulo 10.)*

Amador Moreno, Ramón. Guitarrista.

Sevilla, 1955-2016. Giraldillo al acompañamiento en la XVI Bienal de Sevilla, *ex-aequo* con Antonio Carrión. Pulcro y preciso.

Amador Santiago, Joaquín. Guitarrista.

Palop de la Marina (Alicante), 1952-Sevilla, 2023. Marido de Manuela Carrasco y hermano de La Susi. Acompañante y solista. Vibrante y colorista.

Amargo, Rafael. Bailaor.

Granada, 1975. Jesús Rafael García Hernández. Innovaciones modernistas dentro de un baile puro con raíces clásicas.

Amaya, Juana. Bailaora.

Morón de la Frontera (Sevilla), 1968. Juana Gómez García. Buena técnica. Personalidad basada en la expresividad de los desplantes. Su baile es racial y poderoso.

Amaya, Remedios. Cantaora.

Sevilla, 1962. M.ª Dolores Amaya Vega. También baila. Festera de buena imagen que alterna el cante tradicional con canciones comerciales.

Amaya Amaya, Carmen. Bailaora.

Barcelona, 1913-Bagur (Barcelona), 1963. A veces también cantaba. Temperamental y anárquica, revolucionaria y vibrante. Representa la antiescuela y la antiacademia. Un verdadero genio intuitivo. Figura irrepetible en la historia del baile y del flamenco. La han imitado muchísimas bailaoras; no la ha igualado ninguna.

Amigo Giralt, Vicente. Guitarrista.

Guadalcanal (Sevilla), 1967. Posiblemente la guitarra con más vibración y calidad de las de su generación. Buen acompañante y formidable concertista. Indaga buscando nuevas vías expresivas. Bordón Minero en La Unión, 1988 y Premio Ramón Montoya en Córdoba, 1989.

Ana Mercedes. Bailaora y bailarina.

(*Véase* Racca González, Ana Mercedes.)

Andonda, María la. Cantaora.

Ronda (Málaga), siglos xix y xx (1831?-1878?). María Amaya Heredia. Compañera de El Fillo. Mítica figura legendaria con fama de pendenciera y rufiana. Destacó en el cante por *soleá*.

Andorrano, El. Cantaor.

Morón de la Frontera (Sevilla), 1942. Francisco Torres Amaya. Hijo de Joselero, sobrino de Diego el del Gastor y hermano de Diego de Morón. Destaca por *bulerías*.

Andréu Martínez, Eleuterio. Cantaor.
 La Unión (Murcia), 1914-1981. Minero. Alternó su profe-
 sión en la mina con el cante. Destacó por *tarantas* y *mineras*. Lámpara Minera en La Unión, 1980.

Angelillo. Cantaor.
 (*Véase* Sampedro Montero, Ángel.)

Anilla la de Ronda. Cantaora y guitarrista.
 Ronda (Málaga), 1853-1933. Ana Amaya Molina. Personalidad fascinante y arrebatadora. Se acompañaba a la guitarra ella misma cuando cantaba.

Ansonini. Bailaor.
 Jerez de la Frontera (Cádiz), 1918-Sevilla, 1983. Manuel
 Bermúdez Junquera. Se hizo profesional con más de cuarenta años. Llevaba el baile metido en el cuerpo. Mágico
 por *bulerías*.

Antequera, Paco de. Guitarrista.
 Antequera (Málaga), 1933-Santa Fe (Granada), 2000. Francisco Márquez Méndez. Muy técnico. Buen acompañante
 de cante y baile. Murió en accidente de tráfico.

Antonio. Bailaor.
 (*Véase* Ruiz Soler, Antonio.)

Aranda, Conchita. Bailaora.
 Cádiz, 1931-2020. Concepción Aranda Fosa. Integrante
 del trío Los Gitanillos de Cádiz, con Benito del Valle y
 Cascarilla. Elegancia y gracia.

Arcángel. Cantaor.
 Huelva, 1977. Francisco José Arcángel Ramos. Cante moderno de total autenticidad. Una de las grandes figuras de
 hoy. Giraldillo del Cante en la Bienal de Sevilla, 2002.

Arcas, Julián. Guitarrista.
 Almería, 1832-Antequera (Málaga), 1882. Julián Arcas y
 Lacal. Figura fundamental en el periodo embrionario de los
 auténticos toques flamencos a partir de los pre-flamencos.

Arenas, Antonio. Guitarrista.

Ceuta, 1929-Madrid, 2008. Antonio López Arenas. Ha acompañado a numerosas figuras del cante y el baile. Amplia discografía.

Argentina. Cantaora.

Huelva, 1984. Argentina María López Tristrancho. Prototipo de la artista joven con cante aprendido a base de estudio y tesón. Buena técnica.

Argentina, La. Bailarina y bailaora.

Buenos Aires (Argentina), 1890-Bayona (Francia), 1936. Antonia Mercé y Luque. En 1929 formó la primera compañía de ballet español que ha existido. Elegante y delicada. Flamenco y danza española. Dominio de las castañuelas.

Argentinita. Bailarina y bailaora.

Buenos Aires (Argentina), 1897-Nueva York, 1945. Encarnación López Júlvez. Hermana de Pilar López. Hija de españoles, vivió en Madrid desde niña. También cantaba. Se rodeó de toreros, intelectuales y poetas. *Pluma del aire* la llamó Manuel Machado y su hermana Pilar la definía como *paloma volando en el escenario*. Plástica, gracia y donosura determinaban su baile.

Aroca, Alfonso. Pianista. *(Véase capítulo 10.)*

Arrebola Sánchez, Alfredo. Cantaor.

Villanueva Mesía (Granada), 1935-2022. Doctor en Filología. Escritor. Ha grabado poemas de Lorca, Machado, Alberti... Cantaor de minorías. Seriedad y pureza.

Aurelio. Cantaor.

(*Véase* Sellé Nondedeu, Aurelio.)

Aznalcóllar, Pepe. Cantaor.

Aznalcóllar (Sevilla), 1912-Madrid, 1973. José Losada Carballo. Creador de unos *fandangos* muy personales.

Bacán, Inés. Cantaora.

Lebrija (Sevilla), 1952. Inés Peña Peña. Hermana de Pedro Bacán y prima del Lebrijano. Improvisa los cantes estirándolos de una forma muy personal.

Bacán, Pedro. Guitarrista.

Lebrija (Sevilla), 1951-1997. Pedro Peña Peña. Hermano de Inés Bacán y primo del Lebrijano. Falleció en accidente de coche. Acompañante y concertista. Preciso y técnico. Musitaba las coplas mientras tocaba. Experimentó nuevos caminos dentro del clasicismo.

Badajoz, Manolo de. Guitarrista.

Badajoz, 1892-Madrid, 1962. Manuel Álvarez Soruve. Discípulo de Javier Molina y Ramón Montoya. Muy clásico.

Baras, Sara. Bailaora.

San Fernando (Cádiz), 1971. Sara Pereyra Baras. Aire fresco para el baile. Movimientos naturales desprovistos de artificio. Destaca en los estilos gaditanos. Conecta muy bien con el público. Grandes éxitos internacionales.

Barbero, Paco el. Guitarrista.

Cádiz, 1840-Sevilla, 1910. Francisco Sánchez Cantero. Discípulo de Patiño. Acentuó la costumbre de tocar en solitario.

Barrios Navarro, Andrés. Pianista. *(Véase capítulo 10.)*

Barón, Javier. Bailaor.

Alcalá de Guadaíra (Sevilla), 1963. Francisco Javier Álvarez Rico. Giraldillo del Baile en la Bienal de Sevilla, 1988 y Giraldillo a la Maestría, Bienales 2006 y 2012. Técnica y plasticidad. Afanes renovadores. Combina el flamenco clásico con la danza contemporánea. Premio Nacional de Danza en 2008.

Barullo. Bailaor.

Sevilla, 1990. Juan Antonio Fernández Montoya. Nieto de Farruco y primo de Farruquito. Premio El Desplante en La Unión, 2014. Sigue la línea estética de su familia con aportaciones personales modernistas.

Batista Francisco, Andrés. Guitarrista.
> Barcelona, 1937. Estudió guitarra clásica y flamenca. Sólida formación musical. Claridad de sonidos. Ha acompañado a grandes figuras del baile.

Bayón Gamero, Isabel. Bailaora.
> Sevilla, 1969. Giraldillo de la Bienal de Sevilla, 2010 y Premio Nacional de Danza, 2013. Compás impecable. Baile seductor rebosante de gracejo.

Bazán Ramírez, Rocío. Cantaora.
> Estepona (Málaga), 1977. Canta con rabia, con exceso de brío incluso. Especialista en los cantes festeros.

Belmonte Fernández, Fernando. Bailaor.
> Cádiz, 1942-Jerez de la Frontera (Cádiz), 2023. Bailaor y maestro formador de otros muchos bailaores. Creador del Ballet La Albarizuela. Rigor y prestancia.

Beni de Cádiz. Cantaor.
> Cádiz, 1929-Sevilla, 1992. Benito Rodríguez Rey. De joven fue bailaor. Bohemio y dicharachero. Compaginó el cante bueno con las canciones aflamencadas con orquesta. Premio Silverio en Córdoba, 1971. Dotes de actor y mucho salero.

Benítez Domínguez, Ezequiel. Cantaor.
> Cádiz, 1979. Se considera jerezano. Flamenco joven con ecos profundos de cantaor clásico.

Benito, Pepa de. Cantaora.
> Utrera (Sevilla), 1937-Sevilla, 2016. Josefa Peña Reyes. Del clan de los Pinini. Profesional a los cincuenta años. Cante racial, de antiquísima raigambre familiar.

Bernarda de Utrera. Cantaora.
> Utrera (Sevilla), 1927-2009. Bernarda Jiménez Peña. Hermana de Fernanda de Utrera. Voz áspera y ronca. Vibración y ritmo. Ganadora del Concurso Nacional de Córdoba, 1957. Destacó por *bulerías*.

Betanzos Acosta, Manuel. Bailaor.
　　Sevilla, 1970. Discípulo de Mario Maya. Técnica y disciplina. Actualmente se dedica a la enseñanza del baile.

Bilbao, Antonio de. Bailaor.
　　Sevilla, 1885-Madrid, 1925. Antonio Vidal. Destacó por *alegrías* con un impresionante juego de pies.

Biencasao, El. Bailaor.
　　Sevilla, 1951. José Cortés Moreno. Casado con Angelita Vargas. Destaca por *bulerías.*

Bocanegra Ocón, Ángel. Violinista
　　Granada, 1997. Conservatorio de Córdoba. Formación clásica. Premio Filón en La Unión 2022. Libertad expresiva por bandera.

Bola, El. Guitarrista.
　　Madrid, 1971. Agustín Carbonell Serrano. Una de las más firmes guitarras actuales. Toca con gusto. Participa en movimientos experimentalistas. Premio El Bordón, La Unión, 2018.

Bolita. Guitarrista.
　　Jerez de la Frontera (Cádiz), 1974. José Quevedo García. Acompañante y solista. Inquieto y creativo. Productor de discos.

Bonela Hijo. Cantaor.
　　Málaga, 1974. Francisco Javier Sánchez Banderas. Acaparador de premios en concursos. Amplio repertorio.

Bongui, El. Cantaor.
　　Cartagena (Murcia), 1956. Francisco Contreras Moreno. Lámpara Minera en La Unión, 1994. Especialista en cantes mineros.

Borja Évora *(véase capítulo 10).*

Borrico, El. Cantaor.
　　Jerez de la Frontera (Cádiz), 1910-1983. Gregorio Manuel Fernández Vargas. Voz *afillá.* Genialidad y sentimiento. Destacó por *bulerías, soleares, seguiriyas* y *tangos.* Cante puro de Jerez, enjundioso y hondo.

Borrico, María. Cantaora.
San Fernando (Cádiz), 1830-finales del siglo XIX. María Fernández Fernández. Innovadora en el cante por *seguiriyas*. Creadora de un cambio muy imitado posteriormente.

Borrull Castelló, Miguel. Guitarrista.
Castellón de la Plana, 1866-Barcelona, 1926. Acompañante habitual de Chacón. Especialista en los estilos de Levante. Creó escuela.

Borrull Giménez, Miguel. Guitarrista.
Madrid, 1900-Barcelona, 1976. Hijo del anterior. Muy buen acompañante. Amplísima discografía.

Brenes, Manolo. Guitarrista.
Brenes (Sevilla), 1928-2021. Manuel Delgado Lara. Empezó como cantaor. Clásico. Muy buen acompañante.

Brenes, Niño. Guitarrista.
Brenes (Sevilla), 1982. Juan José Rodríguez Millán. Graduado Medio en el Conservatorio. Bordón Minero en La Unión, 2006. Sonido claro, limpio y añejo.

Breva, Juan. Cantaor.
Vélez-Málaga (Málaga), 1844-Málaga, 1918. Antonio Ortega Escalona. Solía tocar la guitarra mientras cantaba. Figura puntera de la historia del flamenco. Renovó por completo el cante por *malagueñas*.

Brûle, Chloé. Bailaora.
Montreal (Canadá), 1978. Chloé Brûle Dauphin. Forma pareja artística con Marco Vargas. Su baile es un flamenco que podríamos llamar moderno, evolucionado, que parte de raíces arcaicas y donde tienen presencia el folclore y la influencia de otras músicas muy diversas.

Bueno Ávila, Ana María. Bailaora.
Sevilla, 1958. Sólida formación en ballet y danza. Técnica depurada y selecta.

Burra, María la. Cantaora.

Jerez de la Frontera (Cádiz), 1932-1996. María Fernández Flores. Hija del Borrico. Profesional a los cincuenta años. Destacó por *bulerías, seguiriyas* y *soleares.*

Caballero Polo, Luis. Cantaor.

Aznalcóllar (Sevilla), 1919-Mairena del Aljarafe (Sevilla), 2010. Escritor y conferenciante. Afán permanente de superación. Perfeccionamiento continuo. Puro y ortodoxo. Pertenece a la escuela mairenista.

Cabeza. Guitarrista.

Sevilla, 1958. Rafael Rodríguez Hidalgo. Giraldillo del toque de acompañamiento en la Bienal de Sevilla, 2008. Clásico y moderno al mismo tiempo.

Cabra, Niño de. Cantaor.

Cabra (Córdoba), 1870-Benamejí (Córdoba), 1947. Cayetano Muriel Reyes. Discípulo e imitador de Chacón. Voz clara y bien modulada. Sus mejores cantes fueron *malagueñas* y *fandangos* de Lucena.

Cabrero, El. Cantaor.

Aznalcóllar (Sevilla), 1944. José Domínguez Muñoz. Polémico. Sus letras tienen un fuerte contenido de protesta social. Destaca por *fandangos.*

Cagancho, Antonio. Cantaor.

Sevilla, 1821-1890. Antonio Rodríguez Moreno. Padre de Manuel Cagancho. Iniciador de la escuela trianera del cante gitano.

Cagancho, Manuel. Cantaor.

Sevilla, 1846-1913. Manuel Rodríguez García. Uno de los grandes intérpretes de los viejos cantes trianeros. Creador de diversos estilos de *seguiriyas.*

Cala Luque, Aroa. Cantaora.

Puerto de Santa María (Cádiz), 1979. Cantaora general. Gran saetera. Acaparadora de premios.

Cala Luque, Nazaret. Cantaora.
    Puerto de Santa María (Cádiz), 1980. Domina muchos estilos.
    Buena saetera. Premio Nacional de Cante por Alegrías en 2007.

Calderón Berraquero, Rafael. Cantaor.
    Olivares (Sevilla), 1979. También conocido como Niño de Oli-
    vares. Ganador de la Lámpara Minera de La Unión en 2001.

Calderón Rueda, Manuel. Cantaor.
    Santa Coloma de Gramanet (Barcelona), 1979. Acaparador
    de premios en concursos. Compagina el cante con la pro-
    fesión de locutor de radio.

Calero, Concha. Bailaora.
    Córdoba, 1952. Concepción Calero Cantero. Casada con
    El Merengue. De formación autodidacta. Fuerte personali-
    dad y gran capacidad para conectar con el público.

Calero, Sara. Bailaora.
    Madrid, 1983. Bailaora, bailarina y coreógrafa. Formación
    clásica. Matrícula de Honor en el Conservatorio de Ma-
    drid. Capacidad creativa y renovadora. Transmite intimi-
    dad y emociones personales cuando baila.

Califa, El. Guitarrista.
    Puente Genil (Córdoba), 1961. Julián Navarro Morales.
    Ha desarrollado gran parte de su carrera artística en Cata-
    luña. Buen acompañante.

Calixto. Cantaor.
    (*Véase* Sánchez Marín, Calixto.)

Calzá, Niño de la. Cantaor.
    Sevilla, 1913-1981. Antonio Tovar Ríos. Destacó por *fan-
    dangos* a los que imprimía un cierto ritmo de soleá.

Camarón. Cantaor.
    San Fernando (Cádiz), 1950-Badalona (Barcelona), 1992.
    José Monge Cruz. Voz, sentimiento y personalidad. Senti-
    do profundo de la afinación. El cantaor de su tiempo con
    mayor capacidad de inventiva. Ha marcado un nuevo estilo,

aunque bebió naturalmente de muchos cantaores anteriores. Creó escuela con una serie interminable de imitadores. Inmensa popularidad. Impulsor indiscutible de las nuevas tendencias del flamenco. Llave de Oro del Cante, año 2000.

Campallo, Adela. Bailaora.
Sevilla, 1977. Adela Silva Campallo. Ejemplo de tesón al superar una lesión medular tras un accidente. Baile con delicadeza, garbo y femineidad.

Campallo, Juan Antonio. Guitarrista.
Sevilla, 1983. Juan Antonio Silva Campallo. Bordón Minero en La Unión, 2007. Toca y compone.

Campallo, Rafael. Bailaor.
Sevilla, 1974. Rafael Silva Campallo. Bailaor y coreógrafo. Baile viril y clásico. Respeto a la tradición y técnica a la antigua usanza. Premio El Desplante en La Unión, 1999.

Canalejas de Puerto Real. Cantaor.
Puerto Real (Cádiz), 1905-Jaén, 1966. Juan Pérez Sánchez. Estilista más que hondo. Destacó por *bulerías* y en los cantes de Levante. También cantaor de *saetas*. Lámpara Minera en La Unión, 1963.

Canales, Antonio. Bailaor.
Sevilla, 1962. Antonio Gómez de los Reyes. Bailarín y coreógrafo. Espíritu renovador y experimentalista. Muy técnico. Impulsivo y polémico. Discutibles innovaciones.

Canario, El. Cantaor.
Álora (Málaga), 1857-Sevilla, 1885. Juan de la Cruz Reyes Osuna. Vida turbulenta. Fue asesinado. Destacó por *malagueñas*.

Cancanilla. Cantaor y bailaor.
Marbella (Málaga), 1951. Sebastián Heredia Santiago. Gran sentido del compás. No ha cuajado en la figura que se presentía.

Candela, Curro de. Bailaor.
Madrid, 1985. Francesco Bucci García. De la familia de los Greco. Más bailarín que bailaor. Innovador y vanguardista,

mezcla el flamenco con otros ritmos, especialmente sones afrocubanos.

Canela de San Roque. Cantaor.

San Roque (Cádiz), 1947-Algeciras, 2015. Alejandro Segovia Camacho. Pertenece a la escuela mairenera, destacando por *soleá* y *seguiriya*. José Segovia Cortés, Canela Hijo, también es cantaor.

Canillas, Antonio de. Cantaor.

Canillas (Málaga), 1929-2018. Antonio Jiménez González. Destaca en los cantes de Levante. Lámpara Minera en La Unión, 1966.

Cano García, Guillermo. Cantaor

Bollullos del Condado (Huelva), 1973. Cantaor de voz potente y amplio dominio de los estilos.

Cano Tamayo, Manuel. Guitarrista.

Granada, 1926-1990. Catedrático de guitarra. Sólida formación musical. Gran conocedor del flamenco. Acompañante y concertista de fama internacional. Ha escrito una *Historia de la guitarra.*

Cañeta, La. Cantaora.

Málaga, 1936. M.ª Teresa Sánchez Campos. Casada con José Salazar. Voz vigorosa distinta a los habituales tonos melosos de su tierra. Destaca por *tangos, tientos* y *bulerías.*

Capullo, El. Cantaor.

Jerez de la Frontera (Cádiz), 1954. Miguel Flores Quirón. Destaca por *bulerías.*

Caracafé. Guitarrista.

Huelva, 1960. Emilio Fernández de los Santos. Personalísimo y diferente. Toca «a cuerdapelá» sin estilismos armónicos. Timbre gitano, hondura y unos rasgueos fabulosos.

Caracol, Manolo. Cantaor.

Sevilla, 1909-Madrid, 1973. Manuel Ortega Juárez. Falleció en accidente de tráfico. Pertenecía a una familia de impresionante abolengo gitano y flamenco. Cantaor excepcional que derivó a veces hacia la copla aflamencada con orquesta por razones comerciales. Ganó –con doce años– el Concurso de Cante Jondo de Granada en 1922, compartiendo el primer premio con El Tenazas. Voz afillá. Todo lo cantó bien. Creador de la escuela caracolera. Una figura excepcional.

Caracolillo. Bailaor.

Cádiz, 1932-Sevilla, 2012. Federico Casado Algrenti. Brillante y preciso. Dedicado a la enseñanza del baile.

Carbonell Muñoz, Antonio. Cantaor.

Madrid, 1969. Sigue la línea de Enrique Morente, cuñado suyo. Tendencias innovadoras le han hecho abandonar el cante para afrontar otras facetas artísticas diferentes.

Carbonerillo, El. Cantaor.

Sevilla, 1906-1937. Manuel Vega García. De amplio repertorio, destacó especialmente por *fandangos.*

Carina La Debla. Bailaora.

Dachau (Alemania), 1976. Carina Pabst. Afincada en Sevilla desde hace más de 25 años. Gusto por la danza sin etiquetas. Sensualidad y fuerza telúrica.

Carito. Cantaor.

Jerez de la Frontera, 1845-Sevilla, 1895. Manuel Caro Cuéllar. Estupendo seguiriyero, injustamente olvidado.

Carmelilla. Bailaora y cantaora.

Sevilla, 1959-2021. Carmen Montañés Montoya. Prima de Lole. Espontaneidad y temperamento.

Carmona, Juan. Guitarrista.

Lyon (Francia), 1963. Jean-Luc Carmona Contreras. Hijo de gitanos malagueños. Clásico y vanguardista al mismo tiempo. Experiencias transculturales.

Carmona Fernández, David. Guitarrista.

Granada, 1985. Giraldillo Revelación Bienal de Sevilla, 2012. Acompañante y solista. Toca y compone. Buena pulsación, técnica y sentimiento.

Carmona Manzano, José Ángel. Cantaor.
Los Palacios (Sevilla), 1977. Giraldillo al cante de acompañamiento en la Bienal de Sevilla, 2014. Valor seguro. Cante cabal. También toca la guitarra, la mandolina y el bajo eléctrico.

Carmona Moreno, Jesús. Bailaor y bailarín.
Badalona (Barcelona), 1985. Premio El Desplante La Unión, 2012. Premio Nacional de Danza, 2020. Premio Benois de la Danse, 2021. Bailarín y bailaor. Formación clásica. Estética y elegancia.

Carpeta, El. Bailaor.
Sevilla, 1998. Juan Manuel Fernández Montoya. Nieto de Farruco, hijo de La Farruca y hermano de Farruquito. Casta y energía. Si define su personalidad, puede ser figura.

Carrasco, M.ª José. Cantaora.
Los Palacios (Sevilla), 1974. M.ª José Ruiz Morales. Lámpara Minera en 2018. Destaca en los cantes festeros y en los de levante.

Carrasco, Reyes. Cantaora.
Los Palacios (Sevilla), 2006. Reyes Díaz Ruiz. Hija de M.ª José Carrasco. Jovencísima cantaora de excepcionales cualidades. Espléndido porvenir.

Carrasco Rivero, Rafaela. Bailaora.
Sevilla, 1972. Firme valor de la generación más joven. Innovadora a la vez que tradicional. Directora del Ballet Flamenco de Andalucía de 2013 a 2016. Premio Nacional de Danza 2023.

Carrasco, M.ª José. Cantaora.
Los Palacios (Sevilla), 1974. M.ª José Ruiz Morales. Lámpara Minera, 2018. Destaca en los cantes festeros y en los de Levante.

Carrasco Salazar, Manuela. Bailaora.
Sevilla, 1958. Ritual y arrogante, busca las esencias más puras del verdadero baile flamenco. Genio y figura. Garra y casta.

Carrasco Tavira, Sandra. Cantaora.

Huelva, 1981. Cantaora y cantante, innovadora y versátil.

Carrete. Bailaor.

Antequera (Málaga), 1941. José Losada Santiago. Anárquico, intuitivo y personalísimo. Se inició en el baile subyugado por Fred Astaire.

Carrión Jiménez, Antonio. Guitarrista.

Mairena del Alcor (Sevilla), 1964. También conocido como Niño Carrión. Muy buen acompañante. En la línea de Melchor de Marchena. Giraldillo del Toque, Bienal, 2012.

Casares, Daniel. Guitarrista.

Málaga, 1980. Daniel Borja Casares. Bordón Minero, La Unión, 1997. El más joven de la historia en conseguir este premio. Técnica, versatilidad y compás.

Cástulo. Cantaor.

Mairena del Alcor (Sevilla), 1970. Manuel Domínguez Gallardo. Conservador y clásico. Acaparador de premios. Ganador en el Concurso Nacional de Córdoba, 2013.

Centeno, Manuel. Cantaor.

Sevilla, 1885-Cartagena (Murcia), 1961. Manuel Jiménez Centeno. Tenor de teatro antes que cantaor de flamenco. Muy estilista. Destacó por *fandangos* y *saetas*.

Cepero, José. Cantaor.

Jerez de la Frontera (Cádiz), 1888-Madrid, 1960. José López Cepero. Destacó por *fandangos*.

Cepero, Paco. Guitarrista.

Jerez de la Frontera (Cádiz), 1942. Francisco López-Cepero García. Sobrino-nieto de José Cepero. Acompañante y concertista. Brillante y muy rítmico. Promotor artístico y productor. Bordón Minero de Honor, La Unión, 2022.

Cepillo, Alonso el del. Cantaor.

Puerto de Santa María (Cádiz), 1900-1989. Alonso Suárez de la O. Destacó por viejos *romances* o *corridos* y por *seguiriyas* antiguas.

Chacón García, Antonio. Cantaor.
Jerez de la Frontera (Cádiz), 1869-Madrid, 1929. Único cantaor de la historia que ha merecido el tratamiento de don. Para muchos críticos, el cantaor más importante de todos los tiempos. Dominó todos los estilos y creó y recreó numerosos cantes. Impresionante enciclopedismo. Especialista en *malagueñas* y cantes de Levante. Dignificó el cante. De él se dice que lo llevó del café cantante al teatro aunque otros cantaores –por ejemplo, Silverio Franconetti, Curro Durse o Juan Breva– lo hicieron antes que él. Modulaba el cante engarzándolo de forma exquisita. Gran figura estelar del flamenco.

Chana, La. Bailaora.
Barcelona, 1946. Antonia Santiago Amador. Armoniza temperamento y técnica. Destaca en el juego de pies. Ha publicado su autobiografía.

Chaparro, El. Cantaor.
Córdoba, 1948. Rafael Montilla Moya. Voz espléndida. Destaca en *fandangos* personales.

Chaqueta, Adela la. Cantaora.
Cádiz, 1918-Jerez de la Frontera (Cádiz), 1995. Adela Fernández Jiménez. Pertenece a la familia cantaora de los Chaqueta. Enorme temperamento. Destacó en los cantes festeros.

Chaqueta, Antonio el. Cantaor.
La Línea de la Concepción (Cádiz), 1918-Madrid, 1980. Antonio Fernández de los Santos. Hermanastro de Adela la Chaqueta. Gran conocedor de los cantes antiguos. Bohemio y desorganizado. Experimentó a su estilo innovando por *bulerías.*

Chaqueta, Tomás el. Bailaor.
La Línea de la Concepción (Cádiz), 1911-Tánger, 1945. Tomás Fernández de los Santos. Hermano de Antonio el Chaqueta. Revolucionario y de estilo muy personal.

Chaquetón. Cantaor.
Algeciras (Cádiz), 1946-Móstoles (Madrid), 2003. José Antonio Díaz Fernández. Hijo de El Flecha de Cádiz y miem-

bro de la familia de los Chaqueta. Dominador del compás. Especialista de los estilos gaditanos y de la *granaína* ligada con la *malagueña*.

Charo. Cantaora.

Madrid, 1968. Rosario Manzano Nieto. De la familia de los Pelao. Casada con Manuel Parrilla. También baila. Destaca en los estilos festeros.

Chato de la Isla, El. Cantaor.

San Fernando (Cádiz), 1926-Madrid, 2006. José Llerena Ramos. Siguió la línea de Caracol. Amplio repertorio.

Chicuelo. Guitarrista.

Barcelona, 1968. Juan Gómez Gorjón. Toque delicado y sutil. Colabora con Mayte Martín con incursiones también en el terreno experimentalista.

Chiquetete. Cantaor.

Algeciras (Cádiz), 1948-Sevilla, 2018. Antonio Cortés Pantoja. Abandonó el cante en los años ochenta para dedicarse a la canción.

Chiqui, La. Cantaora y bailaora.

Jerez de la Frontera (Cádiz), 1977-2023. Milagros de los Reyes Bermúdez. Hermana de Ildefonso de los Reyes (de Navajita Plateá). Personalidad vibrante y entrega absoluta. Estilos festeros.

Chocolate. Cantaor.

Jerez de la Frontera (Cádiz), 1931-Sevilla, 2005. Antonio Núñez Montoya. Cuñado del Farruco. Ha vivido en Sevilla desde niño. Voz inconfundible. Profundo eco gitano. Destacó por *seguiriyas, soleares* y *martinetes*. Bueno de verdad. Premio Pastora Pavón en Córoda, 1965 y Giraldillo del Cante, Bienal de Sevilla, 1986.

Chocolate de Granada, El. Cantaor.

Santa Fe (Granada), 1946-1986. José Carmona Cortés. Casado con La Tolea. Enfermo desde joven. Amplio repertorio en cante *p'atrás*.

Choni. Bailaora.
> Sevilla, 1973. Asunción Pérez García. Giraldillo Revelación Bienal, 2008. Coreógrafa y profesora de baile. Escuela sevillana, elegancia y femineidad. Innovadora y arriesgada.

Choro, El. Bailaor.
> Huelva, 1985. Antonio Molina Redondo. Técnica y viveza. Zapateado pulcro y seguro.

Chozas, El. Cantaor.
> Lebrija (Sevilla), 1903-1974. José Vargas Vargas. Cantó muy poco en público. Con frecuencia improvisaba las letras. Estilo muy personal.

Chunga, La. Bailaora.
> Marsella (Francia), 1938. Micaela Flores Amaya. También es pintora. Suele bailar descalza. Su baile es fácil y simple, reduciéndolo casi a una forma garbosa de andar.

Churumbaque Hijo. Cantaor.
> Córdoba, 1981. Rafael Carlos Espejo Moreno. Hijo de Manuel Espejo Jiménez, también cantaor. Lámpara Minera de La Unión, 2010. Profesor de cante del Conservatorio Superior de Música de Córdoba. Cante rancio junto a ciertas aperturas más modernistas.

Clavel, Diego. Cantaor.
> La Puebla de Cazalla (Sevilla), 1946. Diego Andrade Martagón. No ha llegado al lugar que merece dentro de los cantaores actuales. Sonoro y abierto, canta con tremenda sinceridad.

Clavijo, Queti. Bailaora.
> Madrid, 1935-2008. María Enriqueta Clavijo. Discípula del Estampío. Técnica y vibración. Gran dominio del taconeo.

Clavijo, Soraya. Bailarina y bailaora.
> Jerez de la Frontera (Cádiz), 1977. Profesora de baile. Premio Nacional de Córdoba, 2004.

Cobitos. Cantaor.
> Jerez de la Frontera (Cádiz), 1896-Granada, 1986. Manuel Celestino Cobos. Destacó por *saetas* y en los cantes de Levante.

Cojo, Enrique El. Bailaor.

>   Cáceres, 1912-Sevilla, 1985. Enrique Jiménez Mendoza. Caso insólito en la historia: a pesar de su cojera y con un físico muy desfavorable (grueso y calvo), bailaba maravillosamente. Sólo se le notaba la cojera al andar; bailando, no. Maestro de toda una generación a la que ha enseñado a bailar.

Cojo de Huelva, El. Cantaor.

>   Triana (Sevilla), 1900-Sevilla, 1955. Manuel González Lora. Murió en accidente de tráfico. Destacó por *fandangos*.

Cojo de Málaga, El. Cantaor.

>   Málaga, 1880-Barcelona, 1940. Joaquín Vargas Soto. Destacó en *malagueñas* y cantes de Levante en general.

Cojo Pavón, El. Cantaor.

>   Puerto Real (Cádiz), 1895-1987. Juan Pavón Suárez. Actuó poco en público. Destacó por *seguiriyas* y *soleares*.

Colorao, Frasco El. Cantaor.

>   Puerto Real (Cádiz), 1799-Sevilla, 1888. Francisco Colorado Pérez. Intérprete de los estilos trianeros destacando por *seguiriyas*.

Comitre, Paula. Bailaora.

>   Sevilla, 1994. Paula Comitre Juez. Premio Giraldillo Revelación Bienal de Sevilla, 2020. Técnica, pulcritud y delicadeza. Graduada en Conservatorio. Extraordinario porvenir.

Conde Santos, Javier. Guitarrista.

>   Cáceres, 1989. Auténtico niño prodigio, de formidables cualidades. Uno de los mejores guitarristas jóvenes de hoy.

Contreras, Antonia. Cantaora.

>   Málaga, 1963. Antonia de la Cruz Contreras. Lámpara Minera, La Unión, 2016. Otros muchos premios. Amplio arco melódico. Conocimiento y entrega.

Coquinera, La. Bailaora.

>   Puerto de Santa María (Cádiz), 1874-Madrid, 1944. Antonia Gallardo Rueda. De ella se elogió, junto a su calidad artística, su belleza.

Coral, Matilde. Bailaora.
> Sevilla, 1935. Matilde Corrales González. Casada con Rafael el Negro. De las mejores bailaoras de los últimos cincuenta años. Suele acompañarse de un mantón que maneja con singular maestría. Tres Premios Nacionales –Juana la Macarrona, Pilar López y La Argentinita– y Llave de Oro del Baile en 1972.

Corbacho, Jesús. Cantaor.
> Huelva, 1986. Jesús Corbacho Vázquez. Hasta ahora cantaor de acompañamiento, ahora cantaor *p'alante*. Lámpara Minera, La Unión, 2024.

Córdoba, Dolores de. Cantaora.
> Alicante, 1932. Ana Salazar Hernández. Destaca por *fandangos* y en los cantes festeros.

Córdoba, Luis de. Cantaor.
> Posadas (Córdoba), 1950. Luis Pérez Cardoso. Más gusto que hondura. Voz de caramelo. Destaca en los cantes de Levante. Lámpara Minera en La Unión, 1973 y 1974.

Córdoba, Mercedes de. Bailaora.
> Córdoba, 1980. Mercedes Ruiz Muñoz. Formación clásica en la Escuela de Danza de Córdoba y en el Conservatorio de Sevilla. Primer Premio para Jóvenes Intérpretes, Bienal de Sevilla, 2002. Ganadora del Concurso Nacional de Arte Flamenco, Córdoba, 2013.

Córdova, Rafael de. Bailaor.
> Buenos Aires (Argentina), 1937. Rafael Óscar Martínez. Más bailarín de ballet que bailaor flamenco. Polifacético. Dibuja y dirige su coreografía.

Coria, David. Bailaor.
> Sevilla, 1983. Bailaor y coreógrafo. Titulado en danza española, Conservatorio de Sevilla. Muy buen profesional.

Cornejo Sánchez, Mariana. Cantaora.
> Cádiz, 1947-2013. Sobrina de Canalejas de Puerto Real. Destaca en los estilos festeros.

Corruco de Algeciras. Cantaor.

La Línea de la Concepción (Cádiz), 1910-Teruel, 1937. José Ruiz Arroyo. Murió en combate en la Guerra Civil Española. Destacó por *fandangos.*

Cortés, Hiniesta. Bailaora.

Gines (Sevilla), 1968. Hiniesta López Cortés. Premio El Desplante en La Unión, 2000 y Premio El Güito en Córdoba, 2001. Coreógrafa. Serenidad y arrebato a un tiempo. Gusto y primor.

Cortés, Joaquín. Bailaor.

Córdoba, 1969. Joaquín Pedraja Reyes. Bailarín más que bailaor. Vanguardista y renovador, contiene raíces flamencas al mismo tiempo. Técnico y brillante. Efectista. Acusada personalidad. Poseedor de enorme cantidad de recursos estéticos. Figura destacada del baile y de la vida social. Dimensión mundial.

Cortés, Miguel Ángel. Guitarrista.

Granada, 1972. Miguel Ángel Cortés Urbano. Hermano de Paco Cortés. Incursiones en el experimentalismo. Inquietud y sensibilidad. Giraldillo del Toque en la Bienal de Sevilla, 2014.

Cortés, Montse. Cantaora.

Barcelona, 1972. Montserrat Cortés Fernández. Gitana catalana, hija de andaluces. Ecos camaroneros. Buen rajo.

Cortés, Paco. Guitarrista.

Granada, 1957. Francisco Cortés Urbano. Hermano de Miguel Ángel Cortés. Una de las más prestigiosas guitarras de los últimos años. Acompañante habitual de figuras de la talla de Mario Maya, Morente o Carmen Linares.

Cortés Fernández, José Andrés. Guitarrista.

Barcelona, 1981. De familia de artistas gitanos granadinos. Bordón Minero en La Unión, 2009.

Cortés Maya. Rafael. Guitarrista.

Granada, 1973. De familia de guitarristas. Virtuoso y versátil. Flamenco, jazz y sones latinos. Desarolla su actividad profesional especialmente en Alemania y Centroeuropa.

Cortés Pérez, Carmen. Bailaora.
   Barcelona, 1957. Casada con Gerardo Núñez. De ascenden-
   cia andaluza, posee grandes cualidades para el baile. Enorme temperamento.

Crismán, Ana. Arpista.
   Jerez de la Frontera (Cádiz), 1983. Pionera del arpa en el
   flamenco.

Cruz, Paco. Guitarrista.
   Jaén, 1961. Francisco Cruz Montoro. Buen acompañante.
   Experiencias renovadoras. Mezcla flamenco con las músi-
   cas más diversas.

Cuenca, La. Bailaora.
   Málaga, 1857-La Habana, 1890. Trinidad Huertas Cuenca. También tocaba la guitarra. Sorprendía por su indu-
   mentaria masculina, totalmente inusual para la época.

Cuevas Rodríguez, Manuel. Cantaor.
   Osuna (Sevilla), 1977. Ganador de la Lámpara Minera de
   la Unión en 2002. Voz espléndida. Gran saetero.

Culata, Pepe El. Cantaor.
   Sevilla, 1911-Madrid, 1978. José Bermúdez Vega. Gran co-
   nocedor de todos los estilos, especialmente de los trianeros.
   Una figura que no ha sido valorada en su justa medida.

Cupones, Niña de los. Bailaora.
   Aarau (Suiza), 1975. De padres andaluces. M.ª Ángeles Nar-
   váez Anguita. Memoriza el compás mientras baila porque
   es sorda. Ejemplo de tesón y voluntad. Siente emociones y
   las transmite.

Curro Fernández. Cantaor.
   Sevilla, 1941-2024. Francisco Fernández Ríos. Padre de Esperanza y Joselito Fernández. Posee un gran sentido del
   compás. Ha destacado siempre cantando para acompañar el
   baile.

Curro de Utrera. Cantaor.
Utrera (Sevilla), 1927-La Guijarrosa (Córdoba), 2015. Francisco Díaz García. Seguidor de Marchena. Buen conocedor del cante. Destacó por *fandangos*. Ganador del Concurso Nacional de Córdoba, 1958.

Dani de Morón. Guitarrista.
Sevilla, 1981. Daniel López Vicente. También llamado Daniel Méndez. Giraldillo del Toque *ex-aequo* con Antonio Rey en la Bienal de Sevilla, 2012. Vivió en Morón desde la niñez. Clásico y a la par, innovador.

David de Arahal. Guitarrista.
Arahal (Sevilla), 2000. David Rodríguez Romero. Intérprete y compositor. A día de hoy, con una proyección impresionante. Musicalidad y calidad extraordinarias. Rigor y técnica.

Diamante Negro, El. Cantaor.
Jerez de la Frontera (Cádiz), 1932-2014. Manuel Valencia Peña. Sobrino de Juanito Mojama. Ecos de cante antiguo.

Diego el Cigala. Cantaor.
Madrid, 1968. Ramón Jiménez Salazar. Sobrino de Rafael Farina. Camaronero. Alterna el cante clásico con experiencias modernistas de enorme éxito comercial.

Domínguez García, Manuel. Guitarrista.
Sevilla, 1946-2006. También conocido como «El Rubio». Muy eficaz y técnico, fijaba tercios con gran precisión.

Donday, Santiago. Cantaor.
Cádiz, 1932-2004. Santiago Sánchez Macías. Fragüero. No fue profesional. Voz estremecedora. Anárquico y genial.

Doña García, Daniel. Bailaor.
Granada, 1977. Bailaor, bailarín y coreógrafo. Titulado en Conservatorio. Innovador y versátil.

Dorantes. Guitarrista y pianista. *(Véase capítulo 10.)*

Duquende. Cantaor.

> Sabadell (Barcelona), 1965. Juan Rafael Cortés Santiago. Gitano camaronero. Experimentalismo y cante grande. Se *queja* especialmente bien por *seguiriyas*.

Durán, Rosa. Bailaora.

> Jerez de la Frontera (Cádiz), 1922-Madrid, 1999. Rosa López Caballero. Muy temperamental, destacaba en el juego de brazos y la continua consecución de figuras estéticas perfectas.

Durse, Curro. Cantaor.

> Cádiz, 1816-1898. Francisco Fernández Bohigas. Perteneció a una familia de gran abolengo flamenco. Sus cantes fueron recreados por Chacón. Maestro de la *seguiriya* y la *caña*. Su influencia posterior ha sido enorme.

Ecijano, El. Cantaor.

> Écija (Sevilla), 1954. José Gómez León. Amplio repertorio. Puro y tradicional.

Elu, La. Cantaora

> Jerez de la Frontera (Cádiz), 1972. Luisa Jiménez Domínguez. Hermana del Salmonete. Destaca por *soleares* y *bulerías*.

Escacena, Manolo. Cantaor.

> Sevilla, 1885-Madrid, 1928. Manuel Escacena García. Destacó por *tarantas* y en los cantes de ida y vuelta.

Escudero, Mario. Guitarrista.

> Alicante, 1928-Miami, 2004. Sólida formación musical. Acompañante y solista. Técnico y virtuoso.

Escudero Uribe, Vicente. Bailaor.

> Valladolid, 1885-Barcelona, 1980. Autodidacta. Continuo afán de aprendizaje. Creó un baile por *seguiriyas* en 1939. Publicó un *Decálogo del baile flamenco*. También fue cantaor. Maestro indiscutible. Baile viril, masculino con intensificación del juego de brazos y torso, es decir, baile de cintura para arriba. Un modelo.

Esmeralda, Merche. Bailaora.

Sevilla, 1950. Mercedes Rodríguez Gamero. Sensibilidad y gracia. Armonía y ritmo. Excepcional juego de brazos y manos. Premio Nacional de Baile en Córdoba, 1968.

Espeleta Madrugón, Ignacio. Cantaor.

Cádiz, 1871-1938. Destacó especialmente por alegrías, con una salida o introducción al cante personalísima.

Estampío, El. Bailaor.

Jerez de la Frontera (Cádiz), 1879-Madrid, 1957. Juan Sánchez Valencia y Rendón Ávila. Creó escuela siendo el inspirador de Vicente Escudero. Bailaba fundamentalmente de cintura para arriba.

Estévez, Rafael. Bailaor.

Huelva, 1979. Rafael Estévez Mora. Bailarín y coreógrafo. Dospormedio & Compañía con Nani Paños desde 2004. Después, Estévez/Paños & Compañía. Enamorado de la historia de la danza. Imaginación desbordante. Concepción académica. Director del Ballet Flamenco de Andalucía, 2016.

Estrada Gálvez, Julián. Cantaor.

Puente Genil (Córdoba), 1968. Acaparador de premios en concursos. Buenas cualidades cantaoras.

Évora, José Miguel. Compositor y pianista. *(Véase capítulo 10.)*

Extremeño, Enrique El. Cantaor.

Zafra (Badajoz), 1954. Criado en Huelva. Juan Antonio Santiago Salazar. Especializado en el cante *p'atrás*, donde es una figura sobresaliente. Es también cantaor general en el cante *p'alante*, con siete discos publicados.

Faíco. Bailaor.

Sevilla, 1880-Madrid, 1938. Francisco Mendoza Ríos. Creó el baile de la *farruca* y recreó el *garrotín*.

Faíco. Bailaor.

Madrid, 1932-1993. Francisco Manzano Heredia. Pertenece a la familia flamenca de los Pelao. Destacó en los bailes festeros. Plasticidad y vibración. Gran facilidad para conectar con el público.

Faiquillo. Bailaor.

Córdoba, 1945. Rafael Muñoz Porra. Amplia trayectoria en tablaos flamencos. Pinturero y garboso.

Falcón Sánchez, Segundo. Cantaor.

Sevilla, 1970. Se formó cantando *p'atrás*. Ritmo y compás. Ha sido director del Centro Andaluz de Flamenco, de Jerez. Giraldillo del Cante, *ex-aequo* con Carmen Linares en la Bienal de Sevilla, 2004.

Falo. Cantaor.

Oviedo, 1964. Rafael Jiménez Jiménez. Gitano formado en Madrid, fundamentalmente en el cante *p'atras*. Investigador inquieto.

Faraona, La. Bailaora.

Sevilla 1962-2015. Pilar Montoya Manzano. Hija de Farruco, hermana de La Farruca, madre de Barullo y tía de Farruquito, Farru y El Carpeta. Baile de escuela farruquera. Especialista en los estilos festeros.

Farru. Bailaor.

Sevilla, 1988. Antonio Fernández Montoya. Nieto de Farruco, hijo de La Faraona y hermano de Farruquito. Gran fuerza expresiva.

Farruca, La. Bailaora.

Sevilla, 1963. Rosario Montoya Manzano. Hija de Farruco y madre de Farruquito. Baila con casta y arrebato.

Farruco, El. Bailaor.

Pozuelo de Alarcón (Madrid), 1936-Sevilla, 1997. Antonio Montoya Flores. Sobrino-nieto de Ramón Montoya. Solía bailar acompañándose de un bastón. Apostura, elegancia y plasticidad.

Farruquito. Bailaor.

Sevilla, 1982. Juan Manuel Fernández Montoya. También conocido como El Mani. Nieto del Farruco. Personalidad y dinamismo. Es un fenómeno de masas. Giraldillo del Baile en la Bienal de Sevilla, 2014.

Félix el Loco. Bailaor.
Sevilla, 1896-Epsom (Inglaterra), 1941. Félix Fernández García. Maestro de baile español de bailarines rusos. Enloqueció tras sufrir una decepción en la vida profesional. Murió en un centro psiquiátrico.

Félix de Utrera. Guitarrista.
Las Palmas de Gran Canaria, 1929-Madrid, 1998. Félix García Vizcaíno. Dominaba todos los estilos. Discípulo de Niño Ricardo. Trabajador infatigable. Letrista.

Fernanda de Utrera. Cantaora.
Utrera (Sevilla), 1923-2006. Fernanda Jiménez Peña. Hermana de Bernarda de Utrera. Pasión y desgarro. Voz ronca y *afillá* que produce efectos de claroscuro, de ambientación tenebrosa. Su eco era impresionante. Destacó por *soleá*. Ganadora del Concurso Nacional de Córdoba, 1957.

Fernández, Jesús. Bailaor.
Cádiz, 1982. Jesús Gil Fernández. Premio El Desplante en La Unión, 2010. Especialista de la *caña* y la *soleá*.

Fernández, Joselito. Bailaor.
Sevilla, 1969. José Manuel Fernández Vargas. Hijo de Curro y hermano de Esperanza Fernández. Austero y estilizado con ciertos detalles de modernismo renovador.

Fernández Fernández, Encarnación. Cantaora.
Torrevieja (Alicante), 1951. Ganadora de la Lámpara Minera de La Unión en 1979 y 1980. Imprime un eco gitano muy especial a los cantes mineros.

Fernández Fernández, José Fermín. Guitarrista.
Granada, 1995. Premio Nacional de Guitarra en el Concurso de Arte Flamenco de Córdoba y Bordón Minero de La Unión, ambos en 2019. Técnica y ritmo. Porvenir fabuloso.

Fernández Fernández, Rosendo. Guitarrista.
La Unión (Murcia), 1956. Hermano de Encarnación Fernández. Empezó como cantaor. Acompañante eficaz, muy acompasado. Bordón Minero en La Unión, 1990.

Fernández del Moral, Ricardo. Cantaor.
Daimiel (Ciudad Real), 1974. Empezó como guitarrista. Caso único en la historia: ganó la Lampara Minera en La Unión, 2012, acompañándose él mismo a la guitarra.

Fernández Muñoz, Israel. Cantaor.
Corral de Almaguer (Toledo), 1992. Gitano con orígenes andaluces. Su voz suena a cante añejo rejuvenecido. Conocimiento y afinación. Puede ser la figura del futuro.

Fernández Vargas, Esperanza. Cantaora.
Sevilla, 1966. También baila. Hija de Curro y hermana de Joselito Fernández. Pertenece a una familia de solera flamenca. Pasión y vitalidad. Es una de las voces más importantes de las últimas generaciones. Giraldillo del Cante Bienal de Sevilla, 2008.

Fernandillo de Morón. Cantaor y bailaor.
Morón de la Frontera (Sevilla), 1937-1970. Fernando Núñez Amaya. Sobrino de Joselero y de Diego el del Gastor. Falleció en accidente de automóvil. Destacó en los estilos festeros.

Fernando de la Morena. Cantaor.
Jerez de la Frontera (Cádiz), 1945-2019. Fernando Carrasco Vargas. Buen intérprete del cante gitano de Jerez. Gran sentido del compás.

Fernando el de Triana. Cantaor.
Sevilla, 1867-Camas (Sevilla), 1940. Fernando Rodríguez Gómez. Polifacético: cantaor, tocaor y escritor. Su libro *Arte y artistas flamencos* ha sido fundamental para la historia del flamenco. Cantando, destacó por *malagueñas*.

Ferré Vargas, Yoel. Bailaor.

Tarragona, 2004. Bailaor y coreógrafo. Graduado en el Conservatorio de Barcelona. Premio Masculino el Desplante en La Unión, 2023.

Fillo, El. Cantaor.

San Fernando (Cádiz), 1806-Triana (Sevilla), 1854. Antonio Ortega Heredia. Discípulo y heredero de El Planeta. Maestro de El Nitri y Silverio. Una auténtica figura legendaria del cante. Creador de *seguiriyas* y *cabales*. Su voz ronca y áspera dio lugar al nacimiento de lo que luego se llamaría voz *afillá*. Cantaor fundamental y básico en la historia del flamenco.

Fillo Chico, El. Cantaor.

Puerto de Santa María (Cádiz), 1831-Triana (Sevilla), 1878. Francisco Ortega Vargas. Hijo del anterior. Compañero sentimental de La Andonda. Enigmático y vagabundo. Grandioso seguiriyero.

Flecha, El. Cantaor.

Algeciras (Cádiz), 1942. Manuel Díaz Fernández. Pertenece a la familia flamenca de los Chaqueta. Destaca en los estilos festeros de Cádiz. Hijo del Flecha de Cádiz y hermano de Chaquetón.

Flecha de Cádiz, El. Cantaor.

Cádiz, 1907-Madrid, 1982. Antonio Díaz Soto. Pertenece a la familia cantaora de los Chaqueta. Padre del Flecha y Chaquetón. Gran sentido del compás. Sentimiento. Buen intérprete de los estilos genuinos gaditanos.

Flores, Lola. Bailaora.

Jerez de la Frontera (Cádiz), 1923-Madrid, 1995. Dolores Flores Ruiz. Artista polifacética: cantaba, bailaba y recitaba. Su arte no era auténticamente flamenco pero tenía casta y garra, y una enorme personalidad.

Flores, Loli. Bailaora.

Sevilla, 1950-2015. Remedios Orozco Nieto. Premio Nacional de Baile, 1971. Escuela sevillana. Baile elegante, depurado y preciosista. Virtuosa de las castañuelas.

Flores, Marco. Bailaor.
    Arcos de la Frontera (Cádiz), 1981. Cuatro Premios en el
    Concurso de Córdoba, 2007. Coreógrafo. Estudioso. Ha
    recuperado formas perdidas. Ingenio y espontaneidad.
Fosforito. Cantaor.
    Cádiz, 1869-Madrid, 1943. Francisco Lema Ullet. Com-
    pitió con Chacón. Destacó por *malagueñas*.
Fosforito. Cantaor.
    Puente Genil (Córdoba), 1932. Antonio Fernández Díaz.
    Conoce muy bien todos los estilos. Fuerza, emotividad y
    pasión. Profundo y enciclopédico, engrandece todo lo que
    canta. Ganador del Concurso Nacional de Córdoba, 1956.
    Llave de Oro del Cante, en 2005.
Franco, Manolo. Guitarrista.
    Sevilla, 1960. Manuel Franco Barón. Acompañante y solis-
    ta. Giraldillo del Toque Bienal de Sevilla, 1984. Sensibili-
    dad y dominio técnico del instrumento. Sonoridad limpia.
    Tradicional pero con personalidad renovadora.
Franco San José, M.ª José. Bailaora.
    Cádiz, 1977. Formada junto a grandes maestros. Estética y
    armonía. Premio El Desplante en La Unión, 1994.
Franconetti Aguilar, Silverio. Cantaor.
    Sevilla, 1831-1889. Conocido simplemente como Silverio.
    Hijo de italiano y sevillana. Máxima figura de los cafés can-
    tante de su época. Para muchos críticos, el cantaor más
    grande de todos los tiempos. Su voz era un torrente. Cantó
    por *seguiriyas* de forma sublime. Dignificó el cante encabe-
    zando el proceso de profesionalización de los artistas. Sacó
    el cante de las tabernas para llevarlo a los cafés cantante. Es el
    primer cantaor que intuyó la trascendencia del cante. Una
    figura verdaderamente excepcional.
Frascola, Perico. Cantaor.
    Sanlúcar de Barrameda (Cádiz), 1833-1915. Pedro Serra-
    no Carrasco. Cantaor clásico, especialista en *tonás* y *seguiri-*

yas. Creador de algunas de estas difundidas luego por Triana y Cádiz.

Frasquillo. Bailaor.
Sevilla, 1898-Madrid, 1940. Francisco León. Maestro en el zapateado. Baile brioso y apasionado.

Fregenal, Niño de. Cantaor.
Fregenal de la Sierra (Badajoz), 1911-Sevilla, 1986. Manuel Infantes Martínez. Amplio repertorio. Destacó por *fandangos.*

Frijones, Curro. Cantaor.
Jerez de la Frontera (Cádiz), 1846-1917. Antonio Vargas Fernández. Admirado por Chacón. Personal y versátil, imprimía un ritmo muy especial a sus cantes. Creó modalidades de *seguiriyas* y *soleares.*

Funi, El. Cantaor y bailaor.
Lebrija (Sevilla), 1939. Miguel Peña Vargas. Muy personal en la interpretación de cantes y bailes. Destaca en los estilos festeros.

Gabaldón Valle, Mari Ángeles. Bailaora.
Sevilla, 1974. Espléndida formación técnica. Dominio de la bata de cola.

Gades, Antonio. Bailaor.
Elda (Alicante), 1936-Madrid 2004. Antonio Esteve Ródenas. Sólida formación técnica como bailaor y bailarín. Coreógrafo. Menosprecia el efectismo. Perfección auténtica. Sinceridad. Su baile era más perfecto, cerebral y técnico que genial. Riguroso.

Gallardo del Rey, José María. Guitarrista.
Sevilla, 1961. Guitarra clásica y flamenca. No es tocaor acompañante sino compositor y concertista. Formación clásica.

Galván, José. Bailaor.
Camas (Sevilla), 1980. José Rodríguez Guisando. Doctor Universitario. Impulsor del llamado flamenco inclusivo, para personas con discapacidad. Su labor es admirable.

Galván de los Reyes, Israel. Bailaor.
Sevilla, 1973. Joven revelación de la IX Bienal de Sevilla. Muchos recursos técnicos. Inagotable genio creativo. Premio El Desplante, La Unión, 1995 y Giraldillo del Baile en las Bienales de Sevilla, 2004 y 2008. Medalla de Oro de Bellas Artes, 2013. Personalísimo.

Galván de los Reyes, Pastora. Bailaora.
Sevilla, 1980. Hermana de Israel Galván. Vanguardia y tradición a un tiempo. Contoneo, insolencia y flamencura.

Gálvez Valencia, Fernando. Cantaor.
Jerez de la Frontera (Cádiz), 1940-2019. Hermano del Ripoll. Profesional serio y cabal de amplio repertorio. Dilatada labor en tablaos y giras por el extranjero.

Garbanzo, El. Cantaor.
Jerez de la Frontera (Cádiz), 1945-2014. Manuel Carpio Gallardo. Dominó un amplio repertorio de cantes.

Garrido Joya, Rocío. Bailaora.
Almería, 1986. Titulada en Danza en el Conservatorio de Almería y en Interpretación y Coreografía en el de Málaga. Premio Femenino el Desplante en La Unión, 2023.

Gaspar, Alfonso el de. Cantaor.
Cádiz, 1937-1998. Alfonso Fernández Moscoso. Interpretaba los cantes gaditanos con un estilo muy particular. Letrista.

Gastor, Diego el del. Guitarrista.
Arriate (Málaga), 1908. Morón de la Frontera (Sevilla), 1973. Diego Flores Amaya. Cuñado de Joselero. Actuó poco en público. Toque muy personal. Fabulosas falsetas. Duende. Parsimonia, resonancias profundas, plenitud. Uno de los más grandes tocaores de la historia. Quizá ninguno tan flamenco como él.

Gastor, Paco del. Guitarrista.
Morón de la Frontera (Sevilla), 1944. Francisco Gómez Amaya. Sobrino de Diego el del Gastor. Sigue su escuela.

Gastor, Paco de. Guitarrista.
Morón de la Frontera (Sevilla), 1983. Francisco Moncayo Gómez. Acaparador de premios. Bordón Minero en La Unión, 2010.

Gerena, Manuel. Cantaor.
La Puebla de Cazalla (Sevilla), 1946. Manuel Fernández Gerena. En los años sesenta y setenta irrumpió en el flamenco con coplas de contenido social y político. Causaron gran impacto y le crearon problemas. Con la llegada de la democracia, su protesta no tiene sentido y su estrella ha decaído.

Gil, Alicia. Cantaora.
Sevilla, 1974. Alicia Gil Bernabé. Amplio repertorio. Afinación y compás. Voz añeja y curtida. Sentimiento y entrega.

Giménez Triguero, Gema. Cantaora.
Jódar (Jaén), 1985. Ganadora de la Lámpara Minera de La Unión en 2005. Especialista en los cantes levantinos.

Giráldez Santos, Carmen. Bailaora.
Sevilla, 1952. Compagina el baile con la enseñanza del mismo. Gracia y señorío a un tiempo.

Gloria, El. Cantaor.
Jerez de la Frontera (Cádiz), 1893-Sevilla, 1954. Rafael Ramos Antúnez. Destacó por *bulerías* y creó escuela por *fandangos* y *saetas*. Popularizó los *villancicos* flamencos.

Gómez Agudo, Aída. Bailaora y bailarina
Madrid, 1967. Ha sido directora del Ballet Nacional de España. Formación clásica. Perfección, elegancia y ritmo.

Gómez Belmonte, Juan. Cantaor.
Almería, 1946-2020. Tradicional y ortodoxo. Su cante es honrado y puro.

Gómez de Jerez. Cantaor.
Jerez de la Frontera (Cádiz), 1952. Antonio Rodríguez Gómez. Típico representante de los estilos jerezanos. Destaca por *soleá* y *bulerías*.

Gómez Pastor, Juan Carlos. Guitarrista.
Madrid, 1973. Acompañante, concertista y compositor.

Gómez Sánchez, Angelita. Bailaora.
Jerez de la Frontera (Cádiz), 1940. Se dedica especialmente a la enseñanza del baile.

Gordito de Triana. Cantaor.
Sevilla, 1921-1981. Manuel Mas Pacheco. Cante más cascabelero que profundo. Componía sus letras. Destacó por fandangos personales.

Gordo, Enrique el. Cantaor.
Cádiz, 1823-1871?. Enrique Ortega Díaz. Figura legendaria del flamenco antiguo. Interpretó muy bien los cantes de Silverio. Renovó el *polo* y la *caña*.

Granaíno, Pedro el.
Granada, 1973. Pedro Heredia Reyes. Formado con la familia de Farruco. Voz laína, gitana y antigua. Premio Giraldillo del Cante, Bienal de Sevilla, 2020.

Granaíno, Tío José El. Cantaor.
Chiclana de la Frontera (Cádiz), 1818-La Línea de la Concepción (Cádiz), finales del siglo XIX. Juan José Giménez Ramos. Sentido del compás. Destacó en los estilos festeros. Chacón divulgó sus cantes.

Granaíno, Vicente El. Guitarrista.
Granada, 1927-2016. Vicente Fernández Maldonado. Ciego de nacimiento. Guitarra clásica y flamenca. Gran sensibilidad. Acompañante y solista.

Granero, José. Bailaor, bailarín y coreógrafo.
Buenos Aires (Argentina), 1936-Madrid, 2006. José Greller Friesel. Dominador de la danza española. Discípulo de Pilar López. Coreógrafo extraordinario.

Grau Dauset, Antonio. Cantaor.
Málaga, 1885-Madrid, 1968. Hijo de Rojo el Alpargatero. Viajero incansable. Polifacético. Dominó especialmente el cante de las minas.

Greco, Lola. Bailaora y bailarina.
  Madrid, 1964. M.ª Dolores Greco Arroyo. Hija de José Greco. Artista muy completa, de sólida formación. Baila con especial donosura muy estilizada.

Greco Buccí, José. Bailaor y bailarín.
  Montorio (Italia), 1919-Lancaster (Estados Unidos), 2000. Vivió de niño en Sevilla. Estudió danza en Nueva York. Vocación, afán por lo auténtico, sensibilidad.

Grilo Mateos, Joaquín. Bailaor.
  Jerez de la Frontera (Cádiz), 1968. De la escuela de Canales. Baile algo efectista con detalles de clase.

Guadiana. Cantaor.
  Badajoz, 1955. Antonio Suárez Salazar. Hermano de Ramón el Portugués. Destaca en el cante *p'atrás.* Muy buen profesional.

Guapo, El. Cantaor.
  Jerez de la Frontera (Cádiz), 1924-2021. Juan Romero Pantoja. Hermano de Romerito. Amplio repertorio. Destaca por *saetas.*

Guerrero, Edu. Bailaor.
  Cádiz, 1983. Eduardo Guerrero González. Premio El Desplante en La Unión, 2013. Elegancia y buen gusto.

Guerrero, Patricia. Bailaora.
  Granada, 1990. Patricia Pérez Guerrero. Premio El Desplante en La Unión, 2007. Giraldillo Revelación en la Bienal de Sevilla, 2012. Premio Nacional de Danza, 2021. Directora del Ballet Flamenco de Andalucía en 2023. Libre, vanguardista e innovadora.

Güito, El. Bailaor.
  Madrid, 1942. Eduardo Serrano Iglesias. Se mueve entre normas tradicionales perfectas y tendencias renovadoras. Gran maestro de la *farruca.* Sello muy personal en el baile por *soleá.*

Habichuela. Guitarrista.
> Cádiz, 1871-Madrid, 1925. Juan Gandulla Padilla. Discípulo de Patiño y acompañante de Chacón. Destacó en el uso del dedo pulgar.

Habichuela, Juan. Guitarrista.
> Granada, 1933-Madrid, 2016. Juan Carmona Carmona. Hermano de Luis y Pepe Habichuela. Empezó como bailaor. Gran profesional. Toque muy acompasado. Se retiró de la actividad profesional en 1996.

Habichuela, Luis. Guitarrista.
> Granada, 1947-1993. Luis Carmona Carmona. Hermano de Juan y Pepe Habichuela. Empezó como cantaor. Siguió la línea de sus hermanos.

Habichuela Nieto. Guitarrista.
> Granada, 1988. Juan Torres Fajardo. Nieto de Juan Habichuela. Intenta cantar con la guitarra. Bordón Minero en La Unión, 2011.

Habichuela, Pepe. Guitarrista.
> Granada, 1944. José Carmona Carmona. Hermano de Juan y Luis Habichuela. Últimamente actúa casi siempre como solista.

Heras, Manolo. Cantaor.
> Madrid, 1919-1985. Retirado prematuramente por enfermedad. Hondo y sincero, con profundos conocimientos del cante.

Heredia Caldero, Yolanda. Bailaora.
> Sevilla, 1967. Sencillez y pulcritud. Buenas maneras. Profesora de baile.

Heredia Flores, Jesús. Cantaor.
> Écija (Sevilla), 1933. También conocido como «El Quemao». Profesional honesto de amplio repertorio.

Heredia Heredia, Alba. Bailaora.
> Granada, 1995. Premio El Desplante en La Unión, 2015. Pertenece a la saga de los Maya. Bailaora de raza, por naturaleza. Nació en una cueva del Sacromonte.

Heredia Maya, Maruja. Bailaora.

Córdoba, 1940. Madre de Lucía y María Albarrán. Ha desarrollado casi toda su actividad artística en el extranjero.

Heredia Núñez, Silverio. Cantaor.

Chiclana (Cádiz), 1966-2014. Voz potente y expresiva. Especialista en el cante *p'atrás*.

Heredia Ríos, Marina. Cantaora.

Granada, 1980. Gitana del Albaicín, hija de Jaime el Parrón. Ecos legendarios en su espléndida voz.

Heredia Santiago, Andrés. Guitarrista.

Madrid, 1924-2012. Excelente profesional. Acompañante de innumerables figuras del cante y el baile.

Herrador, Manolillo El. Cantaor.

Málaga, 1900-1980. Manuel Soto Fernández. Nunca fue profesional. Discípulo de El Piyayo.

Herrero, Fernando el. Cantaor.

Las Cabezas de San Juan (Sevilla), 1877-Madrid, 1941. Fernando Sánchez Moreno. Destacó en cantes antiguos –*soleá, caña* y *polo*– así como por malagueñas.

Herrero Salinas, Óscar. Guitarrista.

Tomelloso (Ciudad Real), 1959. Se inició como acompañante para derivar luego a solista. Compositor. Sólida formación. Autor de varios métodos de guitarra.

Hoyos Panadero, Cristina. Bailaora.

Sevilla, 1946. Pareja de Antonio Gades durante muchos años. Autodidacta. Perfección en el baile. Instinto innato. Su gesto bailando es impresionante. Una auténtica figura de dimensión universal.

Huelva, Manolo de. Guitarrista.

Riotinto (Huelva), 1892-Sevilla, 1976. Manuel Gómez Vélez. Solista desde niño. Acompañante oficial en el Concurso de Cante Jondo de Granada de 1922. Conocimiento profundo de la guitarra antigua y de los cantes. Un fuera de serie al que no ayudó su carácter retraído.

Huerta, Niño de la. Cantaor.
> Lora del Río (Sevilla), 1907-1964. Francisco Montoya Egea. Seguidor de Marchena. Destacó por *fandangos.*

Hurtado García, Alejandro. Guitarrista.
> San Vicente del Raspeig (Alicante), 1994. Formación clásica de Conservatorio. Toque dulce y virtuoso. Premio El Bodón, La Unión, 2017.

Iglesias García, Mónica. Bailaora y bailarina.
> Madrid, 1988. Graduada en Conservatorio. Sólida formación. Profesora de flamenco y danza. Premio El Desplante, La Unión, 2018.

Iglesias Jiménez, Eugenio. Guitarrista.
> Talavera de la Reina (Toledo), 1968. Recriado en Sevilla desde los seis años. Acompaña fundamentalmente el baile. También compone.

Iglesias Jiménez, Paco. Guitarrista.
> Sevilla, 1978. Acompaña a grandes bailaores. Los tres hermanos Iglesias (Eugenio, Miguel y Paco) actuaron juntos en la Bienal de Sevilla, 2006.

Iglesias Sandoval, Roberto. Bailaor y bailarín.
> Guatemala, 1926-Madrid, 1975. Director artístico y coreógrafo. Maestro en el zapateado.

Imperio, Pastora. Bailaora.
> Sevilla, 1887-Madrid, 1979. Pastora Rojas Monje. Hija de la Mejorana. Destacó en el juego de brazos. Generalizó el baile con bata de cola. También cantaba y recitaba. Sobresalió bailando el *garrotín* y la *farruca.*

Indio Gitano, El. (*Véase* Moro, El.)

Itoly de Los Palacios. Cantaor.
> Los Palacios (Sevilla), 1948. José Sánchez Triguero. Su cante es de estilo campero y natural, sin afectación.

Jara, Carmen de la. Cantaora.
> Cádiz, 1955. Carmen Sánchez de la Jara. Gran saetera. Inquieta y versátil. Innovadora.

Jarana, Paco. Guitarrista.

Dos Hermanas (Sevilla), 1960. Francisco Franco Fernández. Casado con Eva la Yerbabuena. Giraldillo del Toque en la Bienal de Sevilla, 2006. Acompañante, compositor y solista.

Jarrito. Cantaor.

San Roque (Cádiz), 1925-1995. Roque Montoya Heredia. Quiso ser bailaor. Buen profesional preocupado por la autenticidad del cante.

Jero, El. Cantaor.

Jerez de la Frontera (Cádiz), 1929-2000. Manuel Carrasco Jiménez. Padre de Pedro Carrasco. También baila. Destacó por *bulerías* y *fandangos*.

Jero, Niño. Guitarrista.

Jerez de la Frontera (Cádiz), 1954-2023. Pedro Carrasco Romero. Hijo del Jero. También conocido como Periquín. Uno de los preferidos por los cantaores de Jerez. Toque muy vibrante.

Jerónimo. Guitarrista.

(*Véase* Maya Maya, Jerónimo.)

Jesús de Rosario. Guitarrista.

Madrid, 1978. Jesús Jiménez Jiménez. Acompañante y solista. Procede de Cañorroto.

Jiménez Arenas, Antonia. Guitarrista.

Puerto de Santa María (Cádiz), 1972. Una de las pocas mujeres guitarristas actuales. Acompañante y solista. Pionera y llena de tesón. Pulsación firme. Alegría y ritmo.

Jiménez Rejano, Manuel. Cantaor.

Puente Genil (Córdoba), 1950. Murió en accidente de tráfico en 1991. Amplio repertorio. Eco desgarrado. Capacidad para conectar fácilmente con el público.

Jiménez Torres, Fernando. Bailaor.

Alcalá de Guadaíra (Sevilla), 1985. Premio El Desplante, La Unión, 2017. Formado en el Conservatorio de Sevilla. Técnica, entrega y brío.

Jiménez Villalta, José Tomás. Guitarrista.
> Membrilla (Ciudad Real), 1988. Bordón Minero en La Unión, 2014. Graduado en el Conservatorio de Córdoba. Profesor de guitarra.

Jimeno Ramírez, Francisco Javier. Guitarrista.
> Estepona (Málaga), 1971. Acompañante y concertista. Toque seguro y brillante a la vez.

José. Bailarín y coreógrafo.
> Barcelona, 1919-2009. José Luis de Udaeta París. Flamenco y ballet, clásico y español. Virtuoso de las castañuelas. Formó pareja con Susana desde 1948 hasta 1970.

José Antonio. Bailaor y bailarín.
> Madrid, 1951. José Antonio Ruiz de la Cruz, Premio Nacional de Danza y Director de la Compañía Andaluza de Danza. Gran bailarín –más que bailaor– y coreógrafo.

José Joaquín. Bailaor.
> Sevilla, 1964. José Joaquín Navarro Cruz. Hermano del Niño de Pura. Flamenco y danza.

Josele, Niño. Guitarrista.
> Almería, 1974. Juan José Heredia Heredia. Acompañante y solista. Sigue a Tomatito.

Joselero. Cantaor.
> La Puebla de Cazalla (Sevilla), 1910-Morón de la Frontera (Sevilla), 1985. Luis Torres Cádiz. Cuñado de Diego del Gastor y padre de Diego de Morón. Voz muy particular, inconfundible, cargada de sentimiento. Profundo eco gitano. Autenticidad y pureza.

Joselillo Romero. Bailaor y bailarín.
> Madrid, 1983. José Maya Serrano. Artista inquieto y polifacético.

Joselito. Bailaor.
> San Juan de Aznalfarache (Sevilla), 1969. José Cortés Vargas. Hijo del Biencasao y Angelita Vargas. Baila desde niño destacando por bulerías.

Joselito, La. Bailaora.
Cartagena (Murcia), 1906-Toulouse (Francia), 1998. Carmen Gómez Asensio. Importantes colaboraciones con Pepe de la Matrona.

Juan de Juan. Bailaor.
Sevilla, 1979. Juan Carlos Ramírez Castillo. De la escuela de Canales. Trepidante y meteórico. Domina el zapateado.

Juana de Jerez. Cantaora.
Jerez de la Frontera (Cádiz), 1955. Juana Fernández de los Reyes. Hija de Tía Juana la del Pipa y tía de Antonio el Pipa. También conocida como Juana la del Pipa hija. Sobresale por *fandangos, soleares* y *bulerías.*

Juanata. Cantaor.
Jerez de la Frontera (Cádiz), 1939-Sitges (Barcelona), 1975. Juan González Pérez-Gil. Un accidente de tráfico truncó el porvenir de esta figura en ciernes.

Juane, Tío. Cantaor.
Jerez de la Frontera (Cádiz), 1920-1996. Juan Fernández Navarro. Padre del Nano. Fragüero de oficio. No actuó en público hasta los sesenta años. Destacó en el *martinete.*

Juanelo. Cantaor.
Jerez de la Frontera (Cádiz), siglo xix. Célebre por haber proporcionado a Demófilo los nombres de los cantaores importantes de su época.

Juanillo el Gitano. Cantaor.
Granada, 1899-1969. Juan Moreno Maya. Humilde y retraído, cantó solamente en la intimidad. Destacó por *soleá.*

Juanillorro. Cantaor.
Jerez de la Frontera (Cádiz), 1979-2018. Manuel Carpio Heredia. Gran exponente del cante de la Plazuela. Entroncado en las dinastías de los Carpio y los Moneo. Voz y compás.

Juaniquí de Lebrija. Cantaor.

Jerez de la Frontera (Cádiz), 1862-Lebrija (Sevilla), 1946. Juan Moreno Jiménez. Gran solearero y creador de cuatro variantes de ellas.

Juañares. Cantaor.

Jerez de la Frontera (Cádiz), 1967. Juan Carrasco Soto. El cante le viene de familia. Formidable sentido del compás.

Juliana, Tío Luis el de la. Cantaor.

Jerez de la Frontera (Cádiz), siglos XVIII y XIX. Luis Montoya Garcés (según afirma Guy Bretéché). Primer cantaor de nombre conocido. Se sabe poco de él. Parece que enseñó a cantar a El Fillo y que cantaba *tonás, polos, cañas* y *seguiriyas.* Es una figura mítica en la historia del cante. Juan de la Plata decía que no era Juliana sino Jeliana.

Juncal, María. Bailaora.

Las Palmas de Gran Canaria, 1976. María Palmero Gómez. Sobrina-nieta de Trini Borrull y bisnieta de Miguel Borrull. Formación académica. Premio Nacional de Danza Flamenca Antonio Gades, 2004 y Premio El Desplante, La Unión, 2006.

Junco, El. Bailaor.

Cádiz, 1975. Juan José Jaén Arroyo. Discípulo de Cristina Hoyos. Buena planta. Buen baile.

Jurado, Rocío. Cantaora.

Chipiona (Cádiz), 1944-Madrid, 2006. Rocío Mohedano Jurado. Voz espléndida. No fue auténtica cantaora de flamenco sino intérprete de coplas aflamencadas. Destacó por *fandangos* y en los cantes de ida y vuelta.

Justicia, Pepe. Guitarrista.

Mancha Real (Jaén), 1960. José Moreno Justicia. Concertista y profesor de guitarra. Su toque tiene eco jerezano.

Kaíta, La. Cantaora.

Badajoz, 1964. M.ª de los Ángeles Salazar Saavedra. Rajo impresionante en su bronca voz. Sabor y casta.

Kiki de Castiblanco. Cantaor.
    Castiblanco de los Arroyos (Sevilla), 1950-Sevilla, 2020. Francisco Moya González. Gran saetero.

Laberinto, Paco. Bailaor.
    Jerez de la Fontera (Cádiz), 1910-1974. Francisco Ruiz Gómez. Buen intérprete de bulerías. Destacó por sus desplantes. Premio Antonio en el Concurso de Córdoba, 1965.

Lacherna, Joaquín. Cantaor.
    Jerez de la Frontera (Cádiz), 1843-? Joaquín Leyton Vargas. Tío de Manuel Torre. Creador de *seguiriyas* muy repetidas e imitadas en la posteridad.

Lagos Aguilar, Alfredo. Guitarrista.
    Jerez de la Frontera (Cádiz), 1971. Acompañante de cante y baile. Compositor. Toque preciso y refinado. Giraldillo Revelación Bienal de Sevilla año 2000 y Giraldillo toque de acompañamiento Bienal 2020.

Lagos Aguilar, David. Cantaor.
    Jerez de la Frontera (Cádiz), 1973. Casado con Melchora Ortega. Forjado en el cante *p'atrás,* arrancó a cantar *p'alante* en el año 2002. Voz vigorosa y estilo muy personal. Lámpara Minera en La Unión, 2014.

Laguna, Ana. Bailaora.
    Zaragoza, 1954. Bailarina, bailaora y coreógrafa. Clásica y flamenca. Modernísima. Gran personalidad. Premio Nacional de Danza en 1990. Medalla de Oro de Bellas Artes en 2010.

Lalo Tejada. Bailaora.
    Sevilla, 1963. M.ª del Rosario Tejada de los Santos. Elegancia y técnica. Búsqueda incesante de nuevos caminos expresivos.

Lara, Felipe. Cantaor.
    Don Benito (Badajoz), 1945. Felipe Gertrudis Lara. Estudioso y difusor del cante. Autor de la Antología *Cien estilos del flamenco.* Voz atiplada, que no le beneficia.

Lara Puerto, Santiago. Guitarrista.
>Sevilla, 1984. Afincado en Jerez. Ganador del Concurso Jóvenes Intérpretes XI Bienal de Sevilla. Acompañante y solista. Complejidad técnica. Innovador. Giraldillo del Toque, Bienal de Sevilla, 2018.

Latorre, Javier. Bailaor.
>Valencia, 1963. Javier García Expósito. Formación clásica. Ballet. Espíritu inquieto, busca de forma permanente caminos de renovación. Premios La Malena y Paco Laberinto en el Concurso Nacional de Córdoba, 1989.

Lavado Rodríguez, Pedro. Cantaor.
>Puente Genil (Córdoba), 1932-1998. Voz limpia y sonora. Destacó en la serrana y en los cantes de Levante.

Lavi, Miguel. Cantaor.
>Jerez de la Frontera (Cádiz), 1982. Cante rancio de La Plazuela de Jerez. Compás, quejío, pellizco.

Leal, Leonor. Bailaora.
>Jerez de la Frontera (Cádiz), 1980. Leonor Leal Chamorro. Formación académica en danza clásica y flamenca. Profesora de baile. Empaque y donosura.

Lebaniegos, Rubén. Guitarrista.
>Sevilla, 1982. Rubén Díaz Lebaniegos. Bordón Minero en La Unión, 1998. Toca *parándose y sintiendo*. Recursos modernos sin excesos de velocidad.

Lebrijano, El. Cantaor.
>Lebrija (Sevilla), 1941-Sevilla, 2016. Juan Peña Fernández. Hijo de La Perrata. Hermano de Pedro Peña. Empezó como guitarrista. Voz redonda y sonora. Obsesionado por la influencia árabe en el flamenco sigue a veces derroteros discutibles. Recreador de las *galeras*. Domina todo el cante. Es una gran figura.

Ledesma Machito, Carmen. Bailaora.
>Sevilla, 1956. Discípula de Enrique el Cojo. Amplio repertorio. Quizá no ha cuajado en la figura que prometía ser.

León, Niño. Cantaor.

Bollullos del Condado (Huelva), 1912 - Madrid, 1968. Francisco José Rosado. Murió en accidente de tráfico. Su cante era corto y se limitaba casi exclusivamente a unos *fandangos* muy personales.

Lérida Bermejo, Juan Carlos. Bailaor.

Fulda (Alemania), 1971. Bailarín, coreógrafo y pedagogo. Baile espontáneo, transgresor y novedoso.

Lezana Mínguez, Sara. Bailaora.

Madrid, 1948. Ha trabajado como actriz en cine y teatro. Su arte es sobrio, sereno y elegante.

Linares, Carmen. Cantaora.

Linares (Jaén), 1951. Carmen Pacheco Rodríguez. Ha actuado como actriz de teatro. Amplio repertorio. Segura y firme no defrauda nunca. Quizá la cantaora más completa de la actualidad. Voz delicada y dolorosamente rota. Su antología *La mujer en el cante* es una joya. Giraldillo del Cante *ex-aequo* con Segundo Falcón en la Bienal de Sevilla, 2004. Doctora *honoris causa* por la Universidad de Sevilla en 2023.

Liñán, Manuel. Bailaor.

Granada, 1980. Manuel Arroyo Liñán. Desarrolla un baile muy personal de estética compleja y acrobática.

Lina, Antonio. Cantaor.

San Fernando (Cádiz), 1983. Es también saxofonista, arreglista y compositor. Mezcla jazz y flamenco. Original y novedoso.

Llorente, Olga. Bailaora.

Saint Adriá de Besós (Barcelona), 1990. Olga Aznar García. Bailarina y coreógrafa. Premio el Desplante, La Unión, 2019. Graduada en el Conservatorio de Barcelona. Sabor a baile viejo con maneras jóvenes.

Lobato, Chano. Cantaor.

Cádiz, 1927-Sevilla, 2009. Juan Ramírez Sarabia. Gran especialista en cantes para bailar. Sentido del compás. Gracia y garbo. Destacó por *cantiñas, tangos, tanguillos* y en los cantes de ida y vuelta sin olvidar *soleares* y *malagueñas.*

Lobitos, Bernardo el de los. Cantaor.
Alcalá de Guadaíra (Sevilla), 1887-Madrid, 1968. Bernardo Álvarez Pérez. Estuvo siempre en la vanguardia del cante innovando aunque con mesura y buen tino. Enciclopédico. Voz atiplada que no le ayudó en absoluto y que superó a base de profesionalidad y vocación.

Loco Mateo, El. Cantaor.
Jerez de la Frontera (Cádiz), 1839-1887. Mateo de las Heras Carrasco. Carácter extraño y desequilibrado. Sensible y emotivo. De él se dice que lloraba al cantar por *soleares.* Creador de *seguiriyas* extraordinarias divulgadas a través de Juan Talega.

Lole. Cantaora.
Sevilla, 1954. Dolores Montoya Rodríguez. Formó pareja artística con Manuel, su marido, que compuso sus canciones y la acompañó a la guitarra. Destaca en los estilos festeros no propiamente flamencos. Son cantes aflamencados de influencia arabizante. Ha creado escuela de seguidores e imitadores. Giraldillo del Cante, Bienal de Sevilla, 2018.

Loma, Juan de la. Cantaor.
Mijas (Málaga), 1912-Fuengirola, 1983. Juan Gambero Martín. Destacó por malagueñas.

Lombo, Manuel. Cantaor.
Dos Hermanas (Sevilla), 1979. Manuel Luis Vázquez Lombo. Gran capacidad de conexión con el público. Cantaor y cantante. Acaparador de premios. Éxito popular.

Londro. Cantaor.
Jerez de la Frontera (Cádiz), 1976. Miguel Ángel Soto Peña. Se forjó cantando atrás. Conoce bien el cante con gran variedad de estilos.

López, Tamara. Bailaora.
> Montilla (Córdoba), 1978. Tamara López López. Formación académica en los Conservatorios de Sevilla y Málaga. Coreógrafa. Profesora de baile. Ballet y flamenco.

López Carrascosa, Rosario. Cantaora.
> Jaén, 1943-2016. Amplio repertorio y gran profesionalidad. De joven se esperaba quizá más de ella.

López Júlvez, Pilar. Bailaora.
> San Sebastián, 1912-Madrid, 2008. Tres facetas artísticas: bailaora de flamenco, bailarina de ballet español y coreógrafa. Hermana de la Argentinita. Enciclopédica, ha dominado todo el repertorio del ballet español. Ocupa un lugar de privilegio dentro de la historia del baile.

López López, Úrsula. Bailaora.
> Montilla (Córdoba), 1976. Hermana de Tamara. Coreógrafa. Formación clásica. Escuela sevillana. Mueve bien la bata de cola. Versatilidad. Flamenco, ballet y danza española. Directora del Ballet Flamenco de Andalucía en 2020.

López Luque, Hugo. Bailaor
> Córdoba, 1989. Premio El Desplante, La Unión, 2018. Baila con genio y empaque.

López Ruiz, Belén. Bailaora.
> Tarragona, 1986. De padres andaluces. Premio Mario Maya en el Concurso de Córdoba, 2004. Premio El Desplante, La Unión, 2016. Ímpetu y poderío. Pasión y gestualidad. Zapateados frenéticos. Es un torbellino.

Losa López, Alfonso. Bailaor.
> Madrid, 1980. Premios El Güito en Córdoba, 2007 y El Desplante en La Unión, 2008. Formación clásica. Baila con espectacularidad y frenesí.

Lorca, Nana. Bailaora.
> Lorca (Murcia), 1937. Djenana Modrego Vigaray. Bailaora de flamenco y bailarina de ballet español. Casada con José Greco. Personalidad y pasión.

Lorente Rivas, Manuel. Cantaor.
Vélez Benaudalla (Granada), 1956. Doctor en antropología. Polifacético. Flamenco clásico puesto al día.

Losada, Diego. Guitarrista.
Madrid, 1963. Diego Fernández Losada. Buen acompañante de eminentes figuras del cante y del baile.

Lozano Ruiz, Irene. Bailaora.
Málaga, 1985. También conocida como La Chiqui. Profesora de flamenco y danza en el Conservatorio de Málaga. Premio El Desplante Femenino en La Unión, 2022.

Lozano, Edu. Bailaor.
Córdoba, 1979. Eduardo Lozano Muñoz. Premio Carmen Amaya en Córdoba, 2001. Formación clásica. Estética corporal. Profesor de danza.

Lucena, Paco. Guitarrista.
Lucena (Córdoba), 1859-1898. Francisco Díaz Fernández. Actuó con Silverio. Uno de los pioneros del concertismo flamenco.

Lucía, Paco de. Guitarrista.
Algeciras (Cádiz), 1947-Cancún (México), 2014. Francisco Sánchez Gomes. Acompañante y concertista. Gran innovador. Fama mundial. Es el músico español más conocido internacionalmente. Capacidad técnica asombrosa. Dinamismo e intensidad. Su evolución artística representa una auténtica revolución. Con él la guitarra ha tomado un rumbo nuevo. Suena como una orquesta entera. Líder de toda una generación. Doctor honoris causa por las Universidades de Cádiz y Berklee (Boston, Estados Unidos).

Lucía, Pepe de. Cantaor.
Algeciras (Cádiz), 1945. José Sánchez Gomes. Hermano de Paco de Lucía. Destaca en el cante *p'atrás*. Últimamente ha evolucionado hacia canciones aflamencadas de tono menor. Productor musical y letrista.

Luis el de la Venta. Cantaor.

Melilla, 1936-Cañada de San Urbano (Almería), 2009. Luis López Cerdán. Recriado en Almería. Destaca en los cantes de Levante que interpreta con pulcritud y buen gusto.

Luisillo. Bailaor.

(*Véase* Pérez Dávila, Luis.)

Luna, Rocío. Cantaora.

Cañada del Rabadán (Córdoba), 1998. Rocío Crespillo Luna. Sensibilidad y conocimiento del cante. Lámpara Minera del Festival de La Unión en 2023.

Lunar, Perico el del. Guitarrista.

Jerez de la Frontera (Cádiz), 1894-Madrid, 1964. Pedro del Valle Pichardo. Original y preciso. Gran conocimiento de los cantes. Conservó estilos que, sin él, se hubieran perdido. Asesoró la *Antología del cante flamenco* de Hispavox de 1954.

Lunar, Perico el del, hijo. Guitarrista.

Madrid, 1940. Pedro del Valle Castro. Hijo de Perico el del Lunar. Sobrio y seguro. Muy buen acompañante.

Lupi, La. Bailaora.

Málaga, 1971. Susana Lupiañez Pinto. Diplomada en Conservatorio. Racial, íntima y cercana. Su baile, personalísimo, es su propia historia.

Luz, Manuel de la. Guitarrista.

Huelva, 1980. Manuel de la Luz Vázquez. Acompañante y solista. Finura y compás.

Luz, Paco la. Cantaor.

Jerez de la Frontera (Cádiz), 1839-Sevilla, 1901. Francisco de Paula Valencia Soto. Creador de *seguiriyas.* Su cante era pausado y dramático, divulgado hoy por José Mercé. De gran influencia en otros muchos cantaores.

Macandé. Cantaor.

Cádiz, 1897-1947. Francisco Gabriel Díaz Fernández. Personaje excéntrico. Vida repleta de amarguras. Vendedor ambulante de caramelos. Se hizo famoso por sus pregones. También destacó por *fandangos*. Nunca fue profesional. Murió en el manicomio de Cádiz.

Macanita, La. Cantaora.
Jerez de la Frontera (Cádiz), 1968. Tomasa Guerrero Carrasco. Voz con rajo especial. Destaca por *bulerías* y *soleares*.

Macarrona, La. Bailaora.
Jerez de la Fontera (Cádiz), 1860-Sevilla, 1947. Juana Vargas de las Heras. Reina en el arte del baile. Ocupa uno de los lugares de privilegio dentro de la historia del baile flamenco de todos los tiempos.

Mairena, Antonio. Cantaor.
Mairena del Alcor (Sevilla), 1909-Sevilla, 1983. Antonio Cruz García. Hermano de Curro y de Manuel Mairena. Gran patriarca del cante contemporáneo. Realizó una inmensa labor investigadora recopilando cantes casi olvidados que, sin él, se hubieran perdido. Innumerables aciertos en esta tarea junto a errores innegables provocados por cierta carencia de rigor en la investigación. Tercera Llave de Oro del Cante. Autor –con Ricardo Molina– de *Mundo y formas del cante flamenco,* obra fundamental en la bibliografía flamenca. Poseía gran conocimiento del cante. Cantaba muy bien, aunque con exceso de técnica y algo de frialdad. Realzó con exceso la contribución gitana en el flamenco. Figura esencialísima en todos los aspectos. Con su muerte el cante se quedó un poco huérfano.

Mairena, Curro. Cantaor.
Mairena del Alcor (Sevilla), 1914-1993. Francisco Cruz García. Hermano de Antonio y Manuel Mairena. Profesional a los cuarenta años. Magnífico seguiriyero.

Mairena, Manuel. Cantaor.
Mairena del Alcor (Sevilla), 1934-2013. Manuel Cruz García. Hermano de Antonio y Curro Mairena. Profundo sentido del compás. Destacó en los cantes *a palo seco* y en saetas. No se le ha cotizado como merecía.

Malena, Antonio. Cantaor.

Jerez de la Frontera (Cádiz), 1961. Antonio Moreno Carrasco. Destaca en el cante *p'atrás*. Ahora canta más *p'álante*.

Malena, Curro. Cantaor.

Lebrija (Sevilla), 1945-2023. Francisco Carrasco Carrasco. Amplio repertorio. Plenitud de voz.

Malena, La. Bailaora.

Jerez de la Frontera (Cádiz), 1877-Sevilla, 1956. Magdalena Seda Loreto. Arrogante y majestuosa derrochaba al mismo tiempo gracia y garbo. Única competidora posible de La Macarrona.

Maleni Loreto. Bailaora.

Sevilla, 1929-Madrid, 2011. Magdalena Díaz Loreto. Sobrina de La Malena. Casada con Julio Aparicio y madre del torero del mismo nombre. Temperamento emotivo. Gran plasticidad. Donaire y elegancia.

Mani, El. Guitarrista.

Madrid, 1965. José M.ª González Bonilla. Muy buen acompañante.

Manitas de Plata. Guitarrista.

Séte (Francia), 1921-Montpellier, 2014. Ricardo Baliardo. Efectista sin auténtica profundidad. Virtuoso más que verdadero tocaor de flamenco.

Manolete. Bailaor.

Granada, 1945-2022. Manuel Santiago Maya. Hermano de Marote. Coreógrafo. Gran personalidad. Uno de los bailaores más destacados del momento actual. Propugna las pausas en el baile.

Manuel. Guitarrista.

Ceuta, 1948-San Juan de Aznalfarache, 2015. Manuel Molina Fernández. Estuvo casado con Lole. Practicó algún tiempo flamenco rock. Componía letra y música de estilos festeros aflamencados. Personal, innovador y revolucionario.

Maravilla, Luis. Guitarrista.

Sevilla, 1914-Alicante, 2000. Luis López Tejera. Hijo del Niño de las Marianas. Ha acompañado a innumerables figuras del cante y el baile.

Marchena, Melchor de. Guitarrista.

Marchena (Sevilla), 1907-Madrid, 1980. Melchor Jiménez Torres. Padre de Enrique de Melchor. Amplísima discografía. Gran maestro de toda una generación.

Marchena, Pepe. Cantaor.

Marchena (Sevilla), 1903-Sevilla, 1976. José Tejada Martín, llamado también Niño Marchena. Cantaor y canzonetista. Muy popular. Llenó toda una época creando escuela. Maestro indiscutible en su género. Propulsor del Operismo. Innumerables seguidores e imitadores. Destacó por *fandangos*. Creó la *colombiana*.

Margara, Dieguito de la. Bailaor.

Jerez de la Frontera (Cádiz), 1961. Diego Garrido Valencia. Hijo de Luisa la Torrán. Sobrino de la Paquera. Ha sido futbolista profesional. Sobresale por *bulerías*.

María, Manolito de. Cantaor.

Alcalá de Guadaíra (Sevilla), 1904-1966. Manuel Fernández Cruz. Cantó muy poco en público. Portador de una pureza extraordinaria. Destacó por *soleares*. Una verdadera reliquia del cante.

María, Manuel de. Guitarrista.

Jerez de la Frontera (Cádiz), 1970. Manuel Palacín de Jesús. Vive en Madrid desde pequeño. Muy buen acompañante.

María Rosa. Bailaora y bailarina.

Andújar (Jaén), 1937. M.ª Rosa Orad Aragón. Ha vivido en Sevilla desde recién nacida y ha recorrido medio mundo bailando.

María Soleá. Cantaora.

Jerez de la Frontera (Cádiz), 1932-2005. M.ª de la Soledad Fernández Monje. Hermana de Terremoto. También bailaba. Profesional a los cincuenta años. Su cante estaba lleno de embrujo y misterio.

Marianas, Niño de las. Cantaor.
Sevilla, 1889-Madrid, 1963. Luis López Benítez. Cultivador del cante de su nombre y de un amplio repertorio.

Mariemma. Bailaora.
Íscar (Valladolid), 1917-Madrid, 2008. Guillermina Martínez Cabrejas. Bailaora de flamenco y bailarina de ballet español. Sencillez, naturalidad y encanto. Se ha dicho que, al bailar, parecía que flotaba en el aire.

Marín, Manolo. Bailaor.
Sevilla, 1936. Manuel Domínguez Marín. Coreógrafo. Autodidacta. Maestro de baile con una influencia formativa importantísima en numerosas figuras contemporáneas.

Marín Pérez, Andrés. Bailaor.
Sevilla, 1969. Más técnica que gracia. Personalidad inconformista. Estética muy particular. Giraldillo del baile Bienal de Sevilla 2020. Premio Nacional de Danza 2022.

Mariquilla. Bailaora.
Granada, 1949. María Guardia Gómez. Intensa actividad profesional. Profesora de baile flamenco en la Universidad de Granada.

Marote. Guitarrista.
Granada, 1936-2000. Juan Santiago Maya. Hermano del bailaor Manolete. Él también empezó bailando. Profundo toque gitano.

Márquez, Antonio. Bailaor.
Sevilla, 1963. Antonio García Santillana. Calidad y efectismo al mismo tiempo.

Márquez Limón, Rocío. Cantaora.
Huelva, 1985. Lámpara Minera en La Unión, 2008. Voz luminosa y melódica. Conoce bien el cante.

Márquez el Zapatero. Cantaor.
   Villanueva del Ariscal (Sevilla) 1930. Manuel Márquez Barreda. Representante fiel de la soleá de Triana y de los cantes del Zurraque. Solera y leyenda viva.

Marrurro, Diego el. Cantaor.
   Jerez de la Frontera (Cádiz), siglo xix (1850?-1920?). Diego López. Creador de *seguiriyas*. Influyó mucho en Manuel Torre. Algunos opinan que ralentizó los tangos convirtiéndolos en tientos.

Martín Díaz, Beatriz. Bailaora.
   Granada, 1971. Interesante bailaora llena de fuerza y carácter. Ha colaborado con figuras estelares.

Martín, Mayte. Cantaora.
   Barcelona, 1965. M.ª Teresa Martín Cadierno. Amplio conocimiento de los cantes. Seria y estudiosa. Incursiones en el mundo del experimentalismo. Moderna y transgresora. Lámpara Minera en La Unión, 1987.

Martinete, Álvaro. Guitarrista.
   Granada, 1995. Álvaro Pérez Álvarez. Diplomado en el Conservatorio de Granada. Toque intenso, sobrio y pulcro. Bordón Minero en La Unión, 2021.

Martínez, Pepe. Guitarrista.
   Sevilla, 1923-1984. José Martínez León. Seguidor de Montoya y Niño Ricardo. Dulzura y musicalidad. Exquisita limpieza técnica. Acompañante y concertista, especialmente en Francia e Inglaterra.

Mati, El. Cantaor.
   Barcelona, 1985. Matías López Expósito. De padres extremeños. Vive en Sevilla. Músico polifacético. Amante del jazz. Tradición y renovación. Lámpara Minera de La Unión, 2019.

Matrona, Pepe el de la. Cantaor.
   Sevilla, 1887-Madrid, 1980. José Núñez Meléndez. Triana –donde se crió– influyó decisivamente en su cante. Junto

con Mairena, es el cantaor que ha hecho mejor tarea investigadora divulgando cantes antiguos semiolvidados. Enorme erudición flamenca. Fue un archivo viviente. Pilar fundamental del flamenco durante tres cuartos de siglo.

Maya, Juan Andrés. Bailaor.
Granada, 1972. Sobrino de Mario Maya. Buen aire bailando. Sentido del compás.

Maya, Toni. Cantaor.
Granada, 1947. Antonio Maya Cortés. Criado a la sombra del Sacromonte. Destaca en los estilos festeros.

Maya Fajardo, Mario. Bailaor.
Córdoba, 1937-Sevilla, 2008. Realizador de excelentes espectáculos de teatro flamenco. Trágico y sobrio, transmitía fácilmente su baile y electrizaba al público. Retirado del baile, prosiguió su tarea corno director artístico y coreógrafo. Giraldillo del Baile en la Bienal de Sevilla, 1982.

Maya García, Belén. Bailaora.
Nueva York (Estados Unidos), 1966. Hija de Mario Maya y Carmen Mora. Prodigioso juego de brazos. Expresión penetrante. Combinación armoniosa de gesto y movimientos. Tendencias modernistas.

Maya Losada, Felipe. Guitarrista.
Madridejos (Toledo), 1950. Padre de Jerónimo. Buen acompañante de figuras del cante y del baile.

Maya Maya, Jerónimo. Guitarrista.
Madrid, 1977. Hijo de Felipe Maya. Caso asombroso de precocidad. Conocimiento excepcional del instrumento. Técnica y sensibilidad extraordinarias.

Medina, El Niño. Cantaor.
Jerez de la Frontera (Cádiz), 1888-Sevilla, 1939. José Rodríguez de la Rosa. Nieto de Medina el Viejo. Desarrolló la petenera de su abuelo con un amplio repertorio al mismo tiempo.

Medina el Viejo. Cantaor.

Jerez de la Frontera (Cádiz), siglos XIX y XX. José Rodríguez Concepción. Abuelo del Niño Medina. Creador de un estilo de la *petenera*.

Medrano Fernández, Ramón. Cantaor.

Sanlúcar de Barrameda (Cádiz), 1906-Sevilla, 1984. Carnicero. No profesional. Su cante era torpe y áspero pero estremecedor.

Mejías Portero, Antonio. Cantaor.

Montilla (Córdoba), 1979. Ganador Concurso Nacional de Córdoba, 2010. Acaparador de premios. Amplio repertorio. Escribe la mayoría de las letras que canta.

Mejorana, Rosario la. Bailaora.

Cádiz, 1858-Madrid, 1920. Rosario Monge Monge, madre de Pastora Imperio. De vida profesional muy corta, se retiró al casarse. Revolucionó el baile con su juego de brazos que levantaba mucho más de lo habitual hasta entonces. Creó una nueva estética y una auténtica escuela.

Melchor, Enrique de. Guitarrista.

Marchena (Sevilla), 1951-Madrid, 2012. Enrique Jiménez Ramírez. Hijo de Melchor de Marchena. Acompañante y concertista. Componía muchas de las piezas que interpretaba como solista. Uno de los tocaores que mejor acompañaron el cante.

Mellizo, Enrique el. Cantaor.

Cádiz, 1848-1906. Enrique Jiménez Fernández. Descubridor de Chacón. Cantaor creativo. Gran musicalidad. Creó y recreó muchos cantes destacando por malagueñas y tientos, basándose en cantes de Diego el Marrurro. Estructuró estos dos estilos para la posteridad. Es una de las figuras más grandes de la historia del flamenco.

Méndez, Jesús. Cantaor.

Jerez de la Frontera (Cádiz), 1984. Jesús Ruiz Cabello. De la saga cantaora de los Méndez de la Plazuela de Jerez. Forjado en el cante *p'atrás*. Cabal y sobrio.

Menese Scott, José. Cantaor.

La Puebla de Cazalla (Sevilla), 1942-2016. Afán continuo de superación. Perfeccionamiento constante. Cantaor preferido en los círculos intelectuales y universitarios. Gran profesionalidad. Destaca en los cantes fundamentales: *tonás, seguiriyas, soleares* y *tangos.* Serio, puro y hondo. En 1966 superó una gravísima dolencia cardíaca. Su cante es añejo; sus letras –casi todas de Moreno Galván–, no. Menese es punto y aparte en el cante. Premio Tomás el Nitri en el Concurso Nacional de Córdoba, 1965.

Mengíbar de la Cruz, Milagros. Bailaora.

Sevilla, 1952. Excelente profesional. Técnica y compostura junto a una importante dosis de improvisación y atrevimiento. Domina la bata de cola.

Mercé, José. Cantaor.

Jerez de la Frontera (Cádiz), 1955. José Soto Soto. Su cante está lleno de ecos ancestrales –tiene grandes antecedentes familiares– y es consciente de su destino dentro del cante aunque, a veces, deriva por los caminos comerciales. Afán de superación. Domina todos los estilos fundamentales. Es la gran figura en los comienzos del siglo XXI.

Mercé y Luque, Antonia. Bailaora.

Buenos Aires (Argentina), 1890-Bayona (Francia), 1936. Conocida por La Argentina. En 1929 formó la primera compañía de ballet español que ha existido. Elegante y delicada. Flamenco y danza española. Dominio de las castañuelas.

Merengue, El. Guitarrista.

Córdoba, 1944. Rafael Rodríguez Fernández. Casado con Concha Calero. Uno de los guitarristas mejor dotados de la actualidad. Toque delicado. Dominio del compás.

Merenguito. Cantaor.

Madrid, 1944. Antonio Izquierdo Castellano. Voz tersa y opaca. Muy personal. Destaca en los cantes de ida y vuelta y en los de Levante.

Merino Pilo, Esther. Cantaora.
> Gévora (Badajoz), 1984. Acaparadora de premios. Tradición y ortodoxia. Lámpara Minera. La Unión, 2020.

Mezcle, María. Cantaora.
> Sanlúcar de Barrameda (Cádiz), 1987. María Ángeles Rodríguez Cuevas. De la familia cantaora de los Mezcle. Gran saetera. Acaparadora de premios.

Mimbre, El. Bailaor.
> Sevilla, 1948-2001. Manuel Corrales González. Hermano de Matilde Coral. Renovador y muy personal.

Miño Álvarez, Ricardo. Guitarrista.
> Sevilla, 1949. Casado con Pepa Montes. Acompañante y solista.

Miño Bastos, Pedro Ricardo. Pianista. *(Véase capítulo 10.)*

Mistela, El. Bailaor.
> Los Palacios (Sevilla), 1965. Juan Manuel Rodríguez García. Baila con sobriedad y buen gusto. Carencia de efectismos. Verticalidad. Consagrado con *Carmen,* ópera de tambores y cornetas de Távora.

Mochuelo, El. Cantaor.
> Sevilla, 1871-San Rafael (Segovia), 1937. Antonio Pozo. Intensa actividad profesional. Lo cantó y lo grabó todo.

Modrego Vigaray, Ricardo. Guitarrista.
> Madrid, 1934-2017. Hermano de Nana Lorca. Ha recorrido el mundo varias veces en giras artísticas.

Moi de Morón. Cantaor.
> Morón de la Frontera (Sevilla), 1977. Moisés Cano Rodríguez. Voz desgarrada, rajo flamenquísimo. Miembro del grupo «Son de la Frontera».

Mojama, Juanito. Cantaor.
> Jerez de la Frontera (Cádiz), 1892-Sevilla, 1957. Juan Valencia Carpio. Destacó por *soleá, seguiriyas* y *bulerías.* Olvidado o casi, su redescubrimiento hace unos años supuso un gran hallazgo.

Molina, El Señor Manuel. Cantaor.
Jerez de la Frontera (Cádiz), 1822-1879. Manuel Ortega Vargas. Destacó por *seguiriyas* siendo muy respetado por sus contemporáneos. Creó escuela con el *martinete*. Es uno de los grandes cantaores de todos los tiempos. También conocido como Curro Molina.

Molina, Rocío. Bailaora.
Vélez-Málaga (Málaga), 1984. Rocío Molina Cruz. Clásica y revolucionaria a un tiempo. Innovadora y arriesgada. Gran personalidad. Premio Nacional de Danza en 2010, Giraldillo de la Bienal de Sevilla en 2016, y León de Plata de Venecia en 2022.

Molina Cundí, Javier. Guitarrista.
Jerez de la Frontera (Cádiz), 1868-1956. Creador de la escuela guitarrística jerezana. El más puro acompañante de los cantes antiguos y uno de los más grandes tocaores de todas las épocas.

Molina, Antonio. Bailaor.
Huelva, 1985. Antonio Molina Redondo. Técnica y viveza. Zapateado pulcro y seguro.

Mollino, Tío. Cantaor.
Algeciras (Cádiz), 1913-1996. Manuel Arroyo Jiménez. Nunca fue profesional. Su cante es una *puñalá*. Duele y estremece. Una auténtica joya.

Moncayo, Francisco. Guitarrista.
Morón de la Frontera (Sevilla), 1983. Francisco Moncayo Gómez. También conocido como Gastor de Morón. Bordón Minero de La Unión, 2010. Nieto de Paco del Gastor. De la escuela moronera de Diego del Gastor.

Moneo, Gema. Bailaora.
Jerez de la Frontera (Cádiz), 1991. Gema Agarrado Moneo. También canta. Jerezanía pura, ecos de la Plazuela, con el sabor inconfundible de la saga de los Moneo.

Moneo Lara, Juan. Cantaor.
(*Véase* Torta, El.)

Moneo Lara, Manuel. Cantaor.
Jerez de la Frontera (Cádiz), 1950-2017. Hermano del Torta. Ecos de flamenco antiguo. Destaca por *tonás, seguiriyas* y *fandangos.*

Moneta, La. Bailaora.
Granada, 1984. Fuensanta Fresneda Galera. Temperamental y frenética pero son sabor de baile antiguo.

Mono, El. Cantaor y bailaor.
Jerez de la Frontera (Cádiz), 1947-2006. José Vargas Vargas. Era único interpretando los aires festeros.

Montalvo, Paco. Violinista.
Córdoba, 1992. Francisco José Montalvo. Formación clásica. Compositor y concertista. Pionero del violín flamenco.

Montenegro, Javier. Cantaor.
Granada, 1965. Francisco Javier Martín Quero. Verdadero amante del flamenco, rebusca en los cantes antiguos. Canta con gusto.

Montes, Gracia. Cantaora.
Lora del Río (Sevilla), 1936-Sevilla, 2022. Gracia Cabrera Gómez. Canzonetista más que cantaora. Empaque y voz exquisita. Gran figura de la escena.

Montes, Pepa. Bailaora.
Las Cabezas de San Juan (Sevilla), 1954. Josefa Bastos Otero. Casada con Ricardo Miño. Garbo y donaire junto a una indudable hondura. Giraldillo a la Maestría en la Bienal de Sevilla, 2008.

Montesinos Hoyos, Raúl. Cantaor.
La Puebla de Cazalla (Sevilla), 1974. Ganador de la Lámpara Minera de La Unión en 2004. Especialista de los cantes levantinos.

Montón, José Luis. Guitarrista.

    Barcelona, 1962. José Luis Montón Amil. Acompañante de grandes figuras del baile. Concertista.

Montoya, Carmelilla. Cantaora y bailaora.

    Sevilla, 1962-2021. Carmen Montañés Montoya. De la familia de los Montoya, «huracán del flamenco de Triana». Destacó en los estilos festeros.

Montoya Salazar, Ramón. Guitarrista.

    Madrid, 1879-1949. Uno de los más grandes de la historia. Tocaor de Chacón. Precisión asombrosa y falsetas inesperadas. Incorporó a la guitarra flamenca unos recursos desconocidos hasta entonces. Quizá el tocaor de flamenco más famoso de todos los tiempos, sólo superado luego en universalidad por Paco de Lucía.

Montoyita. Guitarrista.

    Madrid, 1961. José Carbonell Muñoz. Hermano de Antonio Carbonell. Cuñado de Enrique Morente. Muy buen acompañante de cante y baile.

Mora Domínguez, Álvaro. Guitarrista.

    Moguer (Huelva), 1998. Graduado en el Conservatorio de Huelva. Bordón Minero de La Unión, 2022.

Mora, Carmen. Bailaora.

    Madrid, 1930-México, 1981. Carmen García Mora. Murió en accidente de tráfico. Casada con Mario Maya. Dominaba casi todos los estilos.

Moraíto Chico. Guitarrista.

    Jerez de la Frontera (Cádiz), 1956-2011. Manuel Moreno Junquera. Hijo y sobrino respectivamente de Juan y Manuel Morao. Giraldillo a la Maestría en la Bienal de Sevilla, 2010. Siguió fielmente la escuela jerezana. Ritmo y compás. Concertista. Una gran figura con incursiones renovadoras.

Morales, Ana. Bailaora.

    Barcelona, 1982. Ana Morales Moreno. Premio el Desplante de la Unión, 2000. Elegancia, tradición y sentimiento. Giraldillo del Baile, Bienal de Sevilla, 2018. Premio Nacional de Danza en 2022.

Morales, David. Bailaor.
La Línea de la Concepción (Cádiz), 1971. Temperamento clásico a la vez que inquieto e imaginativo en la concepción de sus espectáculos.

Morao, Diego de. Guitarrista.
Jerez de la Frontera (Cádiz), 1978. Diego Moreno Jiménez. Hijo de Moraíto y nieto de Juan Morao. De casta le viene su buen toque.

Morao, Juan. Guitarrista.
Jerez de la Frontera (Cádiz), 1935-2002. Juan Moreno Jiménez. Padre de Moraíto Chico. Hermano de Manuel Morao. Recorrió el mundo varias veces en la compañía de Antonio.

Morao, Manuel. Guitarrista.
Jerez de la Frontera (Cádiz), 1929. Manuel Moreno Jiménez. Hermano de Juan Morao y tío de Moraíto Chico. Discípulo de Javier Molina. Promotor de artistas noveles. Clásico y profundo. Puro representante del estilo jerezano. Acompañante idóneo de los cantaores de su tierra. Un maestro.

Morenito de Íllora. Cantaor.
Íllora (Granada), 1965. Guillermo Campos Jiménez. Gitano granadino formado artísticamente en Barcelona. Buen acompañante en el cante *p'atrás*.

Moreno, La. Cantaora.
Rota (Cádiz), 1892-Sevilla, siglo xx. María Moreno Vargas. De estilo muy personal, destacó por soleá y soleá-bulería. Sus cantes han sido muy imitados.

Moreno, M.ª del Mar. Bailaora.
Jerez de la Frontera (Cádiz), 1973. M.ª del Mar Moreno Benítez. Educada desde niña en el más puro ambiente del baile jerezano. Licenciada en Filología.

Moreno, María. Bailaora.

Cádiz, 1986. María Moreno Pérez. Premio Nacional de baile por alegrías en Cádiz. Soltura y garbo. Maneja bien el mantón. Giraldillo Revelación, Bienal de Sevilla, 2018. Giraldillo Momento Mágico Bienal de Sevilla, 2020.

Moreno Carrillo, Gabriel. Cantaor.

Linares (Jaén), 1941-Madrid, 2019. Su cante es limpio, lleno de fragancia y sonoridad. Merecería ocupar un puesto más destacado en el panorama actual del cante.

Moreno Sáenz, Antonio. Instrumentista.

Utrera (Sevilla), 1978. Premio Filón en La Unión, 2015 por su acompañamiento al cante tocando la marimba. Es profesor del Conservatorio Superior de Música de Badajoz.

Morente Carbonell, Estrella. Cantaora.

Granada, 1980. Hija de Enrique Morente y Aurora Carbonell. Gusto, conocimientos y personalidad. Una gran voz. Y una figura indiscutible.

Morente Cotelo, Enrique. Cantaor.

Granada, 1942-Madrid, 2010. Seguidor de la escuela de Pepe de la Matrona. Profundo conocedor del cante, fue uno de los cantaores más preocupados por la renovación de los estilos. Buscó con insistencia nuevos caminos, a veces con dudoso acierto. Ha cantado poemas españoles clásicos y contemporáneos. Actividad profesional muy diversa: toca, compone música para el cine y el teatro, da conferencias... Premio Nacional de Música. Ortodoxo y a la vez inquieto y vanguardista. Maestro de la nueva generación. Figura hegemónica. Caballero de la Legión de Honor de Francia a título póstumo.

Moro, El. Cantaor.

Miajada (Cáceres), 1940-Madrid, 1999. Bernardo Silva Carrasco. También conocido como el Indio Gitano. Voz añeja. Destacó por *soleares* y *fandangos.*

Morón, Diego de. Guitarrista.
Morón de la Frontera (Sevilla), 1947. Diego Torres Amaya. Hijo de Joselero y sobrino de Diego del Gastor. También se le conoce como Dieguito del Gastor. Sigue la escuela de su tío. Acompañante y solista.

Moya, Antonio. Guitarrista.
Nimes (Francia), 1965. De padres andaluces, se instaló pronto en Sevilla. Muy buen acompañante.

Moya, Paco. Cantaor.
Carmona (Sevilla), 1952-2014. Francisco Moya Pedrosa. Cantaor general de gran personalidad, dentro de la línea ortodoxa.

Moyano, Paco. Cantaor.
Alhama (Granada), 1951. Francisco Fernández Moyano. Gusta de interpretar poemas de autores prestigiosos y hacer cante politizado y contestatario.

Muñoz Alcón, Isidro. Guitarrista.
Sanlúcar de Barrameda (Cádiz), 1944. Hermano de Manolo Sanlúcar. Compositor y letrista.

Muñoz Fernández, Antonio. Guitarrista.
La Unión (Murcia), 1975. De familia de flamencos, hijo de Encarnación Fernández. Bordón Minero en 1989. Intérprete y profesor de guitarra.

Murciano, El. Guitarrista.
Granada, 1795-1848. Francisco Rodríguez Murciano. Improvisación y fantasía. Primer guitarrista acompañante conocido.

Museo, Niño del. Cantaor.
Adamuz (Córdoba), 1905-1947. Francisco Rojas Cortés. Seguidor de Marchena. Destacó por *fandangos.*

Najarro, Antonio. Bailaor.
Madrid, 1975. Bailarín y corcógrafo. Formación clásica en el Conservatorio de Madrid. Acaparador de premios. Director del Ballet Nacional de España entre 2011 y 2019. Estética y refinamiento.

Nani Paños. Bailaor.

Barcelona, 1976. Valeriano Paños Segao. Criado en Córdoba. Coreógrafo y bailarín. Dospormedio & Compañía con Rafael Estévez desde 2004. Después, Estévez/Paños & Compañía. Modernidad y tradición. Muy buena labor coreográfica.

Nano. Cantaor.

Jerez de la Frontera (Cádiz), 1948. Cayetano Fernández González. Hijo del Tío Juane. También baila. Especialista en el cante *p'atrás.* Sentido del compás. Festero.

Naranjito de Triana. Cantaor.

Sevilla, 1933-2002. José Sánchez Bernal. Se crió en el ambiente flamenco de Triana. Siguió la escuela de Mairena. Buen conocedor del cante. Profesional serio y seguro. Se despidió como profesional en la IX Bienal de Sevilla, en 1996.

Navarro Daniel, Bailaor.

Córdoba, 1980. Titulado en danza española y en ballet clásico. Premios Mario Maya en el Concurso de Córdoba, 2001 y El Desplante en La Unión, 2005. Coreógrafo. Artista de muchos registros, combina técnica, conocimiento y espontaneidad.

Negra, La. Cantaora.

Orán (Argelia), 1936-Sevilla, 2018. Antonia Rodríguez Moreno. Madre de Lole. También baila. Destaca en bulerías.

Negro, El. Cantaor.

Puerto de Santa María (Cádiz), 1913-1995. José de los Reyes Santos. Nunca fue profesional. Consumado especialista en cantes antiguos como martinetes y corridos.

Negro, Rafael el. Bailaor.

Sevilla, 1932-2010. Rafael García Rodríguez. Casado con Matilde Coral. Destacó en el baile por *bulerías.* En los últimos años se dedicó a la enseñanza del baile.

Niño de Elche. Cantaor.

Elche (Alicante), 1985. Francisco Contreras Molina. Acaparador de premios. Cante innovador, comprometido y
provocador. Se autodefine como exflamenco.

Niño Elías. Guitarrista.

Sevilla, 1966. Elías Chincoa Alcubillas. Buen conocedor
del cante que acompaña muy bien con la guitarra lo mismo
que los recitales poéticos.

Niño de Gines. Cantaor.

Sevilla, 1991. Manuel Jesús García Hurtado. Acaparador
de premios. Se forjó en el cante *p'atrás*. Amplio repertorio.
Buen saetero.

Niño Miguel. Guitarrista.

Huelva, 1952-2013. Miguel Vega de la Cruz. Toque personalísimo, sorprendente y genial. Inconstante y anárquico.

Niño Seve. Guitarrista.

Córdoba, 1982. Severiano Jiménez Flores. Bordón Minero
de La Unión en 1999. Acompañante y concertista. Primer
Premio en Córdoba, 2013.

Nitri, El. Cantaor.

Puerto de Santa María (Cádiz), 1838-Jerez, 1877. Tomás
Francisco Ortega López. Cantaor legendario. Figura llena
de contradicciones y misterio. Primera Llave de Oro del
Cante. Dio a conocer los cantes de su tío El Fillo. Extrava-
gante y bohemio. Excelso cantaor de *seguiriyas*. Fundamental en la historia del flamenco.

Núñez Díaz, Gerardo. Guitarrista.

Jerez de la Frontera (Cádiz), 1961. Casado con Carmen
Cortés. Toca dentro de la línea del maestro Molina. Buen
representante de la escuela jerezana. Capacidad creadora.
Se encamina con frecuencia por las vías del experimentalismo. Giraldillo del Toque en las Bienales de Sevilla, 2002 y
2004.

Núñez Núñez, Faustino. Musicólogo.
Vigo (Pontevedra), 1961. Estudioso de formación clásica.
Serio y profundo. Autor de trabajos interesantísimos.

Ochando. Guitarrista.
Granada, 1965. Miguel Molina Martínez. Uno de los más
importantes valores de las últimas generaciones. Muy técnico.

Ogalla, Juan. Bailaor.
Cádiz, 1974. Juan Ogalla Martínez. Corte clásico, varonil
y elegante. Estética y compostura.

Ogalla, Pilar. Bailaora.
Cádiz, 1971. Elegancia y clasicismo. Flamencura.

Oliver de Triana. Cantaor.
Sevilla, 1906-1989. Manuel Oliver Dorado. Nunca fue profesional. Destacó por *soleá.*

Ollero, El. Cantaor.
Sevilla, 1854-1905. Ramón Rodríguez Vargas. Destacó por
soleares alfareras. Muy bien conocedor del cante.

Olmo, Rubén. Bailaor.
Sevilla, 1980. Rubén Olmo Leal. Giraldillo a la mejor coreografía en la Bienal, 2010. Premio Nacional de Danza,
2015. Bailaor, bailarín y coreógrafo. Director del Ballet
Nacional de España en 2019. Sólida formación clásica. Espíritu investigador y creativo.

Onofre. Cantaor.
Córdoba, 1893-1972. José Moreno Rodríguez. No fue profesional. Temperamento poético y filosófico. Cante sentencioso, lleno de plasticidad. Destacó por *soleares* y *alegrías* de
Córdoba.

Orillo. Cantaor.
Chiclana (Cádiz), 1932-Puerto de Santa María (Cádiz), 2004.
Ramón Núñez Núñez. Hermano de Rancapino. También
bailaba. Sobresalió por *bulerías.*

Oro, Pepa de. Cantaora y bailaora.
Cádiz, 1871-1918. Josefa Díaz Fernández. Hija del matador de toros Paco de Oro. Vivió mucho tiempo en Suramérica. Aflamencó la *milonga*.

Orozco Fajardo, Enrique. Cantaor.
Olvera (Cádiz), 1912-Sevilla, 2004. Simpático y con gran capacidad de conexión con el público. Destacó por *malagueñas, fandangos* y en los cantes de Levante. Lámpara Minera en La Unión, 1962.

Ortega, Domingo. Bailaor.
Jerez de la Frontera (Cádiz), 1969. Excelentes facultades. Aúna técnica, disciplina y sentimiento. Innovador, vanguardista y excéntrico.

Ortega Solís, Jesús. Bailaor.
Badajoz, 1979. Alterna el baile con la docencia. Coreógrafo. Profundamente flamenco y extremeño. Rigor y estilo.

Ortega, Melchora. Cantaora.
Jerez de la Frontera (Cádiz), 1972. Inmaculada Ortega Pérez. Cante temperamental, típicamente jerezano.

Ortega, Miguel. Cantaor.
Los Palacios (Sevilla), 1975. Miguel Pérez Ortega. Lámpara Minera en La Unión, 2010. Larga experiencia en el cante para el baile.

Ortega, Regla. Bailaora.
Chiclana (Cádiz), 1909-Madrid, 1986. Regla Márquez Ortega. Perteneciente a una ilustre familia taurina y flamenca. Tía de Manolo Caracol. Clásica y genial al mismo tiempo.

Ortega Cortés, Ginesa. Cantaora.
Metz (Francia), 1967. Formada artísticamente en Cataluña. Cante clásico de base. Versatilidad y experimentos vanguardistas al mismo tiempo.

Óscar de Manuel. Instrumentista.

Cádiz, 1976. Ha vivido desde niño en Alaquàs (Valencia). Óscar de Manuel Gómez Calatayud. Director musical y compositor. Premio Filón en La Unión, 2012, tocando la flauta.

Pagés, María. Bailaora.

Sevilla, 1963. M.ª Jesús Pagés Madrigal. Sólida formación. Solista de prestigiosas compañías de danza. Hondura y capacidad de asimilación. Ensaya constantemente experiencias revolucionarias y arriesgadísimas. Giraldillo del Baile en la Bienal Sevilla, 2012. Gran figura internacional. Premio Nacional de Danza en 2002.

Palanca, Pepe. Cantaor.

Marchena (Sevilla), 1904-1976. José Lebrón López. Compitió con Marchena en la época del Operismo flamenco. Destacó por fandangos.

Palicio Luisa. Bailaora.

Estepona (Málaga), 1984. Luisa Palicio Martín. Giraldillo Revelación Bienal Sevilla, 2006. Escuela sevillana con innovaciones renovadoras. Maneja bien la bata de cola. Sensualidad y picardía.

Palomar, David. Cantaor.

Cádiz, 1977. David García Palomar. Premios Camarón y Caracol en Córdoba, 2007. Ha cantado mucho *p'atrás* antes de hacerlo *p'alante.* Sabor gaditano y marinero. Buen eco.

Pansequito. Cantaor.

La Línea de la Concepción (Cádiz), 1946-Sevilla, 2023. José Cortés Jiménez. Vivió en Puerto de Santa María desde pequeño. Rajo y compás. Destaca por *soleares* –a las que imprime un sello muy personal– y *alegrías.* Giraldillo del Cante en la Bienal de Sevilla, 2010.

Pañero, Perico El. Cantaor.

Algeciras (Cádiz), 1974. José Lérida Cortés. El cante le viene de casta. Y de lejos. Ecos de flamenco antiguo. Cantaor largo, con dominio de muchos estilos.

Paquera, La. Cantaora.
Jerez de la Frontera (Cádiz), 1934-2004. Francisca Méndez Garrido. Nervio y garra. Destacó por *bulerías*. Su cante era un alarido.

Paquirri el Guanté. Cantaor.
Puerto de Santa María (Cádiz), 1834- Madrid, 1862. Francisco Guanter Espinal. También bailaor y guitarrista. Personaje legendario de extraordinaria personalidad. Se le adjudica la creación de varios cantes y el empleo de la cejilla en la guitarra.

Parrala, La. Cantaora.
Moguer (Huelva), 1845-Huelva, 1915. Dolores Parrales Moreno. Amplio repertorio, más varonil que femenino. Destacó en los cantes de Silverio.

Parrilla, Ana. Bailaora.
Jerez de la Frontera (Cádiz), 1953-2004. Ana Fernández Molina. Sobrina del Borrico y hermana de Parrilla de Jerez. Baile pausado y majestuoso, elegante y hondo.

Parrilla, Tío. Cantaor, bailaor y guitarrista.
Jerez de la Frontera (Cádiz), 1904-1980. Manuel Fernández Moreno. Emparentado con varias familias jerezanas de abolengo flamenco. Figura emblemática.

Parrilla de Jerez. Guitarrista.
Jerez de la Frontera (Cádiz), 1945-2009. Manuel Fernández Molina. Sobrino del Borrico y hermano de Ana Parrilla. Acompañante y solista. Toque vibrante, vivo y profundo, típico de la escuela jerezana.

Parrón, El. Cantaor.
Granada, 1955. Jaime Heredia Amaya. De familia de raigambre flamenca del Sacromonte. Padre de Marina Heredia. Voz potente y *afillá*. Destaca por *soleá*.

Pascual de Lorca. Guitarrista.
Lorca (Murcia), 1961. José Pascual Ruiz. Aclimatado en Jerez, cuyos ecos ha asumido. Muy buen acompañante.

Pastor Marín, Luis. Guitarrista.

Madrid, 1933-2013. Acompañante de grandes figuras del cante y el baile. Toque sobrio y ajustado.

Patino, Javier. Guitarrista.

Jerez de la Frontera (Cádiz), 1974. Francisco Javier Patino Hedrera. Su escuela es el acompañamiento del baile. Toque intimista y lleno de emoción.

Patiño. Guitarrista.

Cádiz, 1829-1902. José González Patiño. Es la gran figura de la guitarra en el siglo xix. Perfeccionó y generalizó el uso de la cejilla. Primero en dar recitales como solista. El más clásico de su tiempo y figura indiscutible de todas las épocas.

Patrocinio, Antonio de. Cantaor.

Córdoba, 1945. Antonio Luque Espejo. Cante pausado y solemne, siempre dentro de una línea clásica y tradicional.

Paula, Joaquín el de la. Cantaor.

Alcalá de Guadaíra (Sevilla), 1875-Sevilla, 1933. Joaquín Fernández Franco. Tío de Juan Talega y de Manolito de María. Pobre y cabal, cantó sólo en privado. Sencillo, humilde y puro, vivió siempre apegado a la tierra. Destacó por *soleares* siendo muy imitado. Creó una verdadera escuela.

Paula, Manuel de. Cantaor.

Lebrija (Sevilla), 1956. Manuel Valencia Carrasco. Su cante es recio, directo, profundo y de la tierra. Ciertas incursiones en el campo del experimentalismo.

Paula, Tío José de. Cantaor.

Jerez de la Frontera (Cádiz), 1871-1955. José M.ª Soto Vega. Intérprete formidable de *soleares* y *seguiriyas.*

Pavón, Tina. Cantaora.

San Fernando (Cádiz), 1948. Agustina López Pavón. Ha vivido siempre en Huelva. Su voz repiquetea con sonoridad. Amplio repertorio.

Pavón, Arturo. Cantaor.
Arahal (Sevilla), 1882-Sevilla, 1959. José Ángel Pavón Cruz. Hermano de Pastora y Tomás Pavón, y padre del pianista Arturo Pavón Sánchez. No fue un auténtico profesional. Gran conocedor del cante al que no le acompañó la voz. Extraordinario por martinetes.

Pavón Cruz, Tomás. Cantaor.
Sevilla, 1893-1952. Hermano de la Niña de los Peines. Tímido y retraído, cantó muy poco en público. Taciturno y silencioso. Uno de los artífices del cante del siglo xx. Su legado de cantes trianeros antiguos es importantísimo. A él se debe la *debla* que conocemos hoy.

Pavón Ortega, Salomé. Cantaora.
Madrid, 1964. Pertenece a una impresionante estirpe flamenca y taurina. Tiene sangre y genes para ser una gran figura.

Pavón Sánchez, Arturo. Pianista. *(Véase capítulo 10.)*

Peines, Niña de los. Cantaora.
Sevilla, 1890-1969. Pastora Pavón Cruz. Hermana de Tomás Pavón. Casada con Pepe Pinto. Mantuvo la calidad del cante en una época difícil. Padeció enajenación mental al final de su vida. Quizá la mejor cantaora de la historia de los cantes festeros. Creadora de estilos. Enciclopédica. Sus *peteneras, bamberas* o *tangos* son absolutamente diferentes y supremos. Vanguardista y única. Irrepetible.

Pelao, Toni el. Bailaor.
Madrid, 1939-2021. Antonio Manzano Bermúdez. Baila a la antigua usanza con plasticidad y empaque.

Pele, El. Cantaor.
Córdoba, 1954. Juan Moreno Maya. Anárquico pero con gran sentido del compás. Fuerte personalidad. Se encumbró en el Concurso Nacional de Córdoba de 1983. Giraldillo a la Maestría del cante, Bienal de Sevilla, 2020.

Pena hijo, El. Cantaor.

Málaga, 1900-Mendoza (Argentina), 1969. José Núñez Martín. Vivió en Argentina más de treinta años. Destacó por *malagueñas* y *fandangos*.

Pencho Cros. Cantaor.

La Unión (Murcia), 1925-Cartagena, 2007. Fulgencio Cros Aguirre. Sobrio y profundo. Maestro en los cantes mineros. Lámpara Minera en La Unión, 1976.

Peña, Pedro M.ª. Guitarrista.

Lebrija (Sevilla), 1968-Sevilla, 2023. Pedro M.ª Peña Dorantes. Hermano de Dorantes. Formación académica de Conservatorio. Guitarrista, investigador, compositor y productor musical.

Peña Andrés. Bailaor.

Jerez de la Frontera (Cádiz), 1976. Andrés Peña Morón. Giraldillo Jóvenes Intérpretes en la XI Bienal de Sevilla. Baila con reposo. Tradición y sabor a Jerez.

Peña Fernández, Juan. Cantaor. (*Véase* Lebrijano, El.)

Peña Fernández, Pedro. Guitarrista.

Lebrija (Sevilla), 1939. Hermano de El Lebrijano. En ocasiones, canta. Vibración y ritmo. Profesor de Primaria.

Peñaranda, Concha la. Cantaora.

La Unión (Murcia), 1850-?. Concepción Peñaranda. Destacó en los cantes de Levante. Siguió la escuela de Rojo el Alpargatero.

Pérez, David. Bailaor.

Alcalá de Guadaíra (Sevilla), 1982. David Pérez Almagro. Baile fresco y dinámico. Premio El Desplante en La Unión, 2004.

Pérez, M.ª José. Cantaora.

Almería, 1985. M.ª José Pérez Rodríguez. Lámpara Minera en La Unión, 2015. Muchos premios en concursos. Voz limpia y rica en matices. Destaca en los estilos mineros.

Pérez Dávila, Luis. Bailaor.
>   México, 1927-Madrid, 2007. Luisillo. Bailaor y bailarín de ballet español. Coreógrafo. Gran intérprete de danza en toda su extención.

Pérez de Guzmán y Ursáiz, José. Cantaor.
>   Jerez de los Caballeros (Badajoz), 1895-Lucena del Puerto (Huelva) 1930. Rico y aristócrata. No profesional. Creó un *fandango* personal.

Pérez Fernández, Raúl. Pianista.
>   Cartagena (Murcia), 2001. Corazón, humildad y sinceridad. Premio Filón, La Unión, 2023.

Pérez Galindo, Antonio. Guitarrista.
>   Sevilla, 1839-1895. Conocido como el Maestro Pérez. Especialista en el acompañamiento del baile. Pionero en la programación de espectáculos.

Pérez Padilla, Florencia. Bailaora.
>   Sevilla, 1918-Madrid, 2000. Rosario. Formó pareja desde niña con Antonio. Solía intercalar canciones al bailar. La pareja más famosa de la danza española de todos los tiempos. Flamenco y ballet español.

Pericet, Olga. Bailaora.
>   Córdoba, 1975. Olga Ramos Pericet. Versátil. Conoce muy bien la danza española y la contemporánea. Creatividad, riqueza de formas, sensibilidad y delicadeza.

Pericón de Cádiz. Cantaor.
>   Cádiz, 1901-1980. Juan Martínez Vílchez. Destacó en los cantes festeros de Cádiz y también por *malagueñas*. Simbolizó, sobre todo, la gracia en el cante.

Perla de Cádiz, La. Cantaora.
>   Cádiz, 1925-1975. Antonia Gilabert Vargas. Su cante, alegre y festero al principio, sufrió una transformación al enfermar todavía joven. Vibración y duende. Destacó por *bulerías* y *cantiñas*.

Perote, Diego el. Cantaor.

Álora (Málaga), 1884-Málaga, 1980. Diego Beigveder Morilla. También conocido como El Pijín. Consumado maestro por *malagueñas*.

Perrata, La. Cantaora.

Utrera (Sevilla), 1922-Lebrija (Sevilla), 2005. María Fernández Granados. De familia cantaora: hermana del Perrate, madre del Lebrijano y Pedro Peña, prima de Fernanda y Bernarda... No actuó en público hasta los cincuenta años. Destacó por *soleares*.

Perrate, El. Cantaor.

Utrera (Sevilla), 1915-1992. José Fernández Granados. Hermano de la Perrata, tío del Lebrijano y Pedro Peña, primo de Fernanda y Bernarda de Utrera. Una prematura enfermedad lo alejó del cante. Puro y grave, fue maestro por *soleá*.

Perrate, Tomás de. Cantaor.

Utrera (Sevilla), 1962. Tomás Fernández Soto. Lleva el cante en la sangre: hijo del Perrate de Utrera y nieto de Manuel Torre. Experimentos modernizantes dentro de su solera utrerana.

Perro de Paterna, El. Cantaor.

Paterna de Rivera (Cádiz), 1925-1997. Antonio Pérez Jiménez. Profesional a los cuarenta años. Musicalidad más que hondura. Destacó en los cantes de Levante, los de ida y vuelta y por *fandangos*.

Pies de Plomo. Cantaor.

Sevilla, 1924-2013. Manuel Georgio Gutiérrez. Padre de José de la Tomasa. Esporádicas actuaciones profesionales. Se entonaba bien.

Piki, El. Cantaor.

Granada, 1945-Madrid, 1980. Juan Antonio Cuevas Pérez. Murió asesinado en unas circunstancias no esclarecidas. Grandes facultades. Amplio repertorio.

Pinilla, Juan. Cantaor.
   Huétor-Tájar (Granada), 1981. Juan Pinilla Martín. Licenciado universitario, escritor e investigador. Lámpara Minera en La Unión, 2007. Comprometido en causas sociales.

Pinini, El. Cantaor.
   Lebrija (Sevilla), 1863-Utrera (Sevilla), 1930. Fernando Peña Soto. Abuelo de Fernanda y Bernarda de Utrera. No fue profesional. Destacó en los cantes festeros creando unas *cantiñas* muy personales.

Pino Illares, David. Cantaor.
   Puente Genil (Córdoba), 1972. Conoce muy bien los cantes, que hace con gusto. Investigador y profesor de guitarra en el Conservatorio de Córdoba. Director de la Cátedra de Flamencología de Córdoba, 2019.

Pinto, Pepe. Cantaor.
   Sevilla, 1903-1969. José Torres Garzón. Casado con la Niña de los Peines. Buen cantaor, recurrió frecuentemente a la copla aflamencada por exigencias comerciales. Destacó por *fandangos* que cantaba intercalándoles diversos recitados.

Piñana Calderón, Antonio. Guitarrista.
   Cartagena (Murcia), 1940. Hijo de Antonio Piñana y padre de Curro y de Carlos. Especialista en el toque de los cantes mineros. Acompañante y solista.

Piñana Conesa, Carlos. Guitarrista.
   Cartagena (Murcia), 1980. Nieto de Antonio Piñana Segado, hijo de Antonio Piñana Calderón y hermano de Curro. Bordón Minero en La Unión, 1994.

Piñana Conesa, Francisco Javier. Cantaor.
   Cartagena (Murcia), 1974. Curro Piñana. Nieto de Antonio Piñana e hijo del guitarrista del mismo nombre. Acaparador de premios en concursos. Especialista en cantes mineros. Lámpara Minera en La Unión,1998. Catedrático del Conservatorio de Murcia.

Piñana Segado, Antonio. Cantaor.

Cartagena (Murcia), 1913-1989. Padre del guitarrista Antonio Piñana y abuelo de Curro y de Carlos. Consumado maestro en los cantes mineros y de Levante en general. Figura incuestionable en este terreno. Imprescindible para el estudio de estos cantes. Serio y sobrio. Una figura en su especialidad.

Piñona, La. Bailaora.

Jimena de la Frontera (Cádiz), 1985. Lucía Álvarez Howard. Baile palpitante y garboso. Combina clasicismo y modernidad. Premio El Desplante en La Unión, 2011.

Pipa, Antonio el. Bailaor.

Jerez de la Frontera (Cádiz), 1971. Antonio Ríos Fernández. Sobrino de Juana de Jerez y nieto de Tía Juana la del Pipa. Consumado bailaor dentro de los valores actuales. Baile desenfadado y espontáneo pero tradicional y auténtico al mismo tiempo. Premios La Macarrona y Paco Laberinto en el Concurso de Córdoba, 1995.

Pipa, Tía Juana la del. Bailaora.

Jerez de la Frontera (Cádiz), 1905-1987. Juana de los Reyes Valencia. Madre de Juana de Jerez y abuela de Antonio el Pipa. No bailó en público hasta los cuarenta años. Estilo personalísimo, hondo y grácil al mismo tiempo. Destacó por *bulerías*.

Piriñaca, Tía Anica la. Cantaora.

Jerez de la Frontera (Cádiz), 1899-1987. Ana Blanco Soto. Profesional del cante al enviudar, a los cincuenta años. Representante de la más genuina escuela cantaora de Jerez. Destacó por *martinetes, soleares y seguiriyas*.

Pitingo. Cantaor.

Ayamonte (Huelva), 1980. Antonio Álvarez Vélez. Cante moderno en voz flamenca de eco antiguo. Enjundiosos antecedentes familiares. Excesivamente comercial.

Piyayo, El. Cantaor.
> Málaga, 1855-1940. Rafael Flores Nieto. También guitarrista. Vivió en Cuba y asimiló los ritmos antillanos. Personaje excéntrico. Creó unos tangos personales que encajan dentro de los cantes de ida y vuelta.

Planeta, El. Cantaor.
> Cádiz, 1790-Málaga, 1856. Antonio Monge Rivero. Primer cantaor realmente conocido de toda la historia del flamenco. Maestro primitivo del cante, primera gran figura legendaria, supremo patriarca. Creador de seguiriyas, las más antiguas que se que se conocen.

Poeta, El. Guitarrista.
> Jerez de la Frontera (Cádiz), 1927-Sevilla, 2006. José Cala Repeto. Apartado pronto de la vida artística por enfermedad. Muy buen acompañante. Amplia discografía.

Polaco, El. Cantaor.
> Granada, 1950. Luis Heredia Fernández. Dominador de un amplio repertorio.

Pompi, La. Cantaora.
> Jerez de la Frontera (Cádiz), 1883-Sevilla, 1958. Luisa Ramos Antúnez. Hermana del Gloria. Destacó en *saetas* y *bulerías.*

Porrinas de Badajoz. Cantaor.
> Badajoz, 1924-1977. José Salazar Molina. Personaje excéntrico. Hacíase llamar Marqués de Porrinas. Destacó por *fandangos.*

Portugués, Ramón el. Cantaor.
> Badajoz, 1948. Ramón Suárez Salazar. Sobrino de Porrinas. Muy buen profesional. Orientado últimamente hacia experiencias renovadoras no siempre bien encaminadas.

Postigo Guerra, José Luis. Guitarrista.
> Sevilla, 1950. Intentó ser bailaor. Sólido guitarrista. Toca con musicalidad y buen estilo.

Poti, El. Guitarrista.

Granada, 1995. Juan Luis Campos Triguero. Premio El Bodón, La Unión, 2023.

Potito. Cantaor.

Sevilla, 1976. Antonio Vargas Cortés. Gitano con ecos trianeros modernizados. Prometía más de lo conseguido luego.

Poveda León, Miguel. Cantaor.

Badalona (Barcelona), 1973. Clásico. Personal, bebiendo en los viejos maestros. Una de las figuras actuales más interesantes. Lámpara Minera en La Unión, 1993 y Giraldillo en La Bienal de Sevilla, 2006. Renovador y fiel a los cánones al mismo tiempo.

Pozo Carpintero, Francisco del. Cantaor.

Madrid, 1975. Sigue la línea mairenista. Destaca en los cantes mineros. Lámpara Minera en La Unión, 1997.

Príncipe Gitano, El. Cantaor.

Valencia, 1928-Mandayona (Guadalajara), 2020. Enrique Castellón Vargas. No es un auténtico cantaor de flamenco, sino intérprete de coplas aflamencadas. Destaca por *fandangos* personales.

Pucherete. Guitarrista.

Linares (Jaén), 1918-Madrid, 2004. Antonio Pérez Piernas. Pertenece a una familia de guitarristas, todos con igual apodo. Un gran profesional, con muchas giras internacionales.

Puebla, Niña de la. Cantaora.

La Puebla de Cazalla (Sevilla), 1909-Málaga, 1999. Dolores Jiménez Alcántara. Ciega desde niña. Se hizo famosa cantando *Los campanilleros*. Destacó en los cantes de Levante.

Pura, Niño de. Guitarrista.

Sevilla, 1967. Daniel Navarro Cruz. Hermano de José Joaquín. Acaparador de premios en concursos. Espectacular y dulce a la vez. Bordón Minero en La Unión, 2005 y Giraldillo en la Bienal de Sevilla, 1990.

Quica, La. Bailaora.
   Sevilla, 1905-Madrid, 1967. Francisca González Martínez.
   También bailarina de ballet español. Ingrávida y temperamental.
Quique Paredes. Guitarrista.
   Sevilla, 1955-2017. Enrique Paredes Muñoz. Intensa actividad profesional. Muy buen acompañante, firme y seguro. Un accidente de tráfico en 1987 le dejó inútil para seguir tocando.
Racca González, Ana Mercedes. Bailaora y bailarina.
   Buenos Aires (Argentina), 1936. Ana Mercedes. Sólida formación clásica. Casada con Andrés Batista. Maestra en el manejo de las castañuelas. Gran plasticidad.
Rafael de Carmen. Bailaor.
   Sevilla, 1969. Rafael Blanco Segura. Seguidor de la escuela sevillana con inquietudes vanguardistas.
Rafael de Utrera. Cantaor.
   Utrera (Sevilla), 1973. Rafael Usero Vilches. Muy buen profesional en el cante *p'atrás*.
Ramón de Algeciras. Guitarrista.
   Algeciras (Cádiz), 1938-Madrid, 2009. Ramón Sánchez Gomes. Hermano de Paco y Pepe de Lucía. Ha acompañado a todos los grandes del cante durante más de treinta años. Gran oído musical.
Ramírez. Bailaor.
   Mérida (Badajoz), 1959. Juan Navas Salguero. Empezó como cantaor. Destaca en el juego de pies.
Ramírez Cepero, Macarena. Bailadora.
   Chiclana de la Frontera (Cádiz), 1998. Graduada en el Conservatorio de Cádiz. Pasión y fuerza. Modernismos innovadores.
Ramírez, Rafael. Bailaor.
   Estepona (Málaga), 1993. Rafael Ramírez Vilches. Premio al Desplante en La Unión, 2021. Intérprete y profesor de baile. Prefiere los bailes «serios»: soleá y seguiriya.

Rancapino. Cantaor.
    Chiclana de la Frontera (Cádiz), 1945. Alonso Núñez Núñez.
    Muy apreciado por sus compañeros de profesión. Cabal y
    hondo, destaca por *soleares* y *seguiriyas.* Muy resentido de la
    voz que es, sin embargo, personalísima y enjundiosa.

Rancapino Chico. Cantaor.
    Chiclana de la Frontera (Cádiz), 1988. Alonso Núñez Fer-
    nández. El cante le viene de casta: bisnieto de la Obispa,
    sobrino de Orillo del puerto e hijo de Rancapino. Ecos del
    mejor cante rancio gaditano.

Ranchal y Álvarez de Sotomayor, Antonio. Cantaor.
    Lucena (Córdoba), 1930-Puente Genil (Córdoba), 2001.
    Destacó en la interpretación de los *fandangos* de Lucena.

Raya, El. Cantaor.
    Bollullos del Condado (Huelva), 1947. Antonio González
    Merchante. Especialista en *sevillanas* y *fandangos.* Compo-
    sitor de la extensa gama de los *fandangos* onubenses.

Rebollar Peinado, Eduardo. Guitarrista.
    Sevilla, 1966. Buen acompañante y solista. Profesor de guita-
    rra en la Fundación Cristina Heeren. Premio Pencho Cros en
    La Unión en 2023 por su tarea de divulgación del flamenco.

Rebollo Piosa, José. Cantaor.
    Moguer (Huelva), 1895-Sevilla, 1938. Creador del fandan-
    go que lleva su nombre.

Rengel Ramos, Antonio. Cantaor.
    Huelva, 1904-Sevilla, 1961. Maestro de la *serrana* y crea-
    dor del *fandango* que lleva su nombre.

Requena, Antonio. Guitarrista.
    Málaga, 1961. Antonio Requena Barrionuevo. Formación clá-
    sica. Compositor. Profesor del Conservatorio de Córdoba.

Requena Barrionuevo, Juan Francisco. Guitarrista.
    Málaga, 1975. Giraldillo a la guitarra de acompañamiento
    en la Bienal de Sevilla, 2012. Director musical y productor.

Repompa, La. Cantaora.

Málaga, 1937-1959. Enriqueta Reyes Porras. Sobresalió en los *tangos* de Málaga. Innovadora y revolucionaria, creó escuela a pesar de morir muy joven.

Repompilla, La. Cantaora.

Málaga, 1949. Rafaela Reyes Porras. Hermana de la Repompa. Éxitos internacionales. Destaca en los aires festeros.

Repompilla, La. Cantaora.

Málaga, 1970. Amparo Heredia Reyes. Hija de La Repompa y del guitarrista Luis Heredia. Pasó toda su juventud cantando para el baile antes de cantar *p'alante*. Lámpara Minera, La Unión, 2021.

Reverte, Ana. Cantaora.

Los Corrales (Sevilla), 1952. Ana Zamora Martín. No es auténtica cantaora de flamenco ni pretende serlo. Musicalidad y buen gusto. Destaca por *colombianas*.

Revuelo, Juana la del. Cantaora.

Sevilla, 1952-2016. Juana Silva Esteban. También baila. Criada en el ambiente flamenco de Triana. Suele acompañarse de un canasto mientras actúa. Destaca en los estilos festeros.

Rey, Blanca del. Bailaora.

Córdoba, 1949. Blanca Ávila Moreno. Afanes renovadores. Estética y armonía. Maneja con garbo un mantón mientras baila. Se retiró del baile en 2011, aunque volvió a bailar en el Festival de Jerez, en 2013.

Rey, Antonio. Guitarrista.

Madrid, 1981. Antonio Rey Navas. Jerezano de corazón. Bordón Minero en La Unión, 2003. Primer Premio en el Concurso de Córdoba, 2010 y Giraldillo en la Bienal de Sevilla, 2012, *ex-aequo* con Dani de Morón.

Reyes Moreno, Antonio. Cantaor.

Chiclana de la Frontera (Cádiz), 1976. Sobrino de Jarrito. Uno de los jóvenes valores de más calidad y de mayor acento clásico. Premios Antonio Mairena y Fosforito en el Concurso Nacional de Córdoba, 2001 y Giraldillo del Cante en la Bienal de Sevilla, 2014.

Ribera, Niño de la. Cantaor.

Cáceres, 1934-2021. Simón García Bermejo. Conferenciante y difusor del flamenco. Cantaor enciclopédico con grandes facultades.

Ricardo, Niño. Guitarrista.

Sevilla, 1904-1972. Manuel Serrapí Sánchez. Técnica sorprendente. Armonizaba todas las características de la guitarra clásica y flamenca. Tocó con hondura en una época en la que el cante no solía tenerla. Maestro de una generación.

Ripoll. Cantaor.

Jerez de la Frontera (Cádiz), 1951-2021. Lorenzo Gálvez Valencia. Hermano de Fernando Gálvez. Amplios conocimientos de los estilos jerezanos.

Riqueni, Rafael. Guitarrista.

Sevilla, 1962. Rafael Riqueni del Canto. Acompañante y solista. Conocedor del mundo clásico. Sutileza y expresividad. Interesantes experiencias renovadoras. Giraldillo a la Maestría en la Bienal de Sevilla, 2014. Un maestro efectivamente.

Rita la Cantaora. Cantaora.

Jerez de la Frontera (Cádiz), 1859-Zorita del Maestrazgo (Castellón), 1937. Rita Jiménez García. Generó el dicho popular «Rita la Cantaora». Destacó por *soleares* y *malagueñas.*

Rodríguez Delgado, Fernando. Guitarrista.

La Puebla de Cazalla (Sevilla), 1958. Sólido guitarrista de acentuados matices rítmicos.

Rodríguez González. Carlos. Bailaor.

Madrid, 1975. Bailaor y bailarín. Fundador con Ángel Rojas, del Nuevo Ballet Español. Clásico y estilizado. Danza moderna más que flamenco.

Rodríguez, Paula. Bailaora.

    Santander, 1990. Afincada en Madrid. Paula Rodríguez Lázaro. Premio El Desplante en La Unión en 2021. Maneja el mantón con desenvoltura.

Rodríguez Muñoz, José Antonio. Guitarrista.

    Córdoba, 1964. Espléndida formación musical. Profesor de guitarra con veinte años. Su toque es sobrio y diáfano, sin virtuosismos innecesarios. Premio Ramón Montoya en el Concurso Nacional de Córdoba, 1986.

Rodríguez Rey, Amós. Cantaor.

    Cádiz, 1926-Sevilla, 1996. Hermano del Beni. Conferenciante. Divulgador de los estilos gaditanos.

Rojas, Amador. Bailaor.

    Los Palacios (Sevilla), 1980. Amador Rojas Falcón. Racial, de sentimiento, muy personal. Artista Revelación en la Bienal de Sevilla, 2008.

Rojas, Ángel. Bailaor.

    Móstoles (Madrid), 1974. Miguel Ángel Rojas Molina. Fundador con Carlos Rodríguez del Nuevo Ballet Español. Imaginativo, temperamental y versátil. Danza moderna más que flamenco.

Rojas, Carmen. Bailaora.

    Ceuta, 1935. M.ª del Carmen Cárceles Escacena. Pareja artística de Antonio durante muchos años. Brillante y fogosa.

Rojo el Alpargatero. Cantaor.

    Callosa de Segura (Alicante), 1847-La Unión (Murcia), 1907. Antonio Grau Mora. Maestro induscutible del cante levantino. Una de las grandes figuras de la historia del flamenco. Primer cantaor de flamenco que actuó en Estados Unidos.

Romerito. Cantaor.

    Jerez de la Frontera (Cádiz), 1932. Manuel Romero Pantoja. Hermano del Guapo. Destaca como cantaor *p'atrás*. Sigue la línea de Caracol.

Romero Cardoso, David. Bailaor.

Hospitalet (Barcelona), 1980. Instalado en Madrid. Premio El Desplante Masculino en La Unión, 2022.

Romero, Celia. Cantaora.

Herrera del Duque (Badajoz), 1995. Celia Romero Algaba. Lámpara Minera en La Unión, 2011. La ganadora más joven de este premio. Clásica y rigurosa.

Romero Cortés, Custodia. Bailaora.

La Carolina (Jaén), 1905-1974. Fue también canzonetista. Baile brioso y espectacular con dominio del taconeo y las castañuelas.

Romero Jiménez, José. Pianista. *(Véase capítulo 10.)*

Romero León, Fernando. Bailaor.

Écija (Sevilla), 1969. Premios Vicente Escudero y Paco Laberinto en Córdoba, 1998 y Premio Benois del Bolshoi Ballet, 2011. Bailarín y coreógrafo. Imaginativo, técnico y pulcro.

Romero Monís, Juan Carlos. Guitarrista.

Huelva, 1964. Buen acompañante. Compositor. Interesantes aportaciones en el terreno experimentalista. Concertista. Giraldillo del Toque en las Bienales de Sevilla, 2008 y 2010.

Romero Romero, Rafael. Cantaor.

Andújar (Jaén), 1910-Madrid, 1990. También conocido como El Gallina. Cante susurrante, ritual, casi religioso. Sus ecos suenan a suspiros. Dominó la *caña,* la *petenera,* la *alboreá,* los *tientos...*

Rosario. Bailaora. (*Véase* Pérez Padilla, Florencia.)

Rubichi. Cantaor.

Jerez de la Frontera (Cádiz), 1949-Cádiz, 2007. Diego de los Santos Bermúdez. Primo de Agujeta. Conocía muy bien los cantes de Jerez. Hondo y puro.

Rubio, Antonio El. Cantaor.

La Línea de la Concepción (Cádiz), 1927. Antonio Carmona Gómez. Cantaor de culto, reacio al gran público y a los tablaos. Eco profundo.

Rubito de Pará. Cantaor.
> La Puebla de Cazalla (Sevilla), 1980. Manuel González Cabrera. Hijo del cantador del mismo pseudónimo. Acaparador de premios. Lámpara Minera de La Unión en 2003.

Rueda, Pepe. Cantaor.
> Sevilla, 1954. José Rueda Álvarez. Amplio repertorio. Seguidor de Marchena. Compás, solera y conocimiento.

Rufino de Paterna. Cantaor.
> Paterna de Rivera (Cádiz), 1938. Rufino García Cote. Amplio repertorio. Destacado saetero.

Rufo de Santiponce. Cantaor.
> Castiblanco de los Arroyos (Sevilla), 1952-Sevilla, 2015. José Antonio López Rufo. Acaparador de premios. Muy personal. Famoso por su milonga y sus saetas.

Ruiz Muñoz, Mercedes. Bailaora.
> Jerez de la Frontera (Cádiz), 1981. Estética y garbo. Mueve bien la bata de cola.

Ruiz Soler, Antonio. Bailaor.
> Sevilla, 1921-Madrid, 1996. Antonio. El bailaor y bailarín español más universal de todos los tiempos. Con Rosario formó la pareja de baile español más importante de la historia. Revolucionó el flamenco llevándolo por otros caminos. Creó el baile del *martinete.* Poseedor de gran técnica y genio. Capacidad permanente para llenar el escenario él solo e incluso para desbordarlo. Ilimitada inventiva creadora. Un fuera de serie.

Sabater, Roberto. Guitarrista.
> Alicante, 1976. Roberto Sabater Boix. Formación clásica. Profesor del Conservatorio de Jerez. Investigador e intérprete. Una figura sólida y muy valiosa.

Sabicas. Guitarrista.
> Pamplona, 1912-Nueva York (Estados Unidos), 1990. Agustín Castellón Campos. Niño precoz. Vivió mucho tiempo en México y en Estados Unidos. Guitarrista y compositor.

Al oírlo tocar daba la impresión de que la música fluía espontánea. Revalorizó el toque de la guitarra flamenca abriéndole un nuevo horizonte.

Salazar, Ana. Cantaora.

Cádiz, 1978. Ana González Jiménez. Empezó bailando. Le inspira Edith Piaf. Canta sobre un fondo de flamencura, con ecos musicales de variada procedencia.

Salazar Salazar, José. Cantaor.

Los Santos de Maimona (Badajoz), 1936. Casado con La Cañeta. Sobresale en el *taranto* y por *fandangos*.

Sallago, La. Cantaora.

Sanlúcar de Barrameda (Cádiz), 1919-2015. Encarnación Marín Sallago. Destacó por *fandangos,* cantes festeros y *saetas.*

Salmonete. Cantaor.

Jerez de la Frontera (Cádiz), 1962. Joaquín Jiménez Domínguez. Hermano de La Elu. Amplio repertorio. Tiempla bien los cantes.

Sampedro Montero, Ángel. Cantaor.

Madrid, 1908-Buenos Aires (Argentina), 1973. Angelillo. Cantó un estilo de flamenco muy particular, superficial y edulcorado, junto con coplas aflamencadas. Enormemente popular. No puede considerársele un auténtico cantaor de flamenco.

Sánchez Marín, Calixto. Cantaor.

Mairena del Alcor (Sevilla), 1946. Calixto. Seguro y buen profesional. Domina todos los estilos y conoce muy bien el flamenco. Serio y ortodoxo. Profesor de Primaria. Ha sido director del Centro Andaluz de Flamenco entre 1996 y 2002.

Sanlúcar, Esteban de. Guitarrista.

Sanlúcar de Barrameda (Cádiz), 1912-Buenos Aires (Argentina), 1989. Esteban Delgado Bernal. Extraordinario acompañante y concertista, más conocido fuera de España que en nuestro país.

Sanlúcar, Manolo. Guitarrista.

    Sanlúcar de Barrameda (Cádiz), 1945-Jerez de la Frontera (Cádiz), 2022. Manuel Muñoz Alcón. Investigador. Renovador. Concertista. Máximo exponente actual de la guitarra española. Evoluciona constantemente. Posee un conocimiento intuitivo de la música y de su instrumento. Dimensión mundial. Últimamente se dedica, sobre todo, a componer.

Scapachini. Cantaor.

    Cádiz, 1945. Felipe Scapachini Torres. Aficionado más que auténtico profesional. Dice muy bien los cantes gaditanos.

Seco, El. Cantaor.

    Puente Genil (Córdoba), 1880-1970. José Bedmar Contreras. Su especialidad fueron las *soleares apolás* y las *seguiriyas.*

Segura, Jeromo. Cantaor.

    Huelva, 1979. Jerónimo José Segura Paredes. Lámpara Minera en La Unión, 2013. Pulcritud y conocimientos.

Segura López, Rocío. Cantaora.

    Almería, 1979. Lámpara Minera de la Unión en 2000. Cantaora de corte tradicional y de amplio repertorio.

Sellé Nondedeu, Aurelio. Cantaor.

    Cádiz, 1887-1974. Quizá el cantaor más importante de Cádiz del siglo xx. También conocido como Aurelio de Cádiz y Aurelio el Tuerto. De amplio repertorio, destacaba en los estilos gaditanos. Seguidor de Enrique el Mellizo. Tenía grandes conocimientos del cante. Una gran figura, sin duda.

Serneta, La. Cantaora.

    Sanlúcar de Barrameda (Cádiz), 1840-Utrera (Sevilla), 1912. Merced Fernández Vargas. Era también guitarrista. Destacó por *soleares,* creando estilos muy imitados posteriormente. Su cante se conoció a través de Manuel Torre, Tomás y Pastora Pavón.

Sernita. Cantaor.

Jerez de la Frontera (Cádiz), 1921-Madrid, 1971. Manuel Fernández Moreno. Ha cantado mucho acompañando el baile. Dominó los estilos jerezanos y las *seguiriyas* cabales.

Serranito. Guitarrista.

Madrid, 1942. Víctor Monje Serrano. Acompañante y solista. De estilo barroco. Destaca el uso formidable que hace de la mano izquierda sobre el mástil de la guitarra. Muy tradicional. Director de la Cátedra de Guitarra Flamenca. Escuela Superior de Guitarra Española de Madrid.

Serrano, Paco. Guitarrista.

Córdoba, 1964. Francisco Miguel Serrano Cantero. Uno de los guitarristas cordobeses actuales más sólidos.

Serrano Rodríguez, Juan. Guitarrista.

Córdoba, 1934. También conocido como Juanito Serrano. Afincado en Estados Unidos donde ha desarrollado casi toda su actividad profesional.

Sevillano, El. Cantaor.

Sevilla, 1909-1988. Antonio Pérez Guerrero. Fue futbolista del Betis. Buen conocedor del cante. Destacó por *fandangos*.

Sevillano, Manolo el. Guitarrista.

Marchena (Sevilla), 1910-Madrid, 1988. Manuel Antilla León. Buen profesional conocedor de los cantes antiguos.

Sierra Marín, Pedro. Guitarrista.

Hospitalet (Barcelona), 1967. Casado con La Tobala. Buen acompañante de figuras estelares. Concertista.

Silveria Fernández, Manuel. Guitarrista.

Córdoba, 1966. Posee gran técnica. Toca con extraordinaria sensibilidad. Acompañante y solista.

Silverio. Cantaor. (*Véase* Franconetti Aguilar, Silverio.)

Simón, Manolo. Cantaor.

Jerez de la Frontera (Cádiz), 1953. Manuel Muñoz Martín. Acaparador de premios. Corazón y sentimiento.

Singla, La. Bailaora.
> Barcelona, 1948. Antonia Singla Contreras. Baile temperamental y vistoso. Caso asombroso: es sorda.

Solano, Alejandro. Marimba.
> Cartagena (Murcia), 1995. También toca batería y percusión. Premio Filón en La Unión, 2019. Formación clásica. Flamenco y jazz.

Soler Genard, Pedro Guitarrista.
> Narbona (Francia), 1938. Acompañante y concertista. Toque sutil, limpio y sentido. Ha desarrollado casi toda su actividad artística en Francia, donde vive.

Soler Reyes, Manuel. Bailaor y percusionista.
> Sevilla, 1943-2003. Tras abandonar el baile por motivos de salud se dedicó al percusionismo con un cajón. Maestro del ritmo. Volvió a bailar en la X Bienal de Sevilla.

Solera de Jerez. Bailaora.
> Jerez de la Frontera, 1948. Dolores Cano. Muy buena profesional. Baila con fogosidad y garra.

Sordera, El. Cantaor.
> Jerez de la Frontera (Cádiz), 1927-2001. Manuel Soto Monje. Perteneció a una familia de gran raigambre flamenca. Su voz parecía que se resquebrajaba al cantar. Desgarrado y quejumbroso, dominó casi todos los cantes. Destacó por fandangos y bulerías.

Sorroche. Cantaor.
> Almería, 1939. José Sorroche Gásquez. Dentro de su amplio repertorio destaca en los cantes de Levante.

Soto, Vicente. Cantaor.
> Jerez de la Frontera (Cádiz), 1954. Vicente Soto Varea. Hijo del Sordera. También conocido como Sotito de Jerez. Después de una búsqueda renovadora no muy afortunada, volvió al cante auténtico.

Soto Varea, Enrique. Cantaor.
>   Jerez de la Frontera (Cádiz), 1950. También conocido como Delela. Hijo del Sordera y hermano de José y Vicente Soto. Especialista en el cante *p'atrás*.

Suárez Fernández, Antonio. Cantaor.
>   Écija (Sevilla), 1937. Buen representante de la escuela trianera del cante. Lámpara Minera en La Unión, 1984.

Susana, Bailarina.
>   Köniz (Suiza), 1919. Suzanne Aeréoud. Formó pareja artística con José durante veintidós años.

Susi, La. Cantaora.
>   Alicante, 1955-Sevilla, 2020. Susana Amador Santiago. También baila. Alterna el cante clásico con otro tipo de experiencias artísticas.

Talega, Juan. Cantaor.
>   Dos Hermanas (Sevilla), 1891-1971. Juan Agustín Fernández Vargas. Sobrino de Joaquín el de la Paula. No cantó en público hasta los sesenta años. Discografía corta pero interesantísima. Maestro indiscutible de los cantes antiguos de Triana y Alcalá. Voz *afillá*. Su cante era parsimonioso con ecos legendarios. Gran patriarca del cante de la segunda mitad del siglo xx. Pura solera añeja.

Talegona, María la. Cantaora.
>   Córdoba, 1909-1991. María Zamorano Ruiz. Sobresalió cantando la *granaína* y las *saetas*.

Taranto, Paco. Cantaor.
>   Sevilla, 1940-2016. Francisco Álvarez Martín. Canta con el eco trianero de su barrio. Conocimiento y autenticidad.

Tati, La. Bailaora.
>   Madrid, 1945. Francisca Sadornil Ruiz. Personalidad extraña. En su baile intercala destellos de humor que lo vivifica. Destaca por *alegrías*.

Tejada, Lalo. Bailaora.
  Sevilla, 1963. M.ª del Rosario Tejada de los Santos. Conocida también por la Lalo. Sólida formación. Profesional muy
  competente.

Tejada Zurita, Alfredo. Cantaor.
  Málaga, 1979. Granadino de adopción. Cante *mu sentío.*
  Vivencias personales. Clásica y vanguardista a un tiempo.
  Lámpara Minera, La Unión, 2017.

Tena, Lucero. Bailaora.
  México, 1939. M.ª de la Luz Tena Álvarez. Tres facetas diferentes: bailaora de flamenco, bailarina de ballet y concertista de castañuelas de las que es maestra indiscutible. Ha
  escrito un método sobre el manejo de las mismas.

Tena, Miguel de. Cantaor.
  Ruecas (Badajoz), 1976. Miguel de Tena Martínez. Lámpara Minera en La Unión, 2006. Repertorio variado. Voz
  potentísima, a veces incluso excesiva.

Tenazas, El. Cantaor.
  Morón de la Frontera (Sevilla), 1852-Puente Genil (Córdoba), 1933. Diego Bermúdez Cala. Personaje extraño de
  vida azarosa. Ganó el primer premio del Concurso de Cante Jondo de Granada en 1922 compartido con el Niño Caracol. Él tenía setenta y dos años y Caracol, doce. Murió en
  la miseria. Destacó por *cañas, soleares* y *martinetes.*

Teresa. Bailaora.
  Nueva York, 1929-2021. Teresa Viera Romero. Pareja artística y sentimental de Luisillo. Bailaora, bailarina y maestra de baile. Sensibilidad y delicadeza.

Terremoto. Cantaor.
  Jerez de la Frontera (Cádiz), 1936-1981. Fernando Fernández Monje. Sobrino del Borrico y hermano de María Soleá.
  Comenzó como bailaor. Reunía todos los ingredientes fundamentales del cante: rajo, duende, soníos negros y compás.

Destacó por *seguiriyas, soleares* y *bulerías*. Uno de los máximos representantes del cante contemporáneo de Jerez.

Terremoto, María. Cantaora.

Jerez de la Frontera (Cádiz), 2000. María Fernández Benítez. Hija y nieta de cantaores del mismo apodo. Giraldillo Revelación Bienal, 2016. Por raza y estirpe, le sobran las cualidades, aunque todavía le faltan sosiego y años.

Terremoto hijo. Cantaor.

Jerez de la Frontera (Cádiz), 1970-2010. Fernando Fernández Pantoja. Hijo de Terremoto. Heredero de la más pura solera jerezana. Siguió los ecos de su padre. Destacó en los cantes básicos de Jerez y también por *malagueñas*.

Tobala, La. Cantaora.

Sevilla, 1969. Juana Ribas Salazar. Casada con Pedro Sierra. Fiel intérprete del cante bueno.

Tolea, La. Bailaora.

Cabra (Córdoba), 1953. Rosa Martín Moreno. Casada con el Chocolate de Granada. Temperamental y sensible. Introduce frecuentes improvisaciones geniales. Una de las bailaoras actuales más preocupadas por la renovación del baile.

Toledano Carnicer, José. Bailaor y bailarín.

Madrid, 1930-Miami (Estados Unidos), 1987. Polifacético: fue también actor, coreógrafo, recitador y canzonetista.

Toledo, María de. Cantaora.

Toledo, 1983. María Rodríguez del Álamo. Cantaora y cantante. Versátil e innovadora.

Toledo, Rosario. Bailaora.

Cádiz, 1977. Rosario Toledo Orihuela. Dos Premios en el Concurso Nacional de Córdoba, 1998. Formación clásica. Desparpajo, gracia, sensualidad y frescura.

Tomasa, José de la. Cantaor.

Sevilla, 1951. José Georgio Soto. Hijo de Pies de Plomo. Sobrino-nieto de Manuel Torre. Formó parte de un grupo de folk andaluz volviendo luego al flamenco puro. Letrista de sus coplas. Su cante es un grito hondo extraído de la tierra de sus antepasados.

Tomate, José del. Guitarrista.

Almería, 1999. José Fernández Torres. Los mismos apellidos que Tomatito, su padre, de quien hereda técnica y sentido del ritmo.

Tomatito. Guitarrista.

Almería, 1958. José Fernández Torres. Acompañó con la guitarra el cante de Camarón hasta la muerte de este. Una gran figura dentro del panorama guitarrístico actual. Inquietudes experimentalistas. Giraldillo Ciudad de Sevilla, Bienal de Sevilla, 2018.

Toñi Fernández. Cantaora.

Huércal de Almería (Almería), 1986. M.ª Antonia Fernández Fernández. Cantaora gitana de estirpe. Desgarro y bronce en la voz. Destaca en los cantes básicos y en los estilos mineros. Menos valorada de lo que merece.

Torombo, El. Bailaor.

Sevilla, 1968. Francisco José Suárez Barrera. Empezó a bailar siendo un niño y quizá no ha llegado a ser todo lo que se esperaba de él. Vibración y ritmo.

Toronjo, Paco. Cantaor.

Alosno (Huelva), 1928-Huelva, 1998. Francisco Gómez Arreciado. Formó pareja con su hermano José hasta que este murió. Maestro en la interpretación de los cantes de Huelva y por *sevillanas.*

Torrán, Luisa la. Bailaora.

Jerez de la Frontera (Cádiz), 1928-2010. Luisa Valencia Medina. Madre de Dieguito de la Margara. Destacó por *bulerías.*

Torre, Manuel, Cantaor.

Jerez de la Frontera (Cádiz), 1880-Sevilla, 1933. Manuel Soto Leyton. Posiblemente el cantaor más genial de todos los tiempos. Su fama posterior ha sido inmensa pero, a pesar de eso, se desconoce dónde está enterrado. Analfabeto, Lorca dijo de él que era «el hombre con más cultura en la sangre que conocía». Sus *seguiriyas* eran impresionantes. Cantaba cuando le venía la inspiración. Anárquico y excéntrico, engrandecía los cantes más insospechados, como la *farruca* o los *campanilleros*. No habrá sido el más técnico ni el más completo pero sí el más hondo y el más mítico.

Torre, Pepe. Cantaor.

Jerez de la Frontera (Cádiz), 1887-Sevilla, 1970. José Soto Leyton. Hermando de Manuel Torre y abuelo de José de la Tomasa. Gran cantaor siempre oscurecido por la figura inmensa de su hermano.

Torre, Tomás. Cantaor.

Sevilla, 1907-1976. Tomás Soto Torres. Hijo de Manuel Torre y La Gamba. También bailaba. Voz áspera y bronca, con enorme ronquera. Orientó a Antonio Mairena en su búsqueda incesante de cantos y cantaores antiguos.

Torres, Pepe. Bailaor.

Morón de la Frontera (Sevilla), 1978. Gitano de estirpe flamenca: nieto de Joselero, sobrino-nieto de Diego del Gastor, sobrino de Diego de Morón y del Andorrano. Bailaor de inspiración y espontaneidad, sin tecnicismos esteticistas.

Torta, El. Cantaor.

Jerez de la Frontera (Cádiz), 1953-Sanlúcar de Barrameda (Cádiz), 2013. Juan Moneo Lara. Hermano de Manuel Moneo. Buen eco. Se entregaba al cantar. Destacó por *soleares* y *bulerías*.

Trassierra López, Eduardo. Guitarrista.

Villaverde del Río (Sevilla), 1982. Acompañante y solista. Compositor. Sólida formación.

Tremendita, La. Cantaora.

Sevilla, 1984. Rosario Guerrero Hernández. Premio Manolo Caracol en el Concurso de Córdoba, 2004. Arraigo trianero modernizado. Variedad de registros.

Triana, Gracia de. Cantaora.

Sevilla, 1919-1989. Gracia Jiménez Zaya. Canzonetista más que auténtica cantaora. Gran saetera.

Triana, Luisa. Bailaora.

Sevilla, 1933. Luisa García Garrido. Polifacética: bailaora, bailarina, actriz y pintora. Catedrática de baile flamenco en la Universidad de Nevada (Estados Unidos). Personalidad interesantísima.

Trini, La. Cantaora.

Málaga, 1866-1930. Trinidad Navarro Carrillo. Posiblemente, la mejor intérprete de *malagueñas* de todos los tiempos.

Tuerto, Rafael el. Cantaor.

Algeciras (Cádiz), 1890-1974. Rafael de la Rosa González. También guitarrista. Entonaba cantes antiguos con voz aguardentosa.

Torres, Pepe. Bailaor.

Morón de la Frontera (Sevilla), 1978. Gitano de estirpe flamenca: nieto de Joselero, sobrino-nieto de Diego del Gestor, sobrino de Diego de Morón y del Andorrano. Bailaor de inspiración y espontaneidad, sin tecnicismos esteticistas.

Tupé, El. Bailaor.

Valladolid, 1935. Pedro Jiménez Cerreduela. Padre del Viejín. Espectacular. Taconeo electrizante.

Turronero, El. Cantaor.

Vejer de la Frontera (Cádiz), 1947-Utrera (Sevilla), 2006. Manuel Mancheño Peña. Buen intérprete de los estilos festeros.

Valdepeñas, Paco. Bailaor y cantaor.

Linares (Jaén), 1922-2000. Francisco Cortés Escudero. Festero por encima de todo con airosos desplantes.

Valderrama, Juanito. Cantaor.

Torre del Campo (Jaén), 1917-Sevilla, 2004. Juan Valderrama Blanca. Seguidor de Pepe Marchena. Alterna el cante auténtico con coplas más o menos aflamencadas. Destaca por *fandangos* y en los cantes de ida y vuelta.

Valderrama, Zapata, Gregorio. Cantaor.
Jaén, 1954. Sobrino de Juanito Valderrama. Sobrio y conocedor del cante. Investigador y escritor. Tiene varios libros
publicados.

Valencia, José. Cantaor.
Barcelona, 1975. Lebrijano de adopción. José Valencia
Vargas. Artista revelación Bienal de Sevilla, 2004. Llamado
Joselito de Lebrija hasta el año 2000. Forjado en el cante
p'atrás. Tradición y solera. Giraldillo del Cante en la Bienal
de Sevilla, 2012.

Valencia Medrano, Manuel. Guitarrista.
Jerez de la Frontera (Cádiz), 1984. Sobrino de Terremoto.
Giraldillo Revelación, Bienal de Sevilla, 2014. Sabor a Je-
rez. Compás y tradición.

Valencia Vargas, Anabel. Cantaora.
Lebrija (Sevilla), 1983. Prima de José Valencia. Cantaora
de raza. Elegancia y flamencura. *Se arremanga* en el cante.

Vallejo, Manuel. Cantaor.
Sevilla, 1891-1960. Manuel Jiménez Martínez de Pinillos. A
partir de 1930 abandonó los cantes básicos pasando a interpretar estilos comerciales por imperativos de la época. Segunda Llave de Oro del Cante. Extraordinario compás. Su voz no
le ayudó mucho. Destacó por *bulerías, fandangos* y *saetas.*

Varea Segura, Juan. Cantaor.
Burriana (Castellón), 1908-Madrid, 1985. Cantaba con claridad y fijeza. Extraordinaria vocación y sinceridad.

Vargas, Angelita. Bailaora.
Sevilla, 1949-Bormujos (Sevilla), 2023. Ángeles Vargas Vega.
Casada con el Biencasao. Madre de Joselito. Aires nuevos
mezclados con regusto antiguo.

Vargas, Aurora. Cantaora y bailaora.
Sevilla, 1956. Aurora Vargas Vargas. Gran especialista en los
estilos festeros. Sentido del compás. Buena profesional. Una
de las mejores flamencas de hoy. Arrolladora y vibrante.

Vargas, Dolores. Cantaora y bailaora.
> Barcelona, 1937-Valencia, 2016. Dolores Castellón Vargas. También conocida como La Terremoto. Hermana del Príncipe Gitano. Cultiva rumbas y sones aflamencados.

Vargas, Manolo. Cantaor.
> Cádiz, 1907-Madrid, 1970. Manuel Vargas Gómez. Retirado del cante prematuramente por enfermedad. Destacó en los estilos festeros. Sentido del compás y gran expresividad cantando.

Vargas, Manuela. Bailaora.
> Sevilla, 1941-Madrid, 2007. Manuela Hermoso Vargas. Ha participado con frecuencia en obras de teatro dramático. Señorial y majestuosa, destacó por *peteneras* que interpretaba con solemnidad y empaque. Gran señora del escenario.

Vargas, Marco. Bailaor.
> Sevilla, 1971. Marco Vargas López. Forma pareja artística con Chloé Brûle. Su baile es un flamenco que podríamos llamar moderno, evolucionado a partir de raíces arcaicas, en el que el folclore tiene una presencia indudable como la tiene la influencia de otras músicas diversas.

Vargas, María. Cantaora.
> Sanlúcar de Barrameda (Cádiz), 1947. María Vargas Fernández. Voz sonora y redonda. Estilo inconfundible. De su eco se desprenden lamentos que son, al mismo tiempo, sones jocundos. Su cante es como un llanto alegre. Destaca en los estilos festeros y por *soleá*.

Vargas, Miguel. Cantaor.
> La Puebla de Cazalla (Sevilla), 1942-Sevilla, 1997. Miguel Rubio Vargas. Amplio repertorio. Sobrio y seguro, con sabor a cante antiguo. Destacó en los cantes punteros: *tonás, seguiriyas, soleares* y *tangos*.

Vega, Alejandro. Bailaor.
> Huelva, 1910-Madrid, 1980. Alejandro Corsi Oliveira. Baile al estilo antiguo: pellizco, garbo y personalidad.

Vega, José de la. Bailaor.
    Utrera (Sevilla), 1931. José de la Vega Pozo. Flamenco y
    danza española. Coreógrafo. Sobriedad, técnica y facultades.
    Escritor.

Vélez, Niño de. Cantaor.
    Vélez-Málaga (Málaga), 1906-1975. José Beltrán Ortega.
    Destacó por malagueñas.

Vélez García, Alberto. Guitarrista.
    Cerro de Andévalo (Huelva), 1921-Madrid, 2005. Forma-
    ción clásica. Giras internacionales. Profesor del Conserva-
    torio de Madrid.

Veloso, Anabel. Bailaora.
    Almería, 1979. Ana Isabel Veloso García. Portuguesa de
    origen. Bailarina y coreógrafa. Más técnica aprendida que
    emoción y pellizco.

Veneno, El. Cantaor.
    Adamuz (Córdoba), 1968. Antonio Porcuna Mariscal. Lám-
    para Minera de La Unión en 1999. Cante clásico de hondo
    sabor.

Veneno, Ricardo el. Bailaor.
    Madrid, 1942. Diego Manzano Nieto. De la familia de los
    Pelao. Hermano de Charo Manzano. Baile sobrio y clásico.
    Calidades estéticas.

Victoria de Miguel. Guitarrista.
    Madrid, 1900-2000. Casada con el Canario de Madrid. Una
    de las pocas mujeres buenas guitarristas de la historia del
    flamenco.

Viejín, El. Guitarrista.
    Madrid, 1963. José Jiménez Abadía. Hijo del Tupé. Cono-
    cido también como El Rubio o el Niño del Tupé. Figura
    importante dentro del llamado flamenco de Madrid. In-
    cursiones experimentalistas.

Villar, Juanito. Cantaor.
> Cádiz, 1947. Juan José Villar Jiménez. Especialista en el cante *p'atrás* en sus comienzos, pasó posteriormente al cante *p'adelante*. Voz potente. Dominio del compás. Destaca en los estilos gaditanos.

Villegas, Diego. Multiinstrumentista.
> Sanlúcar de Barrameda (Cádiz), 1987. Toca el safo, la flauta, la armónica y el clarinete. Premio Giraldillo Bienal de Sevilla, 2020.

Vital Gálvez, Laura. Cantaora.
> Sanlúcar de Barrameda (Cádiz), 1981. Cantaora briosa, con más fuerza y garra que temple.

Vivó, María. Bailaora y bailarina.
> Madrid, 1966. M.ª del Mar Pérez Vivó. Hija de Luisillo. Excelente preparación en todos los aspectos de la danza. Muy buena profesional.

Wong, Lara. Flautista.
> Vancouver (Canadá), 1990. Afincada en Madrid. Premio Filón en La Unión, 2021.

Yance Fernández, Luis. Guitarrista.
> Madrid, 1892-1937. Acompañante y solista. Técnica depurada. Gran sensibilidad.

Yerbabuena, Eva la. Bailaora.
> Fráncfort (Alemania), 1970. Eva María Garrido García. Casada con Paco Jarana. Granadina de origen. Técnica y hondura. Fuerte temperamento. Tendencias experimentalistas y renovadoras. Una auténtica figura. Giraldillo del Baile en las Bienales de 2002 y 2006.

Yerbagüena, Frasquito. Cantaor.
> Granada, 1883-1944. Francisco Gálvez Gómez. No fue profesional. Destacó por *granaínas* y *tientos* y, sobre todo, en la creación de un *fandango* luego muy imitado.

Yiya, La. Cantaora.

La Puebla de Cazalla (Sevilla), 1983. Ana M.ª Ramírez Limones. Cante sincero con sabor añejo. Clásica y festera. Menos reconocida de lo que merece.

Yiyo, El. Bailaor.

Badalona (Barcelona), 1996. Miguel Fernández Ribas. Gitano de origen jienense. Pasión y carisma, frescura y modernidad, magnetismo en el escenario.

Yunque, El. Cantaor.

Madrid, 1946. Ricardo Losada Maya. Amplio repertorio. Musicalidad. Destaca en los cantes de Levante.

Zambo, Luis, el. Cantaor.

Jerez de la Frontera (Cádiz), 1949. Luis Fernández Soto. Pescadero de oficio, se dedica profesionalmente al cante desde hace pocos años. Profundo eco jerezano.

En la relación que precede no figuran artistas destacados en la interpretación de *sevillanas* por considerarlas un arte menor que no entra de lleno en lo que entendemos como verdadero flamenco.

Sin embargo, silenciar sus nombres por completo nos parece un exceso injustificado por dos razones fundamentales:

a) Por la musicalidad y gracia que encierra tanto el baile como el cante por sevillanas.

b) Por la extraordinaria popularidad de que gozan desde hace muchos años.

Debido a ello, nos parece oportuno y necesario orientar al lector también en este terreno dándole a conocer una lista de intérpretes que ofrecen absoluta garantía sin menoscabo de que, otros no mencionados, puedan igualmente poseerla.

Los nombres elegidos son:

Albahaca
Arrayán
Bordón 4
Brumas
Cantores de Hispalis
Conquero
Ecos de las marismas
Ecos del Rocío
El Mami
El Pali
Hermanos Reyes
Hermanos Toronjo
Jalea
Los Amigos de Gines
Los del Guadalquivir
Los Giraldillos
Los Marismeños
Los del Río
Los Rocieros
Los Romeros de Alcosa

Los Romeros de La Puebla
Los de la O
Los de Sevilla
Los de la Trocha
Manguara
Manuel Pareja Obregón
María de la Colina
María del Monte
No Madeja Do
Nuevos Trovadores
Paco Taranto
Pascual González
Rafael del Estad
Raya Real
Requiebros
Romero San Juan
Salmarina
Siempre Así
«Sevillanas de Oro»
(La serie completa de Hispavox.)

Señalamos por último que, al final del capítulo 9, se ofrece un Apéndice complementario con todos los artistas significativos dentro de las nuevas tendencias del flamenco y que no están comprendidos en la relación del capítulo 8.

Además de todos los artistas que aparecen en el apartado 8 «Figuras del flamenco de ayer y de hoy», también merecen citarse –porque tienen calidad suficiente– todos los que se relacionan a continuación, unos más veteranos y otros con un porvenir muy prometedor. Es posible que falte alguno por olvido involuntario.

Bailaoras/es

Adrián Galia. Adrián Jorge Caviglia Marcioni. Buenos Aires (Argentina), 1955.
Adrián Santana. Málaga, 1977.
Adriana Bilbao Zarraonandía. Bilbao.
Águeda Saavedra. Nerja (Málaga), 1995.
Aina Núñez Riera. Barcelona.
Aitana de los Reyes. Puerto de Santa María (Cádiz), 2001.
Alberto Sellés Hernández. San Fernando (Cádiz), 1991.
Alejandro Molinero. Madrid, 1989.
Alejandro Rodríguez García. Córdoba, 1983.
Alicia Márquez. Sevilla, 1972.
Almudena Serrano Fernández. Puerto de Santa María (Cádiz).
Ana Almagro Jiménez. Málaga, 1998.
Ana Calí. Ana Gómez. Granada, 1976.
Ana Pastrana Núñez. Archidona (Málaga), 1985.
Anamarga. Ana María García Pérez. Castro del Río (Córdoba), 1979.
Ángel Muñoz. Córdoba, 1973.
Antonio González Pulido. Andújar (Jaén).
Antonio Marín Delgado. Madrid, 1931-1987.
Beatriz Cruz del Alba. Sevilla, 1996.
Beatriz Rivero Pardal. Écija (Sevilla).
Borja Cortés Pulido. Málaga, 1994.
Carmela Greco. Carmen Greco Arroyo. Madrid.
Carmen del Titi. Carmen Rodriguez Vargas. Sevilla, 1928.
Carmen Herrera Gil. Jerez de la Frontera (Cádiz), 1985.
Carmen Lozano Cabrera. Morón de la Frontera (Sevilla).
Carmen Mesa. Encinas Reales (Córdoba), 1975.
Carmen Young. Aguas Calientes (México), 1992.
Clara Gutiérrez. Córdoba, 1988.
Claudia la Debla. Claudia Calle García. Barcelona, 2005.
Concha Jareño. Concepción Jareño Pradenas. Madrid, 1977.
Concha Vargas. Concepción Vargas Torres. Lebrija (Sevilla), 1956.

Cristina Aguilera. Granada, 1992.
Cristina Cazorla García. Madrid, 1997.
Cristina Lozano. Barcelona, 1979-
Cristina Zájara Gallardo. Conil de la Frontera (Cádiz), 1999.
Cristóbal Reyes Flores. Córdoba, 1943.
Chachi, La. María del Mar Suárez. Málaga, 1980.
Chamela, La. Isabel Ruiz de Villa. Barcelona.
Charo Espino. Rosario Espino. Sevilla, 1967.
Daniel Abreu. La Matanza de Acentejo (Santa Cruz de Tenerife), 1976.
Daniel Ramos López. Madrid, 1994.
David Coria. Sevilla, 1983.
David Gutiérrez Molina. Barcelona, 1994.
David Martín. Málaga, 1988.
David Pérez Almagro. Alcalá de Guadaíra (Sevilla), 1982.
David Vargas. David García Vargas. Granada, 2000.
Debla, La. Claudia Calle García. Barcelona, 2005.
Debla, La. Teresa Vázquez Gil. Morón de la Frontera (Sevilla).
Diego Llori Trujillo. Andújar (Jaén), 1966.
Estela Alonso. Madrid, 1991.
Eugenia de los Reyes Bermúdez. Sevilla.
Florencia Oz. Florencia O'Ryan Zúñiga. Santiago de Chile, 1987.
Francisco Hidalgo Calero. Algodonales (Cádiz), 1985.
Gabriel Matías. Poero Alegre (Brasil), 1994.
Gema Moneo. Jerez de la Frontera, 1991.
Gilma Navarra. Gilma García Daubón. Puerto Rico, 1921-2015.
Gloria del Rosario. Gloria García de Castro. Sevilla, 1995.
Guadalupe Torres. Madrid, 1983.
Helena Martín. Barcelona, 1975.
Inmaculada Aguilar Belmonte. Córdoba, 1958.
Irene la Sentío. Italia, 1991.
Irene Rueda. Granada, 1993.
Isaac Tovar. Luis Isaac Tovar Gago. La Rinconada (Sevilla).
Iván Orellana Domínguez. Ubrique (Cádiz), 1993.
Iván Vargas Heredia. Granada, 1985.

Jaime Cala Salas. Puerto de Santa María (Cádiz), 1969.

Jonatán Miró. Barcelona, 1981.

José Barrios. Córdoba, 1975.Madrid, 2020.

José Escarpín. Barcelona, 2001.

José Maldonado. Barcelona, 1986.

José Manuel Álvarez. Sevilla, 1985.

José Manuel Álvarez. Sevilla, 1985.

José Rafael Maya Serrano. Madrid, 1983.

Juan Antonio Tejero. Jerez de la Frontera (Cádiz), 1988.

Juan Carlos Avecilla Gómez. Chiclana de la Frontera (Cádiz), 1991.

Juan José Villar Gómez. Cádiz, 1996.

Juan Paredes. Sevilla, 1965.

Juan Tomás de la Molía. Juan Tomás Domínguez Cancela. Trebujena (Cádiz), 2000.

Julio Ruiz. Roquetas de Mar (Almería), 1993.

Karen Lugo. Karen Rubio Lugo. Guadalajara (México).

Karime Amaya. México, 1985.

Laura Santamaría. Niza (Francia), 1989.

Lebri. José Luis Vidal. Lebrija (Sevilla), 1975.

Lorena Oliva. Barcelona, 1989.

Lucía la Bronce. Lucía Fernández. Sevilla, 2000.

Luz Arcas. Málaga, 1983.

Macarena López. Sevilla, 1990.

Manuel Jiménez Montes. Córdoba, 1997.

Manuel Reyes Maya. Madrid, 1974.

Manuela Carpio. Manuela Moneo Carpio. Jerez de la Frontera (Cádiz), 1968.

Manuela Carrasco Junior o Hija. Manuela Amador Carrasco. Sevilla, 1988.

Manuela Ríos. Sevilla, 1970.

María Canea. María Vázquez Aguilar. San Juan del Puerto (Huelva), 1990.

María Carrasco. Madrid, 1971.

María Cruz Paniagua. Madrid, 2001.

María del Mar Ramírez. María del Mar López Ramírez. Jerez
de la Frontera (Cádiz), 1973.
María José León. También canta. Écija (Sevilla), 1984.
María Reyes. Puerto de Santa María (Cádiz), 1991.
Mariano Bernal Montero. El Trobal/Los Palacios (Sevilla), 1978.
Maribel Gallardo Gómez. Cádiz, 1961.
Mariko. Mari Matsumoto. Tokio, 1969.
Marquesita, La. Ana María Márquez Heredia. Sevilla.
Mercedes Alcalá Notario. Algeciras (Cádiz), 1968.
Mercedes Morón. Morón de la Frontera (Sevilla), 1974.
Miguel Ángel Heredia. Jerez de la Frontera (Cádiz), 1985.
Miguel El Rubio. Miguel Ángel Ramos. Sevilla.
Miguel Ortega. Miguel Pérez Ortega. Los Palacios (Sevilla),
1995
Momo Moneo. Juan José Fajardo Moneo. Jerez de la Frontera
(Cádiz), 1981.
Nazaret Reyes Amaya. Sevilla, 1993.
Negra, La. Sandra Guerrero Toril. Sevilla, 1977.
Noé Barroso. Madrid, 1981.
Noelia Jiménez de la Rosa. Ubrique (Cádiz), 1985.
Noelia Sabarea. Algeciras (Cádiz), 1975.
Oruco, El. José Manuel Ramos. Sevilla, 1987.
Óscar de los Reyes. Sevilla, 1987.
Paco Mora. Francisco Eduardo Jiménez Mora. Málaga, 1973.
Paloma Fantova. Puerto Real (Cádiz), 1989.
Paloma Narín Fernández. Madrid, 1959.
Paola Almodóvar. Motril (Granada), 1995.
Paula Sierra. San Fernando (Cádiz), 2001.
Pepa la Calzona. Josefa Filigrana Moreno. Sevilla.
Petete. Antonio Amaya. Sevilla.
Pilar Albarrán. Sevilla, 1968.
Pol Vaquero. Córdoba, 1980.
Polito, El. Antonio Moreno Fernández. Sevilla, 1991.
Rafael Ortega Monge. Gelves (Sevilla), 1894-Sevilla, 1973.
Rafael Peral Vázquez. Barcelona.

Ramón Martínez Rama. Málaga, 1975.

Rapico. José Gómez Carmona. Palma de Mallorca, 1989.

Rebeca Monasterio García. Barcelona, 1998.

Ricardo Moro. Madrid, 1989.

Rin, El. José de los Reyes Fernández. Jerez de la Frontera (Cádiz), 1971.

Rocío Montoya. Granada, 1981,

Rocío Romero. Rocío García Romero. Jerez de la Frontera (Cádiz), 1985.

Rosa María Belmonte. Sevilla.

Salomé Ramírez. Jerez de la Frontera (Cádiz), 1990.

Sara Cano. Talavera de la Reina (Toledo), 1979.

Sara Jiménez Andrés. Granada, 1989.

Sara Sánchez Rico. Motril (Granada), 2004.

Saray García. Jerez de la Frontera (Cádiz), 1986.

Shica, La. Elsa Rovayo. Ceuta, 976. (También canta.)

Shoji Kojima. Tojushima (Japón), 1939,

Sofía de Utrera. Sofía Suárez Arenas. Utrera (Sevilla), 2000.

Susana Casas. Sevilla, 1977.

Tere, La. Teresa Maya Cortés. Granada, 1920-Madrid, 1994.

Tete, El. Ricardo Fernández Ribas. Badalona, 2000.

Toni Moñiz López. Barcelona, 1976.

Vanesa Aibar Gallego. Villanueva del Arzobispo (Jaén), 1983.

Víctor Martín Rueda. Málaga, 1993.

Yinka Esi Greaves. Londres, 1983.

Yolanda Lorenzo. Ámsterdam, 1967.

Yolanda Osuna Linares. Córdoba, 1981.

Yu Hsien Hsueh. Taipéi (Taiwán), 1995.

Cantaoras/es

Agujetas Chico. Antonio Dorrey de los Santos. Jerez de la Frontera (Cádiz), 1980.

Alfonso Salmerón Salmerón. Almería, 1944-

Almendro, El. Alberto Sánchez Sánchez. Jerez de la Frontera (Cádiz), 1974,

Almendro, El. Jesús Soto Pantoja.

Álvaro Romero. Álvaro Ramírez Romero. Puerto de Santa María (Cádiz), 1983.

Ana Caro. Ana García Caro. Huelva, 1983.

Ana la Turronera. Ana Mancheño Peña. Lebrija (Sevilla), 1941.

Ana Ramón. Ana María Ramón. Córdoba, 1971.

Anabel de Vico. Ana Isabel Rodríguez Rosado. Los Palacios (Sevilla), 1976.

Anabel Rivera. Ana Isabel Rivera. Cádiz, 1976.

Anabel Rodríguez Rosado. Los Palacios (Sevilla), 1976.

Andrés de Jerez. Andrés González. Jerez de la Frontera (Cádiz), 1964.

Andrés Lozano Gil. Manilva (Málaga), 1951.

Ángeles Toledano. María de los Ángeles Martínez Toledano. Villanueva de la Reina (Jaén), 1995.

Angelita Montoya Rodríguez. Sevilla, 1971.

Antonio Agujeta. Antonio de los Santos Bermúdez. Jerez de la Frontera (Cádiz), 1962-2023.

Antonio Campos Muñoz. También toca. Tarragona, 1972.

Antonio Lizana. También saxofonista. San Fernando (Cádiz), 1983.

Antonio Madreles Mera. Algeciras (Cádiz), 1949

Antonio Nieto Fernández. Lucena (Córdoba), 1977

Antonio Ortega Hijo. Antonio Ortega Jiménez. Mairena del Alcor (Sevilla), 1976.

Araceli Campillos Muñoz. Lucena (Córdoba), 1994.

Asunción Demartos. Sevilla, 1975.

Baldomero Cortés Heredia. Niño de Gloria. Adra (Almería), 1995.

Beatriz Romero. Palos de la Frontera (Huelva), 1996.

Berenjeno, El. José Montoya Carpio. Jerez de la Frontera (Cádiz), 1994.

Bernardo Miranda Luna. Fernán Núñez (Córdoba), 1988.

Bizco Amate, El. Enrique Guillén Cascajosa. Sevilla, 1917-1948.

Bocaíllo. Antonio Campos Saavedra. Barcelona, 1983.

Bola, El. Ismael de la Rosa González. Sevilla, 1995.

Boleco, El. José Antonio Laguna Molina. La Puebla de Cazalla (Sevilla), 2001.

Borrico, El. Manuel Fernández Carrasco. Jerez de la Frontera (Cádiz), 1970.

Boterita, La. Rocío López Cuenca. Almogía (Málaga), 1986.

Califa, El. Antonio García Gómez. Córdoba, 1951.

Calli, El. José Plantón Moreno. Córdoba, 1953-2021.

Cancu, El. Antonio Moreno Maya. Sevilla, 1978.

Candié. Jaime Villar Vázquez. Jerez de la Frontera (Cádiz), 1976.

Canela Hijo. José Segovia Cortés. San Roque (Cádiz), 1977.

Canijo de Jerez, El. Marcos del Ojo Barroso. Jerez de la Frontera (Cádiz), 1982.

Cano, El. José Joaquín Moreno. Berlanga (Badajoz), 1979.

Caracolillo de Cádiz. Esteban Guerrero Aragón. Cádiz, 1977.

Carlos Cruz Maculet. Villacarrillo (Jaén), 1946.

Carmen Amador Jiménez. Barcelona, 1986.

Carmen Corpas Martín. Málaga, 1959.

Carmen Grilo Mateos. Jerez de la Frontera (Cádiz), 1984.

Celeste Montes. Badajoz, 1993.

Celia Romero Algaba. Herrera del Duque (Badajoz), 1995.

Concha Janeiro. Concepción Janeiro Pradenas. Madrid, 1977.

Cotorro, El. Manuel Romero Jiménez. Pedrera (Sevilla), 1980.

Cristina Soler Gago. Huelva, 1989.

Curro de la Morena. Francisco Carrasco Vargas. Jerez de la Frontera (Cádiz).

Curro Lucena. Francisco de Paula Luna Navarro. Lucena (Córdoba), 1950.

Chanito, El. Ezequiel Montoya Jiménez. Sevilla.

Chanquita, El. Pedro Montoya Junquera. Jerez (Cádiz), 2003.

Chato de Vélez. Antonio Fernández Torres. Nacido en Francia, criado en Vélez Málaga (Málaga).

Chiqui de la Línea. José Miguel Vizcaya Sánchez. La Línea de la Concepción (Cádiz)

Chiquito de Cádiz. Servando Domínguez Carrión. Cádiz, 1931.

Dani Llamas. Jerez de la Frontera (Cádiz), 1980.

David Carpio. Jerez de la Frontera (Cádiz), 1975.

David de Jacoba. David Maldonado Santiago. Motril (Granada), 1985.

Diego Agujeta. Diego De los Santos Pastor. Rota (Cádiz), 1945.

Diego el Boquerón. Diego Vargas Camacho. Triana (Sevilla), 1945.

Diego el Cabrillero. Diego Amaya Núñez. Utrera (Sevilla), 1944.

Distinguido, El. Juan Carmona Fernández Santa Cruz. Los Palacios (Sevilla).

Duende, El. Joaquín Gómez. Barcelona, 1984.

Edu Hidalgo. Eduardo Hidalgo Fort. Valdivia (Badajoz), 1986.

Elena de Morón. Elena Barreras Rojas. Morón de la Frontera (Sevilla), 2000.

Encarna Anillo Salazar. Cádiz, 1983.

Enrique Pantoja Monge. También baila. Jerez de la Frontera (Cádiz), 1947.

Enrique Soto Barea. Jerez de la Frontera (Cádiz).

Esmeralda de Rancapino. Esmeralda Torres Núñez. Puerto de Santa María (Cádiz), 2006.

Esperanza la del Maera. Esperanza García. Sevilla 1922-2001.

Estrella de Manuela. Estrella Rodríguez Molina. Granada, 2006.

Eva de Rubichi. Eva María Sánchez Navarro. Jerez de la Frontera (Cádiz).

Eva Durán. También baila. Estepona (Málaga), 1966.

Eva Mengibar. Eva María García Mengibar. Sevilla, 1975.

Ezequiel Montoya. Sevilla, 1998.

Fabi, La. Fabiola Pérez. Arcos de la Frontera (Cádiz), 1982.

Fanía Zarzana. Estefanía Zarzana Márquez. Jerez de la Frontera (Cádiz), 1993.

Felipa del Moreno. Felipa Medrano Lara. Jerez de la Frontera
(Cádiz), 1980.

Fernanda Peña Funi. Lebrija, 1996.

Fernando Pañero. Fernando Segovia Cortés. San Roque (Cádiz), 1985.

Fernando Soto Valencia. Jerez de la Frontera (Cádiz).

Galli, El. David Sánchez Medina. Barcelona, 1978.

Gema Caballero Garzón. Granada, 1997.

Herminia Borja Gabarri. También baila. Sevilla.

Ingueta Rubio. Antonio Carmona Carmona. Madrid, 1977.

Inma la Carbonera. María Concepción Jacquot Rivero. Sevilla.

Iván Carpio. Jerez, 1999.

Jaime Candié. Jaime Villar Vázquez. Jerez de la Frontera (Cádiz), 1976.

Jaime el Parrón. Jaime Heredia Amaya. Granada, 1955.

Jesús Castilla Rey. San Fernando (Cádiz), 1974.

Jesús Corbacho Vázquez. Huelva, 1986.

Joaquín el Zambo. Joaquín Fernández Soto. Jerez de la Frontera (Cádiz), 1957.

Jonathan Reyes Jiménez. Sevilla.

José Anillo Salazar. Cádiz, 1978.

José Antonio Nieto Fernández. Lucena (Córdoba), 1977.

José Canela. José Segovia Cortés. San Roque (Cádiz), 1977.

José de los Camarones. José Galán García. Jerez de la Frontera
(Cádiz), 1955.

José del Calli. José Plantón Heredia. Córdoba, 1990.

José Gálvez. También toca. Jerez de la Frontera (Cádiz), 1977.

José Luis Pérez Vera. También baila y toca guitarra y piano.
Sevilla, 1974.

José Méndez. José Peña Méndez. Jerez de la Frontera (Cádiz),
1966.

José Parrondo. José Fernández Parrondo. Carmona (Sevilla),
1950.

Joselete de Linares. José Heredia Heredia. Linares (Jaén), 1959

Juan Cantero. Juan Jiménez Salazar.

Juan de Mairena. Juan José Navarro Calleja. Mairena del Alcor (Sevilla), 1985.

Juan de María. Jerez de la Frontera (Cádiz), 1990.

Juan Debel. Sanlúcar de Barrameda (Cádiz), 1985.

Juan el Charri. Juan Jiménez Domínguez. Mairena del Alcor (Sevilla), 1952.

Juan el de la Vara. Juan Amaya Cruz. Barcelona, 1938.

Juan Fernández González. También. Baila. Puerto de Santa María (Cádiz), 1984.

Juan Meneses. Juan Meneses de la Vega. Cazalla de la Sierra (Sevilla), 1975-2020.

Juan Murube. Juan Manuel Hidalgo Murube. Sevilla, 1978.

Juan Zarzuela. Jerez de la Frontera (Cádiz), 1980.

Juanfran Carrasco. Juan Francisco Carrasco. Santa Amalia (Badajoz), 1994.

Juanito Berrocal Sánchez. Medina Sidonia (Cádiz), 1974.

Juanito Macandé. Juan Medina Herraiz. La Línea de la Concepción (Cádiz), 1982.

Juañarito. Juan Carrasco Rodríguez. Jerez de la Frontera (Cádiz), 1994.

Kiki Morente. Enrique Morente Carbonell. Granada, 1989.

Kiko Peña. Francisco Javier Peña García de Soria. Écija (Sevilla), 1995.

Kina Méndez. Dolores Ruiz Méndez. Jerez de la Frontera (Cádiz), 1978.

Laura Marchal Arjona. Alcalá la Real (Jaén), 1995.

Lela Soto. Rafaela Soto Bermúdez. Madrid, 1992.

Lele, El. Fernando Cortés. Linares (Jaén), 1947.

Leo Triviño. Madrid, 1974.

Lidia Hernández Fernández. Jerez de la Frontera (Cádiz), 1984.

Lidia Mira Montero. Villaverde del Río (Sevilla), 1987.

Lidia Rodríguez González. Paradas (Sevilla), 1997.

Lucía Beltrán Sedano. Trigueros (Huelva), 2004.

Luis de Mateo. Luis Montoya. Algeciras (Cádiz)

Luis de Periquín. Luis Carrasco. También toca. Jerez de la Frontera (Cádiz), 1983.

Luis Moneo Lara. Jerez de la Frontera (Cádiz), 1961. Es también guitarrista.

Luis Peña García. Sevilla, 1976.

Luis Perdiguero Ruiz. Málaga, 1979.

Luisa Muñoz. Montpellier (Francia), 1977.

Luquitas de Marchena. Lucas Soto Martín. Linares, 1913-1965.

Macarena de Jerez. Macarena Márquez Rodríguez. Jerez de la Frontera (Cádiz), 1976.

Macarena de la Torre. Almonte (Huelva).

Maise Márquez. María José Pérez Pérez. Alcantarilla (Murcia), 1986.

Maloko. Manuel Soto Carrasco. Jerez de la Frontera (Cádiz), 1986. Cantaor-cantante.

Manuel Agujetas hijo. Manuel de los Santos Bermúdez. Jerez de la Frontera (Cádiz).

Manuel Cordero Campos. Las Cabezas de San Juan (Sevilla), 1959.

Manuel Cuevas González. Osuna (Sevilla), 1996.

Manuel de Cantarote. Manuel Moreno Peña. Jerez de la Frontera (Cádiz), 1996.

Manuel de la Curra. Manuel Chacón Carrasco. También toca. Jerez de la Frontera (Cádiz), 1979.

Manuel de la Fragua. Manuel Garrido Fernández. Jerez de la Frontera (Cádiz), 1988.

Manuel de la Nina. Manuel Marín Valencia. Jerez de la Frontera (Cádiz), 1995.

Manuel de la Tomasa. Manuel Gregorio Fernández. Sevilla, 1999.

Manuel Herrera Vega. San José de la Rinconada (Sevilla), 2003.

Manuel Lorente Rivas. Vélez Benaudalla (Granada), 1956.

Manuel Peralta Flores. También toca. San Roque (Cádiz), 1995.

Manuel Pinela. Manuel García Paredes. Campanario (Badajoz).

Manuel Tañé. Jerez de la Frontera (Cádiz), 1978.

Manuela Cordero López. Rota (Cádiz), 1973.

Mara Rey Navas. Madrid, 1979.

Marcelo Sousa. Guillena (Sevilla), 1949.

Marelu La. Magdalena Montañez Salazar. Badajoz, 1952.

Mari Peña. María del Carmen Romero Peña. Utrera (Sevilla).

María Bala. María Soto Monge. Jerez de la Frontera (Cádiz), 1933-2014.

María Carrasco Jiménez. Torrecera (Cádiz), 1995.

María del Rocío Segura López. Almería, 1979.

María José Santiago Medina. Jerez de la Frontera (Cádiz), 1962.

María Toledano. María de los Ángeles Martínez Toledano. Villanueva de la Reina (Jaén), 1995.

María Vizárraga Jiménez. Sevilla.

Marian Fernández Martín. Granada, 1992. Marisol Bizcocho. Coria del Río (Sevilla), 1993.

Mateo Soleá. Mateo Jiménez Soto. Jerez de la Frontera (Cádiz), 1951.

Maui. María Luisa Ramírez Arjona. Utrera (Sevilla), 1977. También toca el violonchelo y la guitarra.

Miguel de la Tolea. Miguel Ángel Montero Martín. Barcelona, 1977.

Miguel El Rubio. Miguel Carmona. La Línea de la Concepción (Cádiz).

Miguel Salado. Jerez de la Frontera (Cádiz), 1981.

Mijita Hijo, El. José Carpio Fernández. Jerez de la Frontera (Cádiz) 1982.

Mijita, El. Alfonso Carpio Gallardo. Jerez de la Frontera (Cádiz), 1951.

Montse Pérez. Montserrat Pérez Rodríguez. Almería, 1978.

Moñi, El. Israel Paz Domínguez. Madrid, 1977.

Morenito Hijo. José Campos Cortés. La Línea de la Concepción (Cádiz), 1994.

Moreno, El. Juan Fernández Flores. Almonte (Huelva), 1958.

Naike Ponce González. Sanlúcar de Barrameda (Cádiz), 1984.

Natalia Segura Vargas. Paradas (Sevilla).

Negri, El. Enrique Heredia. Madrid, 1972.

Negri, La. Noelia Heredia González. Madrid, 1980.

Niña de Antequera, La. María Jesús Barrus Martínez. Antequera (Málaga), 1921-Sevilla, 1972.

Niña de Bolívar. Rafelin Palacios. Ciudad de Bolívar (Venezuela), 1972.

Niño de la Fragua. Pedro Garrido Fernández. Jerez de la Frontera (Cádiz), 1983.

Niño de la Rosa Fina, El. Francisco Doncel Quirós. Casares (Málaga), 1896-1981.

Niño de Orihuela. Alejandro Cintas Sarmiento. Sorihuela de Guadalimar (Jaén), 1927.

Niño Rosa, El. Antonio Gallardo Gallego. Morón de la Frontera (Sevilla), 1922-2021.

Noelia de los Ríos Pérez. Puerto de Santa María (Cádiz).

Pablo Padilla. Pablo Coronilla Padilla. Jerez de la Frontera (Cádiz), 1987.

Paco Candela. Mairena del Aljarafe (Sevilla), 1971.

Paco del Pozo. Francisco del Pozo Carpintero. Madrid, 1975

Paqui Corpas. Francisca Corpas Martín. Colmenar (Málaga), 1955.

Paqui Ríos. Francisca Ríos Corral. Málaga, 1970.

Parrondo. José Fernández Parrondo. Carmona (Sevilla), 1950.

Pechuguita, El. José Manuel Astárida Delgado. San Juan de Aznalfarache (Sevilla), 1993.

Pedro Cintas Rodríguez. La Albuera (Badajoz), 1976.

Pedro Obregón. Pedro Jesús Obregón Uceda. Fernán Núñez (Córdoba), 1975.

Pedro Peralta. Pedro Bermejo Plata. Cáceres, 1971.

Pepa Vargas. Josefa Vargas Torres. Lebrija (Sevilla), 1945-Camas (Sevilla), 2022.

Pepe de la Joaquina. José Vargas Fernández. También baila. Jerez de la Frontera (Cádiz), 1954.

Pepe de Pura. Sevilla.

Pepe Valencia. José García González. Sevilla, 1909-1981.

Perico el Pañero. Pedro Lérida López. Algeciras (Cádiz), 1974.

Perla de Triana, La. Antonia Morales Jiménez. Sevilla, 1897-1972.

Perrete, El. Francisco Escudero Márquez. Lanzarote, 1992.

Perrito de Paterna, El. José Antonio Romero Pérez. Cádiz, 1989.

Piculabe, Enrique el. Enrique Bermúdez. Madrid, 1981.

Pulga, El. Antonio Núñez. Chiclana de la Frontera (Cádiz).

Pura de Pura. Pura Navarro. Sevilla, 1992.

Purili, El. Alonso Núñez Heredia. La Línea de la Concepción (Cádiz), 2000.

Quincalla, El. Manuel Vera Parrilla. Paradas (Sevilla), 1952.

Quini, El. Joaquín Marín Flores. Jerez de la Frontera (Cádiz), 1980.

Rafael del Calli. Rafael Plantón Heredia. Córdoba, 1993.

Rafita de Madrid. Rafael Jiménez Jiménez. Madrid, 1981.

Raquel Cantero Díaz. Cáceres, 1978.

Remache de Málaga. Enrique Ruiz Carrasco. Jerez de la Frontera (Cádiz), 1990.

Remedios Reyes Montoya. Chiclana de la Frontera (Cádiz), 1979.

Rerre, El. Eduardo Arahal Gómez. Los Palacios (Sevilla), 1920-Dos Hermanas (Sevilla), 2003.

Reyes Carrasco. Reyes Díaz Ruiz. Los Palacios (Sevilla), 2006.

Rosa Quiñones Curado. Las Cabezas de San Juan (Sevilla).

Rubio de Pruna. Antonio Flores Cortés. Córdoba, 1983.

Rubito Hijo. Manuel González Cabrera. La Puebla de Cazalla (Sevilla), 1980.

Salvador Gutiérrez. Écija (Sevilla), 1970.

Samuel Serrano. Samuel Pimentel Serrano. Chipiona (Cádiz), 1994.

Sandra Carrasco Tavira. Huelva, 1981.

Sara Corea. Sara García Romero. Cardeña (Córdoba), 1988.

Sara Salado Pañomo. Jerez de la Frontera (Cádiz), 1983.

Saúl Quirós. Madrid, 1983.

Sebastián Cruz Márquez. Beas (Huelva), 1977.

Sergio el Colorao. Sergio Gómez Delgado. Granada, 1985.

Soleá Morente. Soledad Morente Carbonell. Madrid, 1985.

Sonia Miranda García. Isla Mayor (Sevilla), 1974.

Susana Romero Alonso. Vejer de la Frontera (Cádiz).

Tamara Aguilera Garamendi. Puebla del Río (Sevilla), 1989.

Tamara Tañé. Tamara López Creo. Jerez de la Frontera (Cádiz), 1984.

Tana, La. Victoria Santiago Vargas. Sevilla, 1973.

Thais Hernández. Sant Boi de Llobregat (Barcelona), 1988-Llobregat (Barcelona, 2023).

Tolo, El. Antonio Peña Carpio. Jerez de la Frontera (Cádiz), 1972.

Tomás Rubichi. Tomás Bernal de los Santos. Jerez de la Frontera (Cádiz), 1974.

Tomasa Peña Santiago. Jerez de la Frontera (Cádiz), 1996.

Troya, El. Raúl Alcántara. Palenciana (Córdoba), 1981.

Turry, El. Antonio Ricardo Gómez Muñoz. Almuñécar (Granada), 1987.

Vicente Gelo. Vicente Muñoz Gelo. Albaida del Aljarafe (Sevilla), 1976.

Wilo del Puerto. Jorge Rodríguez Ramírez. Puerto de Santa María (Cádiz).

Zaira Malena. Zaira Moreno. Jerez de la Frontera (Cádiz), 1990.

Zamara Carrasco. Zamara Amador Carrasco. También baila. Sevilla, 1979

Zarzuelita de Jerez. Juan Zarzuela. Jerez de la Frontera (Cádiz), 1980.

Guitarristas

Agujetas Chico. Antonio Dorrey de los Santos. También canta. Jerez de la Frontera (Cádiz), 1980.

Alba Espert Ruiz. Jerez de la Frontera (Cádiz), 1997.

Alberto López. Baza (Granada), 1990.

Alejandro Hurtado García. San Vicente del Raspeig (Alicante), 1984.

Alejandro Mendoza. Cádiz, 1993.

Alfredo Benítez Valle. Jerez de la Frontera (Cádiz), 1948-2020.

Alfredo Nesa. Mascarenas (Granada), 1981.

Amir John Haddad. Friburgo (Alemania), 1975.

Andrea Salcedo. Ciudad Guzmán. Jalisco (México), 1995.

Andrés Martínez Tercero. Elda (Alicante), 1961.

Ané Carreasco. Ané Carrasco Molina. Jerez de la Frontera (Cádiz), Guitarrista-percusionista.

Ángel Flores Trujillo. Torrejón de Ardoz (Madrid), 1998.

Antón Jiménez Cortés. Madrid, 1975.

Antonio de la Luz. Antonio Montalbán Muñoz. Granada, 1986.

Antonio de Patrocinio. Antonio Luque Espejo. Córdoba, 1973.

Antonio Gámez Martos. Sevilla, 1963.

Antonio García de Diego. También pianista, armonicista y compositor. Los Cerralbos (Toledo), 1949.

Antonio García de Quero. Almería, 1991.

Antonio Higuero. Jerez de la Frontera (Cádiz), 1969.

Antonio La Luz. Antonio Montalbán Muñoz. Granada, 1986.

Antonio Malena. Antonio Carrasco Vargas. Lebrija (Sevilla), 1969

Antonio Núñez Buhigas. Puerto de Santa María (Cádiz), 1948.

Antonio Sánchez. Madrid, 1984.

Antonio Solera. Juan Antonio Zafra Moreno. Granada 1952.

Belén Novelli. Perpiñán (Francia), 1995-Valencia, 2015.

Benito Bernal. Villanueva de los Castillejos (Huelva), 1998.

Camarón de Pitita. Andrés Carmona Silva. La Línea de la Concepción (Cádiz), 1968.

Camborio. Juan Carmona Amaya. Granada, 1960.

Can Wang. Pekín, 1992.

Canijo, El. José Antonio López Pedregosa. Córdoba, 1963.

Canito. Juan Antonio Suárez Cano. Barcelona, 1971.

Carlos de Jacoba. Carlos Maldonado Santiago. Motril (Granada), 1983.

Claudio Villanueva. Santiago de Chile, 1980.

Cristian de Moret. Cristian Luque Gómez. Punta Umbría (Huelva), 1988. Es también cantante e instrumentista.

Curro de Jerez. Francisco Fernández Loreto. Jerez de la Frontera (Cádiz), 1949-2014.

Curro de María. Francisco Daniel Fernández Doblas. Málaga, 1976.

Chano Carrasco. Sebastián Carrasco Vargas. Jerez de la Frontera (Cádiz).

Chaparro de Málaga, El. José Antonio Conejo Vida. Málaga, 1871.

Chaparro Hijo. Rafael Montilla. Córdoba, 1976.

Chino, El. Juan Manuel Cadenas Castillo. Lanjejuela (Sevilla), 1976.

Chino, El. Manuel Delgado Suárez. Sevilla.

David Caro Torralba. Almería, 1992.

David Cerreduela.

David de Arahal

David Jiménez Abadía. Madrid.

David Pérez Almagro. Alcalá de Guadaíra (Sevilla), 1982.

David Pérez Martínez. Valencia.

Davinia Ballesteros Sojo. Málaga, 1982.

Didier Macho Chacón. Puerto Real (Cádiz), 1997.

Diego Montoya Caparrós. La Línea de la Concepción (Cádiz), 1951.

Domingo Rubichi. Domingo de los Santos. Jerez de la Frontera (Cádiz), 1971.

Eduardo Pacheco. Eduardo Espín Pacheco. Madrid, 1984.

Emilio de Diego. Madrid, 1943.

Fernando Carrasco Carrasco. Jerez de la Frontera (Cádiz), 1081.

Fernando de la Morena hijo. Fernando Carrasco Carrasco. Jerez de la Frontera (Cádiz), 1985.

Fernando del Morao. Fernando Romero Moreno. Jerez de la Frontera (Cádiz), 1991.

Fernando Moreno Barba. Jerez de las Frontera (Cádiz), 1960.

Fity. José Antonio Carrillo de Mora. Sevilla, 1969.

Fran Moya. Francisco Javier Moya Olea. Málaga, 1985.

Francis Gómez. Moguer (Huelva), 1988.

Francisco Miguel Vinuesa Gambero. Málaga, 1985.

Gabriel Cabrera Piñero. Alcalá de los Gazules (Cádiz), 1962.

Guitarrica de la Fuente. Álvaro Lafuente. También canta. Benicasim (Castellón), 2000.

Ignacio de Amparo. Morón de la Frontera (Sevilla), 1967.

Isaac Muñoz Casado. Córdoba, 1980.

Ismael Heredia. Ismael Morales Domínguez. Jerez de la Frontera (Cádiz), 1981.

Jerito Carrasco. Manuel Carrasco Ruiz. Jerez de la Frontera (Cádiz), 1995.

Jesús el Guardia. Jesús Agarrado Castro. Jerez de la Frontera (Cádiz), 1967-

Jesús Guerrero Fontao. Cádiz, 1985.

Jesús Rodríguez Rojas. Mairena del Alcor (Sevilla), 1994.

Jesús Torres Alhama. Baracaldo (Vizcaya), 1965.

Joni Jiménez. Jonathan Jiménez García. Madrid, 1990.

José Almarcha Márquez. Tomelloso (Ciudad Real.)

José Carlos Gómez. Algeciras (Cádiz), 1972.

José de Pura. José Antonio Núñez Heredia. Chiclana de la Frontera (Cádiz), 1987.

José Fermín Fernández Fernández. Granada, 1995.

José Gálvez del Valle. Jerez de la Frontera (Cádiz), 1977.

José Luis Balao Pinteño. Jerez de la Frontera (Cádiz), 1938.

José Manuel León. Algeciras (Cádiz), 1979.

José María Bandera Sánchez. Algeciras (Cádiz), 1960.

José María Molero Zayas. Jerez de la Frontera (Cádiz), 1953-2021.

José Tomás Jiménez. Membrilla (Ciudad Teal), 1988.

José Torres Vicente. Elche (Alicante), 1983.

Josete Ordóñez. José Luis Ordóñez Gil. Madrid, 1963.

Juan Diego Mateos Reina. Jerez de la Frontera (Cádiz), 1969.

Juan Jiménez Abadía. Madrid.

Juan Manuel Moneo Carrasco. Jerez de la Frontera (Cádiz), 1979

Juan Parrilla. Juan Fernández Molina. Jerez de la Frontera (Cádiz), 1943.

Juanito Campos Saa. Sevilla, 1981.

Juanma el Tomate. Juan Manuel Muñoz. Córdoba, 1970.

Juanpe Carabante. Jerez de la Frontera (Cádiz).

Keko Baldomero. Cádiz, 1984.

Kuki, El. Antonio Peralta Flores. San Roque (Cádiz).

Kuko, El. Antonio Peralta Flores. San Roque (Cádiz).

Laura González Toledano. Fernán Núñez (Córdoba), 1980.

Lola Yang. Yi Yang. Shanghái.

Lucas Carmona Reyes. Madrid, 1994.

Luis Mariano Renedo de Lucas. Granada, 1975

Luis Medina. Córdoba, 1990.

Luis Pérez. Luis Víctor Pérez. Jaén, 1979.

Manuel Cerpa. Manuel Jesús Cerpa González. Chipiona (Cádiz), 2003.

Manuel de la Luz Vázquez. Huelva, 1980.

Manuel Heredia. Jerez de la Frontera (Cádiz), 1993.

Manuel Jero. Manuel Carrasco Ruiz. Jerez de la Frontera (Cádiz), 1974.

Manuel Valencia Medrano. Jerez de la Frontera (Cádiz), 1984.

Marc López Fernández. Barcelona, 1995.

Marcos de Silvia. Marcos Gago Pino. Jerez de la Frontera (Cádiz), 2007.

Marcos Palometas. Granada, 1983.

María de la Colina. María Domínguez Martínez. Villamanrique de la Condesa (Sevilla), 1956.

María Marín. También canta. Utrera (Sevilla).

Mario Márquez Aguilar. Arcos de la Frontera. (Cádiz), 2008.

Marta Robles. Sevilla, 1976.

Miguel Chamizo. Málaga, 1962.

Miguel Pérez García. Sevilla, 1960.

Miguel Salado. Jerez de la Frontera (Cádiz), 1981.

Nani, El. Eugenio Jiménez Cerreduela. Madrid, 1947.

Nicolás Díaz Liñán. Palma del Río (Córdoba), 1993.

Niño Carufo. Antonio Jesús Herrera Vega. Mijas (Málaga), 1990.

Niño de la Leo, El. Joaquín Linera Cortés. Cádiz, 1965.

Niño Manuel. Manuel López Romero. Sanlúcar de Barrameda (Cádiz).

Nono Jero. Antonio Francisco Carrasco Sanantón. Jerez de la Frontera (Cádiz), 1986.

Ñoño. Antonio Santiago Sánchez. Utrera (Sevilla), 1986.

Óscar Lago. Cádiz, 1981.

Pablo de Puerto Real. Pablo Heredia Delgado. Puerto Real (Cádiz), 2001.

Pablo San Nicasio Ramos. Cádiz. Madrid, 1982.

Paco Arriaga. Francisco Arriaga Hurtado.

Paco Cruzado. Francisco Manuel Cruzado Fernández. Huelva, 1972.

Paco de Amparo. Francisco Zamprana Torres. Morón de la Frontera (Sevilla), 1969.

Paco Escobar. Francisco Javier Escobar Borrego. Sevilla, 1974.

Paco Heredia. Francisco Heredia Torres. Barcelona, 1979.

Paco León. Francisco León Gallardo. Puerto de Santa María (Cádiz), 1991.

Paco Peña. Francisco Peña Pérez. Córdoba, 1942.

Paco Soto. Francisco Soto Ivars. Águilas (Murcia), 1991.

Paco Vidal. Sanlúcar de Barrameda (Cádiz), 1980.

Paquete. Juan José Suárez Salazar. Madrid, 1966.

Pati, El. Manuel Vega Cruz. Jerez de la Frontera (Cádiz), 1983.

Patrocinio Hijo. Antonio Luque Espejo. Córdoba, 1973.

Pedro Barragán Hernández. Barcelona, 1979.

Pepe del Morao. Jerez de la Frontera (Cádiz), 1986.

Pepe Sanz. José Sanz Urbano. Huelva.

Perla, El. Raúl López Mestre. Sevilla, 1979.

Pino Losada. Diego Antonio Fernández Montoya. Madrid.

Pituquete. Andrés Hernández Infante. Santiago de Chile, 1982.

Ramón Jesús Díaz Pérez. Alosno (Huelva), 1967.

Ramón Rivera Ruiz. Adra (Almería).

Ramón Trujillo Rosa. Jerez de la Frontera (Cádiz), 1967.

Raúl Cantizano. Sevilla, 1973.

Rubén Campos Campos. Granada, 1982.

Rubén Lara Cruces. Cañete la Real (Málaga), 1996.

Salustiana, La. Inmaculada Morales Peinado. Castillo de Locubín (Jaén).

Salvador Gutiérrez Aguilar. Écija (Sevilla), 1970.

Santiago Moreno Benítez. Jerez de la Frontera (Cádiz).

Sergio el Colorao. Sergio Gómez. Granada, 1985.

Tomate, El. Miguel Fernández Cortés. Almería, 1904-Huelva, 1980.

Torero, El. Antonio Fernández Garrido. La Unión (Murcia), 1956.

Tuto, El. Justo Fernández. Barcelona.

Vargas Araceli. Araceli Vargas Escudero. León, 1929-Madrid, 1986.

Víctor Franco. Cádiz, 1999.

Yerai Cortés. Alicante, 1995.

Violinistas

Ara Malikian. Beirut (Libano), 1968.

Ernesto Briceño. Venezuela.

Lamaya. Japón.

Paco Montalvo. Francisco José Montalvo. Córdoba, 1992.

9
Las nuevas tendencias

Cuando se analiza la situación de las tendencias actuales del llamado Nuevo Flamenco lo primero que se encuentra es una enorme cantidad de contradicciones, de posturas radicales, de fanatismos y de descalificaciones que rozan, si no traspasan incluso, los límites del insulto y del improperio. Los jóvenes renovadores se mofan del inmovilismo de los puristas y estos, aparte de escandalizarse, rechazan por sistema todo lo que se salga del cuadro típico: cantaor, tocaor, silla de anea y bata de cola. Parece que unos lo quieren cambiar todo y otros no quieren que se cambie nada. Los puristas menosprecian a los renovadores considerándolos meros usurpadores oportunistas aunque, en la mayoría de los casos, ni siquiera se toman el trabajo de escuchar con atención lo que hacen para saber si es bueno. Y los adalides vanguardistas recurren en más de una ocasión a la violencia verbal. Así, por ejemplo, en *Historia-guía del Nuevo Flamenco. El duende de ahora* –libro muy interesante en muchos aspectos– Diego A. Manrique escribe: «El duende de ahora está pensado para escarnio de los mandarines cazurros del flamenco».

Los dos extremos se equivocan, por supuesto. Las posturas inteligentes nunca se apoyaron en la intransigencia y no es posible progresar si no es a base de tolerancia. De entrada no hay que reprobar nada, que ya se encargará el tiempo –supremo tamiz– de hacer que lo bueno quede y que lo malo se esfume.

No hay que condenar excluyendo todo lo que no nos gusta ni ensalzar exagerando todo lo que nos satisface. Nos parece mucho más acertado Pepe de la Matrona cuando dice: «Está to inventao. Lo que hace falta es aportar. Reformar lo que ya está hecho», que José Luis Ortiz Nuevo cuando grita: «¡Viva el flamenco! ¡Muera el siglo xix!». Máxime si se tiene en cuenta que figuras emblemáticas de la modernidad flamenca expresan opiniones que, afortunadamente, ponen las cosas en su sitio. Por ejemplo, Enrique Morente: «Hay que ser aficionado y amante de la ortodoxia. No sé por qué la gente que viene tiene que romper con lo que había anteriormente para poder tirar para adelante. Muchas veces volver la cara atrás es tirar para adelante». Vicente Marrero: «Los reparos históricos, la mayoría de las veces, son falsas nostalgias o esnobismos». Antonio Carmona, del grupo Ketama (refiriéndose a *granaínas, malagueñas,* etc.): «No creo que se pueda evolucionar porque ya está todo hecho». Camarón: «Hay que tenerle cariño y respeto al flamenco y por eso hay que estar muy *centraíto* porque es muy arriesgado meter, por ejemplo, una batería a una bulería. Meter un instrumento de esos es muy difícil. Yo me arriesgo mucho pero es una responsabilidad. ¡Ahora, que nunca me he salido del flamenco!».

La mesura coadyuvará sin duda a definir las posiciones. Y para esclarecer la situación convendrá quizá fijar unos puntos que sirvan de imprescindible ordenamiento:

– ¿Qué es el flamenco?
– ¿Qué pretende el llamado Nuevo Flamenco?
– Este Nuevo Flamenco, ¿es nuevo?, ¿es flamenco?, ¿es bueno?

Para contestar a la primera pregunta preferimos remitirnos a José Blas Vega y Manuel Ríos Ruiz:

> El flamenco es un arte musical que procede de las continuas fusiones tonales melódicas que se han forjado en nuestra geografía, pero teniendo en Andalucía su centro de configu-

ración conforme músicos, cantaores y bailaores genuinos han ido estructurando estilos, perfilándolos e incluso evolucionándolos, en razón de características y cualidades personales o ecos y sentires colectivos.

Para aclarar aún más las posiciones, prosiguen:

[...] el arte flamenco, en todas sus vertientes, ha vivido épocas en las que su devenir ha estado significado por su evolución.

Conviene no olvidar esto. Porque ni tienen razón los puristas a ultranza que no quieren cambiar nada –ignorando que la evolución ha sido permanente a lo largo del tiempo– ni tampoco la tienen los que quieren cambiarlo todo alegando que ya es hora de que el flamenco evolucione. Porque ignoran igualmente que la evolución ha existido siempre.

«Es muy curioso comprobar –prosiguen Blas Vega y Ríos Ruiz– que en la mayor parte de nuestro siglo (se refieren al siglo xx) la evolución del flamenco ha sido muy leve.» O lo que es lo mismo, escasa y lenta. Esto aviva el deseo de la renovación urgente por parte de algunos, pero de ello –de la prisa– hablaremos más adelante.

Finalmente, los autores que venimos comentando exponen las causas de las nuevas tendencias:

[...] porque la juventud musical ha creído que en las fuentes del flamenco puede encontrar, lo mismo que en otras corrientes estéticas, cauce para sus expresiones musicales, los experimentalismos en el flamenco son continuos desde hace treinta años.

Lo *nuevo* ha existido siempre en cuanto aparecía como signo de un flamenco que evolucionaba de forma lenta pero constante. Además, estamos de acuerdo con los que dicen que «si es nuevo no es flamenco y si es flamenco no es nuevo».

Si por nuevo hay que entender la lógica evolución impuesta por los maestros supremos, por los que se movieron siempre en vanguardia, preñados de inquietudes, podemos constatar que, en todas las épocas, ha habido un flamenco *nuevo*. O si no, ¿qué hicieron a través de los tiempos Silverio, El Mellizo, Chacón, Pastora, Marchena o Caracol? ¿Y Faíco el Viejo, La Mejorana, Vicente Escudero, Carmen Amaya o Antonio? ¿Y Patiño, Montoya, Manolo de Huelva o Sabicas?

Como botón de muestra ahí quedan esos quince nombres viejos, todos novísimos en su momento.

Este afán renovador y experimentalista –que, afortunadamente, ha existido siempre– se ha intensificado de forma decisiva en el último cuarto del siglo xx. Y todos los jóvenes de hoy, ansiosos de renovación, coinciden en venerar a tres monstruos sagrados como líderes del *cambio*: Morente, Camarón y Paco de Lucía. Es verdad que lo son, pero no hay vicio más profundo ni torpeza más extendida que caer en la repetición de lo que se ha oído, tomándolo ya en adelante como verdad suprema sin aplicar ningún tipo de reflexión o análisis. Con la etiqueta de mitos colgada al cuello se les otorga a ciegas un crédito inusitado. Y casi nadie se toma el trabajo de comprobar si los méritos existen realmente y, sobre todo, de escudriñar a fondo por si hubiera otros valores que debiesen tenerse igualmente en cuenta.

No vaya ningún mal pensado a interpretar que estamos poniendo en duda las calidades de los tres aludidos. En absoluto. Pero estimamos que deberían mencionarse también otros que parecen olvidados y que han desempeñado un papel importantísimo, por ejemplo, Manolo Sanlúcar, El Lebrijano –por discutibles que sean algunas de sus pretensiones–, o la sorprendente renovación/revolución que supuso en su día el estilo de Lole y Manuel sin que entremos en otras estimaciones por el momento.

A partir de la década de los setenta, una inmensa masa juvenil que había vivido hasta entonces de espaldas al flamenco, conecta de alguna manera con los ritmos aflamencados a través de las rumbas discotequeras. A los ecos más alejados de

Peret se suman ahora, de forma avasalladora, los sones de Las Grecas, Los Chorbos, Los Chichos, Los Chunguitos...

Paralelamente, el tirón impresionante de Camarón lo inunda todo y la magia de la guitarra de Paco de Lucía arrebata. Entre la juventud –hecho insólito hasta entonces– se pone de moda el flamenco. Determinados Colegios Mayores universitarios ofrecen con frecuencia recitales de flamenco, por lo general muy buenos. Pero es sobre todo el cante festero y camaronero el que prende en la mayoría de los jóvenes. Suena y resuena por todas partes el son pegadizo y un tanto monocorde de las alegrías-tangos-rumbas del genial gitano.

Son muchos los grupos que surgen al amparo de los nuevos rumbos aunque hay dos que destacan sobremanera: Pata Negra y Ketama. Y entre tanto afán renovador pueden percibirse sin embargo unas tremendas carencias de personalidad: por una parte, todos cantan como Camarón; todos siguen la pauta que él marca. Y por otra, todos parecen pretender un mismo resultado musical. El propio Camarón dirá: «Pata Negra hace lo que todos andamos buscando: el flamenco rock gitano». Y Ketama manifiesta: «Nosotros hacemos música con raíces pero fusionada con lo que sea, porque tenemos capacidad para ello».

Claro que esto de las raíces flamencas esconde otras muchas verdades y mentiras. Oigamos a los Carmona: «Ketama vive el flamenco-flamenco, lo que pasa es que la evolución de la vida, lo que estamos oyendo constantemente de música, quieras o no, se nos va metiendo en la cabeza. Nosotros hemos hecho una *soleá* pero lo que estamos dando a la gente es ritmo, que es lo que se busca». Y puede ocurrir que estas hondas raíces, también profundamente escondidas, terminen desapareciendo: «Nosotros [Ketama] comprendemos a los aficionados que dicen que no hacemos flamenco porque, en realidad, creemos que se está perdiendo lo que es la raíz del flamenco un poquito».

Por eso Raimundo Amador –tan emblemático entre los renovadores– llega a exclamar con nostálgica añoranza: «A mí me gustan más los cantaores de antes, si te digo la verdad».

La fusión es como la influencia de otras músicas diferentes que siempre dejaron huella, pero llevada a cabo ahora de manera más intensa y patente. Ofrece al menos la posibilidad de una evolución positiva y no tiene que descartarse como norma. Todo depende de la medida en que se adopten los influjos. Pero no hay por qué perseguir a toda costa una renovación del flamenco, supuestamente necesaria, únicamente por esa vía. Con el alegato de la modernidad, la actualización y la puesta al día, más de uno lo que hace es, simplemente, salirse del tiesto y no dejar títere con cabeza. O ponerle una monstruosa cabeza híbrida con ojos de rock, orejas de pop, boca de salsa, nariz magrebí y fachada flamenca.

Sucede también en la mayoría de los casos que estas tendencias renovadoras no representan a un flamenco que camina por vías nuevas pretendiendo evolucionar sino hacia *otros trenes* que discurren por las vías del flamenco.

¿Hay que cerrarse, pues, a las fusiones, repudiándolas y condenándolas a priori? No, en absoluto. Si suenan bien y están bien hechas tendrán siempre cabida. Pero convendría seguirle el rastro a Morente, por ejemplo, que evoluciona trazándose un camino, a caballo entre la tradición y la realidad que respira. Ni se anquilosa en el inmovilismo ni va inventando genialidades a cada paso. Y, además, habría que plantearse algunas cuestiones fundamentales: el hecho de que, por ahí fuera, hayan metido flamenco en su música, ¿significa que la evolución del flamenco –siempre necesaria como en todo arte– haya que hacerla metiendo en el flamenco, forzosamente, músicas foráneas? De la fusión con otras músicas, ¿saldrá el flamenco muy beneficiado? No parece que gane tanto alimentándose del jazz por mucho jazz-flamenco que se haga ahora y por muy bien que suene a veces. Pudiera ser más bien que el jazz se alimentara del flamenco. De hecho, las primeras fusiones –al decir de los expertos– las hicieron los músicos jazzistas apoyándose en temas flamencos. Tal es el caso de Lionel Hamptom, Miles Davis o Gil Evans. Cabría plantearse entonces si no será que los jóvenes músicos españoles, empeñados en la renovación del flamenco, estén imitando a otros músicos pero siguiendo un camino a la inversa. No se trataría entonces de lograr una evolución del flamenco desde dentro –como debe hacerse en todo arte– sino en una suplantación de sonidos. Ocurriría entonces que la pretendida evolución se habría convertido en un cambio de rumbo –incluso de forma inconsciente– sin que el flamenco se enriqueciera precisamente yendo por ese camino, porque no es el suyo y no puede significar ninguna evolución positiva.

Y al decir esto creemos sintonizar con Paco de Lucía cuando afirma: «La fusión puede dar resultado, aunque yo no creo en ella. En mis trabajos con Larry Coryell, John MacLaughlin o Al Di Meola, la música no era ni flamenca ni jazz; era una fusión de músicos más que de músicas».

Quizá tenga razón Xabier Rekalde cuando dice: «El error más frecuente es el que confunde la fundición de modelos estéticos de varia procedencia con realizaciones avanzadas o de renovación».

Si se quiere evolucionar dentro del flamenco, innovar sin perder el rumbo y modernizarlo realmente, habrá que hacer lo que, al decir de Blas Vega, ha hecho Morente:

> Ha tenido la valentía de romper normas para crear una nueva estética musical, de gran incidencia en las actuales líneas hacia las que tiende a ir el flamenco, aunque esto sea inaceptable para algunos puristas. Enrique, que también ha seguido fiel a sus raíces, ahondando en ellas cada día más, ha podido hacer su revolución musical y poética a base de su clasicismo.

Con respecto a las fusiones con música del Magreb o a las influencias de esta desde antaño en el flamenco, entendemos que puede haber una confusión de base. Estimamos que la música árabe quizá no haya influido tanto en el flamenco, como algunos dicen muy a la ligera. Pretenden demostrarlo constatando las similitudes evidentes que aparecen entre ambas músicas, pero nos atreveríamos a asegurar que la semejanza no viene dada por el influjo ejercido por la música árabe sobre el flamenco, sino muy al contrario: la música magrebí ha podido asumir tonos y formas procedentes del flamenco.

Puede ocurrir como con los llamados cantes de ida y vuelta. Todo el mundo aceptaba hasta hace poco que eran el aflamencamiento de ritmos y ecos americanos de Cuba o Argentina, por ejemplo. Pero ahora sin embargo hay quienes opinan –Miguel Espín, Romualdo Molina o José Luis Salinas, entre otros– que la *guajira*, la *milonga* o el *tango* fueron primero españoles, viajaron, se aclimataron y regresaron transformados, para evolucionar aún más en su versión aflamencada final.

En las fusiones puede darse el mismo caso que se da en gastronomía: si se saben combinar cosas exquisitas de Francia, de China o de la India, el resultado sabe muy bien. Sin que sea cocina francesa, china o hindú. Ni sin que se pueda decir que la cocina francesa evoluciona y se mejora asimilando influencias hindúes o chinas. Todo lo que sea bueno en las fusiones experimentalistas y esté bien hecho sonará bien, aunque, en cierto sentido, dejará de ser lo que era. Y no será ni una cosa ni otra. El peligro no está en que exista afán por evolucionar –más peligroso sería lo contrario– o en que se experimenten tantas fusiones; a nuestro juicio el mayor peligro está en la prisa con que quiere hacerse todo. Producto de la comercialización y de los tiempos que corren, a la evolución flamenca quiere imprimírsele hoy un ritmo trepidante que nunca tuvo y que nunca le beneficiará. Hoy se quiere todo a velocidad supersónica. De Camarón –con éxitos de resonancia mundial cuando apenas tenía treinta años– llegó a decirse que «tardó tiempo en ser admitido». Quizá los mismos que propugnaban esta dinámica enloquecedora contribuyeron a que se nos muriera tan pronto.

El flamenco no puede ser ajeno a este nuevo sistema de vida, sobre todo desde que su comercialización se ha intensificado. El baile, por ejemplo, se ha convertido en algo electrizante y atlético, en especial el masculino. Cuantas más patadas se den, mejor. Y cuanto mayor sea el número de giros, de cabriolas, de serpentinas que puedan meterse por *bulerías,* más asegurado se tiene el éxito. Es como si se tratara de vender la danza a base de revoluciones por minuto.

El dominio técnico en la guitarra se identifica con la cantidad de notas que puedan sacarse en el menor espacio de tiempo posible. La velocidad de los dedos sobre las seis cuerdas es un certificado de garantía.

Y el cante... El cante —con las honrosas excepciones de siempre— ya no se engarza, no se modula en una serie escalonada de tonos sin solución de continuidad, como hacía de forma insuperable el maestro Chacón. Ni se canta pausado, con sosiego, con lo que en el toreo se llamaría el temple y que es antesala —en los toros y en el cante— de la hondura. Cante al modo de Menese, por poner un ejemplo. Camarón empezó la carrera y el cante está bañado en prisa, tanto que muchos estilos terminan por sonar iguales y parecen siempre el mismo y uno solo. Además, en las nuevas tendencias del flamenco, el cantaor queda reducido a vocalista, ahogado por el sonido del grupo, eclipsado y secundario.

Antaño fue el cantaor *a palo seco.* Después compartió tarea con la guitarra, esta, hasta hace poco, muy en segundo plano. Y en la actualidad se trata de un trabajo colectivo, de grupo, con interpretación coral y orquestada. El conjunto es lo que suena, muy bien incluso, pero no hay cantaor, no hay cante, no hay flamenco. Claro que en estas nuevas tendencias flamencas no sólo queda difuminado el cante sino también el toque —diluido entre la orquesta— y el baile, que ya ni aparece.

En cambio, en el considerado flamenco puro o clásico —digámoslo así para entendernos— cara a los *tablaos* y al turismo, al baile se le augura un brillante porvenir, perfilándose como soporte esencial del flamenco del futuro con primacía asegurada.

A las características que ya hemos apuntado en las nuevas tendencias, tendríamos que agregar otras que parecen generalizarse cada vez más. En primer lugar, la edulcoración. Del grito primitivo se ha pasado al eco sonoro, asequible, amable incluso. Nada de voz que duela; más bien ritmo y vibración. De *pellizco,* nada; en su lugar, estimulación vibrante.

Notamos también pérdida de individualidad. Todos los tratadistas coinciden en afirmar que el flamenco alcanza las altas cumbres del arte dejando atrás —abajo— la llanura folclórica, precisamente por su individualidad. La voz sola del cantaor que se yergue y se desparrama, como se desparrama y se yergue la bailaora. La tendencia hoy es inclinarse hacia el flamenco coral y orquestado con lo que se desmocha el hito y el arte se reduce a folclore.

Otra radical diferencia de las nuevas tendencias del flamenco, en comparación con el considerado puro o clásico, estriba en los instrumentos musicales que se utilizan hoy.

En el siglo XIX los puristas debieron rasgarse las vestiduras, viendo que la guitarra se incorporaba al cante. Arraigó sin embargo y ha sido durante más de un siglo instrumento insustituible, indiscutible y casi único. Determinados estilos menores y regionales, con marcada inclinación al folclorismo, utilizaron también otros instrumentos: castañuelas, sonajas, pandereta, caña rociera, violín...

Cuando el cante llega al teatro se empareja frecuentemente con el piano —otro motivo para el escándalo— y se inicia así la orquestación del cante, hecho hasta entonces desconocido.

En la década de los cincuenta, con el resurgimiento de la pureza, el piano cae en desgracia y su utilización queda limitada al cuplé y la canción aflamencada. Sin embargo, otros instrumentos van incorporándose como elementos de acompañamiento: el violín, el contrabajo, el violonchelo, la flauta... Y no precisamente con cantaores modernizantes, desvirtuadores de la pureza sino, por ejemplo, con alguien tan poco sospechoso de todo esto como José Menese *(Andalucía: 40 años).*

Posteriormente, con la aparición de las nuevas tendencias renovadoras, el aluvión de instrumentos, hasta entonces insólitos, es enorme. Se han cambiado los fundamentos. Al *quejío* ha venido a sustituirle la vibración. O el *swing,* que también se dice. Y el llanto o la cascabelera risa de la guitarra ya no suenan. Ahora priva el sonido plural del grupo y el conjunto heterodoxo de los nuevos instrumentos de las fusiones: el saxo, el clarinete, la batería, los teclados, la guitarra eléctrica y la variada gama de la percusión (bongo, cajón, tabla hindú...) Alguno quizá sueñe con hacer flamenco por ese camino a bombo y platillo.

Finalmente otra modificación total es la manera de escuchar. Los cabales reclamaban para sí la exclusividad del cante y reducían su espacio expresivo: «El cante en el cuarto», que decían. En privado y sólo para unos cuantos. De haberse querido perpetuar así hoy estaría perdido. Afortunadamente apareció el disco, aunque fuera denostado en sus comienzos. Se han necesitado años para que se le acepte entre los aficionados como una forma válida y posible de escuchar buen cante.

Hoy hemos pasado al extremo opuesto: la complejidad de aparatos a la hora de grabar, hace que se consiga en el disco una perfección imposible de lograr en una audición en vivo, por decirlo al estilo actual. Pero los tiempos han cambiado. Si inconcebible resulta situar a Silverio cantando en el Palacio de los Deportes, más difícil resulta todavía imaginarse a Pata Negra o a Ketama tocando en un reservado de Los Gabrieles.

¿Es bueno el flamenco de hoy? Como en todos los tiempos, hay gente buena y otra menos buena. Pero es indudable que hay más cultura musical que nunca y que muchos artistas se preparan muchísimo mejor que en otras épocas. Y lo que hay, por encima de todo, es confusión y desorden. Se le llama flamenco a demasiadas cosas que no lo son.

El flamenco no ha sido nunca un arte musical popular, en el sentido de tener una amplia difusión entre la gente. Le ha interesado siempre sólo a una minoría. El flamenco, en una palabra, no se vendía. Pero ahora, con los nuevos métodos de comercialización y con la aparición de las fusiones, su radio de acción se ha ensanchado y llega a muchos sitios. Naturalmente lo que llega no es la *soleá* ni la *seguiriya* (que no llegarán nunca ni falta que hace) sino el soniquete flamenquizante, musicalmente bien hecho, acústicamente conseguido que prende, atrae y engancha. La juventud se mueve a gusto —en todos los sentidos— con este rumbo nuevo. Con el rumbo de los tangos y las rumbas, con la salsa flamenca salerosa, con la vibración penetrante del gitano rockero, con el ritmo agitanado de cualquier procedencia, y con la bulería nueva, que tampoco es tan nueva, porque desde siempre se ha dicho que en la bulería cabía todo.

Esto sí es popular; esto sí llega a mucha gente y a muchos sitios; esto sí se vende. Y no tenemos nada en contra de ello. Suele sonar muy bien y alegra los sentidos. Es música, sin duda, tiene muchos valores y cumple su objetivo. Pero no se deben confundir las cosas: flamenco, no es. Pongamos un ejemplo para entendernos mejor: con un ordenador se pueden conseguir combinaciones plásticas admirables. No pueden rechazarse como tales, porque son espléndidas, pero nunca diríamos que eso es pintura ni que sea pintor quien las consigue. Las cosas son lo que son y cada una, en su ámbito, puede ser buena pero por mucha calidad que tenga nunca alcanzará la cualidad de otra. Las cualidades no se transmutan.

¿En qué va a quedar el flamenco de nuestros días? Por un lado, el que se mueve y se siga moviendo por sus cauces naturales, sobrevivirá, por varias razones:

a) porque su propio valor intrínseco no puede desaparecer nunca,

b) porque ha atravesado crisis más agudas y las ha superado siempre,

c) y porque hoy cuenta con unas estructuras culturales, sociopolíticas y administrativas de apoyo, como no ha tenido jamás. Incluso se estudiará en los conservatorios. Y en el año 2010, ha sido reconocido por la Unesco como Patrimonio Cultural Inmaterial de la Humanidad.

Este flamenco —es decir, el flamenco— subsistirá. Ojalá acierte Antonio Gala cuando afirma:

El flamenco, a pesar de los riesgos, sigue permanentemente puro, porque el misterio se protege a sí mismo. Yo no temo por la supervivencia del flamenco; siempre habrá una voz pura, siempre.

Por otro lado están todas las nuevas tendencias de flamenco-fusión. Aquí el porvenir es más incierto. Ahora está muy de moda, pero con las modas ya sabemos lo que ocurre: unas quedan, otras pasan, muchas vuelven... Es indudable que tiene arraigo y que ofrece innumerables atractivos. Pero tenemos la sospecha –y no somos los únicos– de que de este flamenco no va a quedar apenas nada y que, con el tiempo, lo que sí habrá será rock-flamenco, pop-flamenco, jazz-flamenco, salsa-flamenca... Todos ellos, evolucionados y enriquecidos. Porque, como ya hemos dicho, vemos más el flamenco como fuente donde otros beben que a la inversa.

Apéndice de artistas

En la relación que sigue, aparecen los nombres de aquellos que han contribuido de una u otra manera a la configuración de las tendencias actuales dentro del flamenco. Es una serie complementaria de la que figura en el capítulo 8, donde encontramos a los artistas relevantes del flamenco de todos los tiempos.

Los que, independientemente de participar en el movimiento renovador de las nuevas tendencias, tengan o hayan tenido una intervención destacada dentro del flamenco llamado clásico o tradicional, aparecerán únicamente en el capítulo anterior ya mencionado.

Activos, Los.

Grupo onubense de percusión con destacadas intervenciones en las Bienales de Flamenco de Sevilla.

258 Guía del flamenco

Alameda.

> Grupo de rock andaluz de los años de la década de 1970. Variedad instrumental.

Alba Molina.

> Cantaora y cantante. Hija de Lole y Manuel. Flamenco y pop.

Aleación Flamenca.

> Cante, guitarra y trompeta con fondo de palmas, jaleo y percusión. Pretenden insuflar aire fresco al flamenco tradicional.

Amador, Diego. *(Véase capítulo 10.)*

Amador, Rafael.

> (*Véase* Pata Negra.)

Amador, Raimundo.

> (*Véase* Pata Negra.)

Amargós, Joan Albert.

> Teclista. De formación clásica. Participó en el grupo Iberia.

Amaya, David.

> Hijo de la Tati. Miembro de la Barbería del Sur. Toca la guitarra eléctrica.

Andy y Lucas.

> Andrés Morales Troncoso y Lucas González Gómez, dúo gaditano de pop español y flamenco. Nació en Cádiz 2003. Enorme éxito en España e Hispanoamerica.

Arrajatabla.

> Grupo nacido al comienzo de la década de los noventa de la mano de Manglis. Tuvo una vida efímera.

Arrebato, El.

> Francisco Javier Lavandón Pérez. Sevillano. Cantautor de rumba-pop y flamenco. Muchos éxitos populares y multitud de discos.

Aurora.

Aurora Losada. Hija de Amador Losada, de Los Chorbos. Madrileña, gitana y rumbera. Fusiona flamenco y rock. Sigue la línea del llamado sonido Caño Roto.

Azúcar Moreno.

Dúo extremeño arraigado en Madrid, formado por Encarna y Toñi Salazar. Pertenecen a la saga cantaora de los Salazar. Rumberas de enorme éxito comercial.

Bambino.

Miguel Vargas Jiménez. Creaciones personales a partir de rumbas y bulerías que tuvieron un gran éxito. Murió en 1999.

Bao, Pepe.

José Manuel Bao Pérez. Bajista eléctrico. Rock y flamenco. Premio Filón en La Unión en 2013.

Barbería del Sur, La.

Nacieron como hermanos menores de Ketama. Por ella han ido pasando algunos hijos de los Habichuela, El Paquete (hijo de Ramón el Portugués), El Bola, David Amaya, El Negri, Nacho Mañó y otros muchos colaboradores: Chano Domínguez, Carles Benavent, Jorge Pardo... Rumbas y tangos con jazz y salsa.

Barrio, El.

José Luis Figuereo Franco. Se inició como guitarrista acompañante. Canciones aflamencadas con ecos caracoleros.

Bebe.

Cantante valenciana de familia de artistas. En 2004, su disco *Pa fuera telarañas* la lanzó a la fama.

Benavent, Carles.

Músico de jazz. Toca el bajo eléctrico. Del grupo de Paco de Lucía. Muy influyente en flamenco-fusión.

Bicho, El.

Septeto musical heterogéneo. Ritmo por encima de todo, con muy diversas procedencias: jazz, rock, rumba, bulería, sones brasileños... Naturalidad y desgarro. El grupo se disolvió en 2010.

Califato 3/4.

Grupo de rock andaluz que debuta en 2018. Combina música electrónica futurista con otras enraizadas en la tradición popular. Flamenco, hip hop y rock.

Camino, Michel.

Pianista y compositor. Baluarte del jazz latino. Autor de música de películas. Experimentalista total. Busca de forma permanente fusiones de músicas muy diversas, flamenco incluido.

Caché Juncal.

Grupo aparecido en Jerez en 2001. Compone y canta Pedro Monge. Tocan Juan Carlos, Abraham, Jacobo y Jesús. Bossa y flamenco pop. Sencillez, optimismo y variedad.

Campo Peñalver, Gautama del.

Saxofonista sevillano. Premio Filón en La Unión, 2015. Duende flamenco y *feeling* de blues.

Cantizano Núñez, Raúl.

Guitarrista eléctico y experimental. Improvisador.

Cañadú.

Grupo musical malagueño compuesto de percusión, violonchelo, saxo, flauta y guitarras. Su eslogan: música fresca con sabor al flamenco de siempre.

Cañizares, Juan Manuel.

Guitarrista. Formación clásica. Virtuoso y versátil. Colaboraciones con Paco de Lucía, Iberia y Jazzpaña. Técnica y sentimiento. Premio Nacional de Música en 2023.

Carmona, Antonio.

(*Véase* Ketama.)

Carmona, José Miguel.

(*Véase* Ketama.)

Carmona, Juan.
   (*Véase* Ketama.)

Carmona, Pepe Luis.
   Cantaor gitano madrileño. Hijo de Luis Carmona. Ha pertenecido a La Barbería del Sur.

Carrasco, Diego.
   Gitano de Jerez. Guitarrista y cantaor. Interpreta el cante festero de manera muy particular (bulerrascos y diagorías). También conocido como Dieguito el Danés. Y como el Tate.

Carrasco, Manuel.
   Onubense de Isla Cristina. Canta acompañándose de la guitarra que toca él mismo. Flamenco pop. Grandes éxitos en España e Hispanoamérica.

Chaboli.
   Julio Jiménez Borja. Nacido en Madrid, hijo de Jero de Los Chichos. Casado con Niña Pastori. Letrista. Compone y toca varios instrumentos.

Chambao.
   Grupo nacido en Málaga en 2002. Fusiona flamenco con música electrónica, con novedosa innovación. Ellos le llaman flamenco chill. El grupo se disuelve en 2018.

Cherokee.
   Cuarteto gitano cordobés de flamenco rock a base de guitarra, percusión y voz.

Chichos, Los.
   Trío rumbero de enorme éxito en los años setenta y ochenta y que aún lo siguen obteniendo.

Chico Fargas.
   Francisco José Fargas Muñoz. Percusionista flamenco algecireño. Multifacético.

Chorbos, Los.
   Grupo experimentalista madrileño, pioneros del llamado sonido Caño Roto, es decir, cante festero, estridente y con *quejío*.

Chunguitos, Los.

Grupo rumbero de los hermanos de Azúcar Moreno. Pertenecen a la saga de los Porrina. Grupo disuelto en 2006. Siguieron juntos los hermanos Juan y José Salazar, que se han separado en 2021.

Colina, Javier.

Contrabajista de Pamplona. Músico de jazz introducido en el flamenco. Del grupo de Chano Domínguez. Consigue rasgueados con el contrabajo.

Concuerdas.

Grupo que nace en París en 2010. Lo lideran Anatole del Morao (guitarra) y Andrés Izurieta (charango) con Paco el Lobo y Andrés del Rosario (cante), La Cecilia (baile), Rémy Larmande (percusión), Flo Raimondi (bajo) y Alejandro Saga (Art On Live). Mestizaje total: flamenco, jazz y músicas del mundo.

Dantas, Rubem.

Percusionista brasileño. Del grupo de Paco de Lucía. Utiliza el cajón. Posee una gran técnica.

Delinqüentes, Los.

Grupo nacido en Jerez en 1998. Su fundador, Miguel Ángel Benítez, murió en 2004. Fusión burlesca de flamenco con rock y blues. Actúan con la Banda del Ratón.

Di Geraldo, Tino.

Percusionista rockero con repetidas incursiones en el mundo del flamenco. Utiliza la batería en las bulerías.

Domínguez, Chano. *(Véase capítulo 10.)*

Dulce Veneno.

Dúo formado por Rocío y Macarena Sayago en 1995. La rumba como base, en un principio siguiendo a Azúcar Moreno.

Ea!

Grupo musical fundado en 1992. Instrumentos varios para música fusionada sobre aires flamencos.

Fahmi Alqhai Khouri.
    Violagambista de talla internacional. Fundador y director
    de la Accademia del Piacere. Es odontólogo. Flamenco y
    música antigua.

Francés, El.
    José Rodríguez Vázquez. Gitano de Montpellier (Francia),
    vecino de Madrid. Mezcla músicas diversas en la línea de
    Ray Heredia.

Galicia, José Antonio.
    Percusionista madrileño de jazz. Pionero en el empleo de la
    batería en flamenco. Experimentalista constante. Murió en
    2003.

Gautama del Campo.
    Saxofonista sevillano. Flamenco y jazz. Premio Filón en La
    Unión, 2015.

G - 5.
    Grupo formado en 2006. Guitarras, voces y percusión con
    Kiko Veneno, Tomasito, Los Delinqüentes y Muchachito
    Bombo Infierno. Ecos rumberos con rock y pop. Letras de
    contenido social, ácidas y callejeras.

Gipsy Kings.
    Gitanos franceses de la familia de los Baliardo, siguiendo su
    línea. Rumberos de éxito mundial. Mezclan músicas de muy
    diversa procedencia.

Gipsy Queens.
    Teresa, Soledad y Amada Contreras, trío de gitanas cantao-
    ras rumberas de flamenco rock.

Grecas, Las.
    Grupo de flamenco rock formado en Valladolid en 1973
    por las hermanas gitanas Carmela y Edelina Muñoz Ba-
    rrull. A la muerte de esta en 1995, le sustituyó Alicia Ro-
    bledo, *Malicia.* Pioneras del flamenco-fusión y precursoras
    de los movimientos experimentalistas. Influyeron en Ca-
    marón.

Gualberto.

Gualberto García Pérez, guitarrista sevillano. Especialista en sitar aunque toca otros muchos instrumentos. Se mueve dentro de la musicalidad hindú. Fundador de Smash, grupo sevillano pionero de rock andaluz.

Gürman, Berk.

Guitarrista. Asentado en Córdoba. Mezcla de sones armónicos que van del antiguo folclore oriental de Anatolia hasta el flamenco. Puro mestizaje.

Heredia, Ray.

José Heredia Bermúdez. Josele en sus comienzos. Hijo del bailaor Josele Heredia. Guitarrista, cantante y compositor gitano madrileño. Emparentado con diversas familias flamencas. Colaborador inicial de Ketama. Polifacético. Fortísima personalidad truncada trágicamente a los 28 años. Fue en 1991.

Hurtado Morales, Antonio. *(Véase capítulo 10.)*

Hurtado Morales, David. *(Véase capítulo 10.)*

Iberia.

Grupo de jazz rock flamenco impulsado por Amargós, Ginesa Ortega y Cañizares.

Imán. Califato Independiente.

Banda de flamenco rock creada en Madrid en 1976. Iñaki Eraña (bajo) con Manuel Rodríguez (guitarra), Kiko Guerrero (batería y cajón) y, poco después, Marcos Mantero (teclados). La banda se disolvió en 1980. Esporádicas apariciones posteriores. Música nueva e innovadora. Sonido etéreo de clímax quebrado por pulsaciones flamencas.

Iturralde, Pedro.

Saxofonista de jazz, colaborador de Paco de Lucía. Sus conexiones con el flamenco son esporádicas y fugaces.

Jazzolea.

Grupo de flamenco jazz. Lidera Esther Weekes (cante y baile). Colaboran entre otros, Alejandro Cruz y Cristián Moret (piano) y David Jiménez, *Chupete* (percusión).

Jazzpaña.

Espectáculo experimentalista de jazz flamenco de los comienzos de la década de los noventa. Participaron Jorge Pardo, Carles Benavent, Rubem Dantas, Ramón el Portugués, Cañizares y otros músicos extranjeros.

José Torres Trío.

Lo forman el ilicitano José Torres (guitarra), el granadino Jasio Velasco (viola) y el finlandés Karo Sampela (batería). Música en libertad total sobre un fondo de flamenco contemporáneo.

Kalifa, El.

Antonio Reyes Cortés. Cantaor festero segoviano. Reside en Madrid. Sigue los pasos de Parrita.

Ketama.

Grupo fundamental de flamenco-fusión. Sus componentes –ha habido varios cambios– proceden de los Habichuela de Granada y de los Sordera de Jerez en su mayor parte: Juan, Antonio y José Miguel Carmona, José y Vicente Soto más Ray Heredia. Y han colaborado esporádicamente los maestros de la guitarra Manuel Morao y Juan Habichuela. Han trabajado con afamados músicos extranjeros. Su música fluye fácil por entre una armónica mezcla de guitarras, voces, palmas, teclados, flautas, contrabajo, kora africana... Las fusiones son múltiples. Muy originales sus *bluesalsas*. Después de unos años sin actuar juntos, volvieron en 2019.

Levantito.

Quinteto gaditano (dos guitarras y tres voces) con gran éxito comercial. Cante festero aflamencado.

Lin Cortés.

Luis Cortés Moreno. Ejemplo típico de flamenco y multifusión: sones brasileños, rock, funk, pop, soul...

Los Voluble.

Grupo formado por los hermanos Pedro y Benito Jiménez en 1996. Proyectos de experimentacion, flamenco y música electrónica.

Losada, Los.
Grupo de hermanos guitarristas: Tito, Diego y José, también llamado Vaki.

Llergo Sánchez, María José.
Flamenco aderezado con todo tipo de sonidos. Original y sincera. Muy personal.

M de Puchero.
Grupo formado por Antonio Fernández, Fernando Rodríguez, Salvador Fernández (cante) y Miguel Ochando (guitarra) en Granada en 2018. Se inspiran en Enrique Morente y le dan al flamenco un tratamiento polifónico con voces de timbre diferente.

Maíta Vende Cá.
Grupo musical gaditano con cante, palmas, guitarra, percusión y coros. Flamenco pop mezclado con sones latinos y jazz.

Malou.
Manuel Sánchez López. Madrileño afincado en Francia. Compositor y guitarrista. Experimenta con todo tipo de mezclas. Ha cambiado de rumbo –no de rumbas– en varias ocasiones.

Malú.
M.ª Lucía Sánchez Benítez. Nacida en Madrid. Sobrina de Paco de Lucía. Pop español y canciones aflamencadas. Enorme éxito comercial.

Manglis.
Luis Cobo Álvarez. Líder de Manteca, grupo de flamenco rock.

Manzanita.
José Ortega Heredia. Guitarrista y cantante madrileño. Perteneció en sus comienzos al grupo Los Chorbos con su sonido Caño Roto. Posteriormente se dedicó a la canción más o menos aflamencada. Murió en 2004.

Martín-Caminero, Pablo.
> Contrabajista. Licenciado en el Conservatorio de Viena. Flamenco, jazz y música clásica y barroca. Sobriedad y elegancia.

Mártires del compás.
> Grupo liderado por Chico Ocaña. A su música fusionada ellos le llaman Flamenco Billy. Después de 8 años de silencio, reaparecen en 2015.

Martirio, La.
> María Isabel Quiñones. Cantante versátil de personalidad muy acusada y llamativa. Original, sin duda.

Migas.
> Banda de cuatro mujeres, nacida en Barcelona en 2004. Flamenco y mestizaje. Heterodoxia y exquisita sonoridad. Vanguardismo y música mediterránea. Por el grupo han pasado Marta Robles, Alicia Grillo e Isabella Laudenbach (guitarras), Lisa Bause y Roser Loscos (violines), Silvia Pérez y Alba Carmona (voces).

Miralta.
> Batería nacido en Barcelona y consolidado en Nueva York. Lidera un grupo con Perico Sambeat (saxo), Javier Colina (bajo), Guillermo MacGill (percusión), George Colligan (piano), Blas de Córdoba, *Kejío* (cante) y otros. Flamenco/jazz o jazz moderno a compás de *bulerías, seguiriyas* o *tanguillos.*

Mokambo.
> Banda malagueña que surge en 2005. Junto a la voz de Ana Mata hay guitarra, bajo eléctrico, piano, percusión y trompeta. Flamenco, jazz, candombe y música latina.

Monte, Dino del.
> Rumano de origen sefardí criado en Israel. Músico y pintor. Toca el zimbal (según él, «abuelo del piano») y la guitarra. Intenta modificar la sonoridad del flamenco.

Moreno Montiel, Rycardo.
> Guitarrista, arreglista, compositor y promotor musical. Flamenco y jazz.

Moret, Cristian de.
> Cantaor, multiinstrumentalista y promotor musical. Afincado en Sevilla.

Muchachito Bombo Infierno.
> Grupo nacido en Barcelona al final de la década de los noventa. Después de muchos éxitos, el grupo se deshizo para refundarse en 2004. El líder es Jairo Pereira, Muchachito (voz) y junto a él, teclados, trompeta, batería, trombón y contrabajo. Mezclan flamenco, ritmos latinos y jazz.

Mushogitano.
> Grupo formado en Jerez. Joselete Guerra (cante), Fernando Carrasco (guitarra) y Curro Santos (bajo). Fusión del flamenco, pop, funk y rock.

Navajita Plateá.
> Dúo jerezano formado por Francisco Carrasco Soto e Ildefonso Reyes. Todos los ritmos les valen para meterlos por *bulerías*.

Nono García.
> Antonio García Domínguez. Guitarrista gaditano. En su música, muy elaborada, encontramos fusiones múltiples tanto de sones como de instrumentos varios, armónica y acordeón incluidos.

Ojos de Brujo.
> Grupo de Barcelona, muy heterogéneo de música urbana y mestiza. Hay de todo: flamenco, hip hop, reggae, música hindú...

Paquete, El.
> José Suárez. Hijo de Ramón el Portugués. Guitarrista gitano madrileño. Miembro fundador de La Barbería del Sur.

Pardo, Jorge.
> Músico madrileño de jazz. Toca saxo y flauta. Colaboró en el grupo de Paco de Lucía y con otras muchas figuras del

flamenco. Fundamental en las más importantes tendencias de flamenco-fusión.

Parra, José.
Cantaor malagueño. Ha colaborado con Vicente Amigo. Fiel seguidor de la escuela camaronera.

Parrilla, Bernardo.
Bernardo Fernández Gálvez. Violinista jerezano. Sobrino de Parrilla de Jerez. Imprescindible en todo grupo en el que se quiera un violín bueno.

Parrilla, Juan.
Juan Fernández Gálvez. Flautista jerezano. Sobrino de Parrilla de Jerez. Imprescindible en todo grupo en el que se quiera una flauta buena.

Parrilla, Manolito.
Manuel Fernández Gálvez. Casado con Charo Manzano. Guitarrista jerezano. Sobrino de Parrilla de Jerez. Formó con sus hermanos el Trío Alburejo, posteriormente deshecho. Acompaña muy bien el cante.

Parrita.
Vicente Castro Jiménez. Cantaor, canzonetista y compositor valenciano de raza gitana. Mezcla pop con flamenco festero. Compone para otros muchos artistas.

Pastori, Niña.
M.ª Rosa García García. Nació en San Fernando (Cádiz) en 1978 y es el prototipo de las nuevas tendencias renovadoras. Juventud, popularidad y éxitos desbordantes. Cante festero.

Pata Negra.
Grupo fundamental de las tendencias experimentalistas del flamenco actual. Raimundo Amador (guitarra) y su hermano Rafael (guitarra y voz). Junto a ellos, otros muchos artistas: José Soto, Kiko Veneno, Juan José Amador... Colaboraciones mutuas con Camarón y destacados músicos extranjeros. Éxitos mundiales. Mezclas vibrantes de ecos

flamencos con músicas muy diversas: rock, blues, reggae, salsa... Influencias de Diego del Gastor. Creadores de la *blueslería*.

Peret.

Pedro Pubill Calaf. Gitano catalán. Guitarrista y cantaor de rumbas. Gran personalidad.Uno de los grandes precursores de la generación experimentalista actual. Popularísimo. Murió en 2014.

Queco.

Francisco Miguel Ruiz Gómez. Guitarrista, compositor, productor artístico, cantante y cantaor frustrado.

Radio Tarifa.

Grupo liderado por Faín Sánchez Dueñas,Vicente Molino y Benjamín Escoriza, con diversas colaboraciones nacionales y extranjeras. Formación compleja con una heterogénea diversidad de instrumentos. Presencia de ecos andalusíes, sefarditas y magrebíes. Su lema: Andalucía y renovación.

Raíces y Puntas.

Grupo formado en torno a Sharli García, chiclanero curtido en Madrid. Por el grupo han pasado muchos artistas. Vitalista y rumbero.

Rayito.

Antonio Rayo Gibo. Auténtico niño prodigio que asombró con su guitarra desde los siete años.

Rosalía. Cantaora.

Sant Cugat del Vallès (Barcelona), 1993. Rosalía Vila Tobella. Rupturista y muy personal. Para unos, es una renovadora genial; para otros, un *bluff.* Cantaora de flamenco no es.

Rosario.

Rosario González Flores. Hija de Lola Flores. Música fresca y atractiva con un conjunto de muy buenos profesionales flamencos como fondo.

Ruibal, Javier.

Javier Ruibal Calero, cantautor del Puerto de Santa María. Jazz y música árabe mezclados y mecidos en cadencia flamenca. Original.

Salazar, Ana.

Voz fresca, llena de salero. Canta con vitalidad y alegría. Se inició como bailaora.

Serge López Trío.

Con Serge López (guitarra), Pascal Rollando (percusión) y Nicolás Thevenin (bajo.) Flamenco –influencia de Paco de Lucía– con músicas del mundo (ritmos africanos y brasileños).

Sergio de Lope.

Flautista y saxofonista. Flamenco y jazz. Transmite vivencias personales. Premio Filón, La Unión, 2017.

Siempre así.

Grupo nacido en Sevilla en 1991. Ha obtenido un enorme éxito comercial. Música coral a base de *rumbas* y *tanguillos* con eco de comparsas gaditanas de Carnaval.

Smash.

Grupo pionero del rock andaluz aparecido al comienzo de la década de los setenta. Junto al líder, Julio Matito –que murió en 1979– figuraron artistas como Gualberto o Manuel. Smash abrió camino a otras muchas formaciones experimentalistas posteriores.

Soleá Morente.

Soledad Morente Carbonell. Hija de Enrique Morente y Aurora Carbonell. Canta fusión de flamenco, pop y rock.

Soler, Toti.

Guitarrista catalán de pop y jazz. Arriesgado y controvertido experimentalista que lo mismo estudiaba con Diego del Gastor que componía una sardana flamenca.

Son de Cádiz. (*Véase* Andy y Lucas.)

Son de la Frontera.

Quinteto musical de Morón de la Frontera. Partiendo de Diego del Gastor, incorporan sones cubanos a su música, siempre flamenca en el fondo.

Soto, José.

José Soto Varea, apodado Sorderita. Hijo del Sordera y hermano de Enrique y Vicente Soto. Cantaor gitano de Jerez de estilo Ketama en los primeros tiempos. Importantes colaboraciones en flamenco-fusión, especialmente como compositor.

Tomasito.

Tomás Moreno Calleja, apodado el Niño Robot. Cantaor y bailaor de Jerez. Baile atlético y mecánico mezclado con todo, incluso con break-dance.

Triana.

Grupo experimentalista sevillano nacido en 1974. Lo formaban Jesús de la Rosa (murió en 1983), Juan Jesús Palacios, *Tele* (murió en 2002) y Eduardo Rodríguez Rodway. Han ejercido una influencia fundamental, auténticos pioneros de las nuevas tendencias.

Triana Pura.

Grupo de cantaores trianeros veteranos que no hacen cante puro precisamente, sino estilos festeros de gran éxito comercial.

Veneno, Kiko.

José M.ª López Sanfeliú. Cantante y compositor catalán criado en Andalucía. Valedor fundamental de Pata Negra en sus orígenes. Elemento fundamental en las experiencias de flamenco fusión. Escribe letras que son a un tiempo espontáneas y corrosivas, desenfadadas y agridulces. Y siempre provocadoras. En su opinión, el flamenco clásico murió hace un cuarto de siglo, afirmación que no compartimos en absoluto, aunque sí es cierto que algunos vienen envenenándolo desde hace algún tiempo. Pero, como decimos en otro lugar, el flamenco no morirá por mucho que lo envenenen.

Villegas Gómez, Diego.
    Toca la flauta, la armónica, el saxo y el clarinete. Flamenco
    y jazz. Música intuitiva, fresca y colorista. Giraldillo al me-
    jor instrumento solista Bienal, 2020.

Zouiten, Alaa.
    Toca el laúd árabe mezclando aires magrabíes con flamenco.

10
El piano flamenco

Si el piano es un instrumento válido para la interpretación del flamenco o no es un tema del que se viene discutiendo desde hace mucho. Por supuesto, los puristas más recalcitrantes le niegan toda posibilidad. Para ellos, el único instrumento apto para acompañar el cante o el baile es la guitarra. Sin duda, tienen la memoria corta y la mente estrecha. Hace un par de siglos, los recalcitrantes de entonces, también se negaban a aceptar la introducción de la guitarra. El cante, para que fuera auténtico –decían– tenía que ser a palo seco. El inmovilismo y el exclusivismo lleva a semejantes despropósitos. El cante, el baile –el flamenco todo– tiene que ser bueno sin que haya que poner trabas a su desarrollo tratando de protegerlo. Ya decía Caracol que, el que canta bien, lo hace hasta con una gaita. Pues, eso. No es nuevo, por lo tanto, que hoy algunos pretendan desdeñar el piano porque antes hubo los que hicieron lo mismo con la guitarra, tan reconocida hoy. La evolución ha existido desde siempre. Además, que el piano se incorpore al flamenco no es un fenómeno nuevo ni tampoco lo es que se utilicen instrumentos diversos –en principio, ajenos a la tradición canónica– en el cante y en el baile. Que nadie se escandalice porque el piano se incorpore al flamenco cuando se sabe que, por ejemplo, el saxofonista Fernando Vilches grabó tres discos con Ramón Montoya en 1925 y que El Negro Aquilino hizo lo mismo con Sabicas, Manolo de

Badajoz y Manolo Beltrán al piano al comienzo de la década de los treinta del pasado siglo. Podríamos decir que son las primeras muestras de flamenco fusión. Las innovaciones de hoy no significan, por lo tanto, ningún rupturismo novedoso porque, como ya es sabido, en el flamenco, *ya está to inventao*.

El piano flamenco ha coexistido desde siempre con la música española, nacionalista y andaluza. El desarrollo de este tipo de música alcanza su máximo esplendor a mitad del siglo xix. Espléndidos son los trabajos, por ejemplo, de Ángel Currás (1910-1988), Antonio Manuel García Matos (1902-1988) o Currito de la Jeroma (1901-1930), tan polifacético como buen artista. Y no digamos nada de los grandes músicos y pianistas que fueron Isaac Albéniz y Pascual (1860-1909), Enrique Granados Campiña (1867-1916), Manuel de Falla y Matheu (1876-1946) o Joaquín Turina Pérez (1882-1949). Ellos abrieron el camino del piano flamenco. Y este adquiere ya sabor flamenco definitivo –digan lo que digan los intransigentes– en las manos de dos ilustres sevillanos: Artuto Pavón y José Romero.

Arturo Pavón Sánchez (Sevilla, 1930-Madrid, 2005). Pertenece a una familia de honda raigambre gitana y flamenca. Era hijo de Arturo Pavón Cruz –cantaor frustrado por motivos de salud– y sobrino de dos monstruos sagrados, Pastora y Tomás. Su madre era la bailaora/bailarina Eloísa Albéniz. El entronque flamenco se afianzó aún más por su boda con Luisa Ortega, la hija de Manolo Caracol. Con esta carta de presentación y sus estudios en el Conservatorio, a nadie puede extrañar que se convirtiera en el gran pionero del piano flamenco. Tocó, esencialmente, para acompañar el cante y el baile y consiguió que algunos cantes (la malagueña del Mellizo, sobre todo) adquirieran una sonoridad insospechada. Intérprete y compositor, Arturo Pavón representa en la historia del flamenco el bastión indiscutible del piano flamenco.

José Romero Jiménez (Osuna Sevilla, 1936-Sevilla, 2000) Pavón y él son los pilares basicos sobre los que se asienta todo

el desarrollo posterior del piano flamenco. De sólida formación musical, profesor, intérprete y compositor, Romero se
mueve entre el canon flamenco y la tradición clásica. No toca
para el cante como Pavón pero, en cambio, introduce en el
piano toda la amplísima gama de la sonoridad guitarrística.
Encarnaba en su ser, con rigor y seriedad, todo el sentimiento
andaluz más depurado que pueda concebirse. Cante y toque
flamencos en las teclas de Romero. Un portento.

A partir de la maestría de los recién citados, prolifera una
generación pianística formidable que llama la atención no sólo
por su calidad sino por su cantidad. Nadie hubiera podido
pensar que, en tan pocos años, el número de pianistas flamencos fuese tan elevado. En contraste con los guitarristas flamencos que, salvo contadas excepciones, no saben música, los pianistas flamencos tienen –casi en su totalidad– formación
musical académica de Conservatorio. Y eso se nota.

Los más sobresalientes, relacionados por orden alfabético, son:

Alcaraz, Abdón (Murcia, 1976). Formación académica ad-
quirida en el Conservatorio. Tocando flamenco, obtuvo el Premio Filón del Festival de La Unión, 2010 pero Alcaraz se aden-
tra también en otros territorios musicales. Alterna flamenco,
jazz y música latina y está considerado como uno de los mejores músicos del llamado Spanish Jazz.

Aroca, Alfonso (Mengíbar, Jaén, 1981). Alfonso Aroca. Titulado en solfeo. Premio Filón, La Unión, 2016. Pianista, compositor, profesor y arreglista.

Barrios Navarro, Andrés (Utrera, Sevilla, 1998). Premio Filón, La Unión, 2018. Graduado en Conservatorio. Mezcla flamenco, jazz y música latina. Diversifica pero no se pierde.

Borja Évora. Borja Muñoz Herrera (Sanlúcar de Barrameda, Cádiz, 1980). Hijo de José Miguel Évora y sobrino de Manolo Sanlúcar. O sea que su afición y sus conocimientos –aparte del Conservatorio– le vienen de casta. Premio Filón en La
Unión, 2009. Además de pianista es compositor y arreglista.

Campuzano, Felipe. Felipe Campuzano López (Cádiz, 1945). Se formó musicalmente en los conservatorios de Cádiz y Madrid. Intérprete y compositor. Busca nuevas formas musicales que saquen a Andalucía de los tópicos tradicionales, recreando una profunda Andalucía espiritual. Se ha dicho que su piano es marinero y *aristocrático.*

Castellanos, Ariadna. Ariadna Castellanos Rivas Pliego (Albacete, 1983). Con dos meses de edad, su familia se instaló en Madrid, de donde ella se considera. Sólida formación académica. Pianista y compositora. Flamenca y clásica a la vez. *Visceral y salvaje,* que dijo un crítico.

Chacho. Josep María Valenti (Barcelona, 1940). Primo de Andrés Batista. Formación musical en el Liceu de Barcelona. También canta. Célebre especialmente por sus rumbas, austeras y profundas. Numerosas grabaciones. Se ha dicho que es *el reverso melódico de Peret.*

Chano Domínguez. Sebastián Domínguez Lozano (Cádiz, 1960). Integrante del Grupo Cai, de flamenco y rock. Formó el Grupo Hixcadiz. Posteriormente, evolucionó hacia el jazz y, muy especialmente, el jazz latino. La música de Chano Domínguez supone la fusión definitiva del flamenco y el jazz. Su obra discográfica es inmensa lo mismo que su influencia. Premio Nacional de Músicas Actuales, 2020.

Chico Pérez (Jaén, 1979). Graduado en el Conservatorio Superior de Música de Jaén. Intérprete, compositor y arreglista. Mezcla de flamenco, jazz, blues y música clásica.

Churri, El. Diego Amador Fernández (Sevilla, 1973). Hermano de Raimundo y Rafael, los Pata Negra. Polifacético: pianista, guitarrista, cantaor, percusionista... Músico por encima de todo. Autodidacta. Como otros gitanos de su tiempo, pretende convertir el flamenco en música universal.

Coble, Javier (Madrid, 1966). Formación musical en el Conservatorio de su ciudad. Intérprete y compositor. Otros estilos musicales, además del flamenco, están presentes en su formación y en su creación, en especial, el clásico español. Intenta recrear la música española desde el medievo hasta hoy.

Cortés, Andrés. Andrés Cortés Marín (Palma de Mallorca, 2007). Niño gitano prodigio. Premio Got Talent con 13 años. Autodidacta. Sentimiento y compás.

Cortés, Juan. Juan Antonio Cortés Martí (Tortosa, Tarragona, 1978). Autodidacta. Discípulo de Chano Domínguez. Flamenco y jazz en perfecta armonía. El piano de Cortés rezuma sabor, sensibilidad y flamencura, con unos *picados endiablados*, según dijo un crítico. Su piano suena como si fuera una guitarra.

Cruz, Alejandro. Alejandro Cruz Benavides (Sevilla, 1979). Polifacético: pianista, actor, compositor, director musical... Formación de Conservatorio. Fuerte personalidad.

Dorantes. David Peña Dorantes (Lebrija, Sevilla, 1969). Flamenco por sangre: hijo de Pedro Peña, sobrino de El Lebrijano, nieto de la Perrata... Formación académica en el Conservatorio de Sevilla. Intérprete y compositor. Premio Giraldillo en la Bienal de Sevilla, 2002. En su música hay «aires flamencos, impresionismo de Debussy, pinceladas de jazz y sinfonismo melódico de la New Age». Reconocido mundialmente como máxima figura internacional.

Évora, José Miguel. José Miguel Muñoz Alcón (Sanlúcar de Barrameda, Cádiz, 1958). Hermano de Manolo Sanlúcar y de Isidro Muñoz. Pianista, compositor y productor. Formación académica clásica, con innegables acentos flamencos. De todos los pianistas flamencos actuales, Évora es el que se mueve con mayor solvencia dentro de la música sinfónica.

Gallego, Diego. Diego Gallego Pedreño (San Fernando, Cádiz, 1975). Pianista, compositor y productor. Cursó estudios elementales en el Conservatorio. Autodidacta. Seguidor de José Romero y de grandes *toacores* –Paco de Lucía, Morao, Vicente Amigo, Manolo Sanlúcar o Cepero– hace que la guitarra suene en su piano.

García Tejero, Francisco (Jerez de la Frontera, Cádiz, 1927-Chiclana de la Frontera, Cádiz, 2001). Pianista, compositor y arreglista. Prolífico. Autor de más de 750 canciones con *fandangos, sevillanas, rumbas, bulerías...* Como pianista, era brillante y colorista.

Hurtado, Antonio. Antonio Hurtado Torres (Sevilla, 1972). Hijo de Lolita Valderrama y sobrino-nieto de Juanito Valderrama. Sólida formación musical. Profesor y compositor. Investigador riguroso con importantes obras sobre el origen del flamenco. Pionero en transcribir la música flamenca en el pentagrama. Una personalidad dentro del mundo musical y literario del flamenco.

Hurtado, David. David Hurtado Torres (Sevilla, 1976). Todo lo dicho de su hermano Antonio puede repetirse en él.

Laura de los Ángeles. Laura Lepe de los Ángeles (Sevilla, 1986). Formación académica en el Conservatorio. Pianista, compositora y percusionista. A veces, cuando toca, se acompaña de su propia voz. Música canónica de base pero muy rítmica.

López Castro, M.ª del Carmen (Peñaflor, Sevilla, 1979). Formación académica con amplios conocimientos musicales. Profesora por oposición del Conservatorio Profesional de Música de Huelva. Pianista de acompañamiento. Clásica y flamenca.

Maldonado, Pablo. Pablo Rubén Maldonado (Granada, 1977). De formación académica en Conservatorio. Pianista, compositor, productor y letrista. De familia flamenca, es a la par inquieto y clásico. *Mi música no es fusión, es evolución*, dice él mismo.

Manolo Carrasco. Manuel Carrasco Tubio (Cádiz, 1971). Estudios completos en el Conservatorio. Compositor, pianista y director de orquesta. Autor prolífico. Su música es clásica y andaluza con indudables acentos flamencos aunque algunos puristas le consideran un *outsider* del flamenco.

Miño, Pedro Ricardo. Pedro Ricardo Miño Bastos (Sevilla, 1979). Hijo de Ricardo Miño y Pepa Montes. Estudios completos en el Conservatorio de Sevilla. Premio Giraldillo en la Bienal de Sevilla, 2008. Culto y flamenco al mismo tiempo, combina sabores de herencia y destellos de novedad.

Monroy, Sergio. Sergio Monroy García (Cádiz, 1980). Estudios medios en el Conservatorio. Pianista y compositor. Premio Filón en La Unión, 2011. Gaditanísimo. Sonido limpio, rebosante de flamencura. Su música no es académica pero sí canónica, sorpresiva y de experimentación a un tiempo. Se mueve entre el *jipío* y el *be-bop*.

Ojesto, Pedro. Pedro Ojesto Barajas (Madrid, 1953). Graduado en el Conservatorio. Su música se mueve entre el flamenco y el jazz. Autor del libro *Las claves del flamenco* donde explica, con lenguaje de música contemporánea, los palos del flamenco. Opina que en los cafés de cante ya se tocaba el piano flamenco. Es el fundador de la Escuela de Nuevas Músicas.

Paco Rodríguez. Francisco Rodríguez Núñez (Málaga, 1936-2008). Estudió en el Conservatorio de Málaga. Se inició tocando el clarinete. Clásico y rockero. Acompañante al piano de innumerable cantidad de artistas populares de la canción española.

Pareja Obregón, Manuel. Manuel Pareja-Obregón y García (Sevilla, 1933-1995). Polifacético. Pianista, compositor, arreglista, escultor... Autor prolífico, famoso especialmente por sus sevillanas clásicas –que él mismo cantaba mientras las interpretada al piano– y por los *fandangos* de Huelva.

Pérez Rodríguez, Juan (Huelva). Profesor, intérprete y compositor. Graduado en Conservatorio y en el Berklee College of Music de Boston. Premio SGAE de Flamenco Paco de Lucía en 2022. Enamorado de la música en todas sus facetas.

Reina Gitana, La. Rosario Lazo Montoya (Jerez de la Frontera, Cádiz, 1974). De familia flamenca. Formación académica. Primera mujer gitana titulada en un Conservatorio. Profesora de piano en el de Manuel de Falla, de Cádiz. Concertista. Temperamental, imprevisible y vanguardista. También toca la guitarra.

Miguel Ángel Remiro. Miguel Ángel Remiro Vera (Zaragoza, 1967). De formación académica, es compositor, profesor, arreglista y pianista. Cultiva facetas muy diversas de la música, desde la culta de concierto hasta el flamenco, pasando incluso por el jazz.

Sakamoto, Ayako (Osaka, Japón, 1960). Pionera pianista flamenca japonesa. Vinculada a la pareja artística formada por Ricardo Miño y Pepa Montes con quienes colabora asiduamente. En su piano hay frescura melódica, expresividad y flamencura con innegables ecos de jazz.

Suárez, Pablo. Pablo Suárez García (Barcelona, 1973). Casado con la bailaora Rafaela Carrasco. De familia gitana sin antecedentes artísticos profesionales. Tres años de clases particulares de música sin ir al Conservatorio. Pianista, arreglista y compositor. Frecuentes colaboraciones con compañías flamencas de cante y baile. Maestría para recrear ambientes escénicos a base de musicalidad.

Torijano, Carlos. Carlos Torijano Carrasco (Barcelona). Sólida formación musical de Conservatorio. Pianista, compositor y profesor de música. Sutil combinación de flamenco y jazz. Autor de un método para aprender a tocar los diferentes palos del flamenco en el piano.

Valdivia Valero, Diego (Algeciras, Cádiz, 1985). Además de pianista y compositor, es ingeniero de caminos. Se ha dicho que su piano canta flamenco.

Zarzana, José. José Zarzana Ortega (Jerez de la Frontera, Cádiz, 1972). Graduado en el Conservatorio. Pianista y compositor. Su formación clásica le permite *volver al flamenco sabiendo situar cada elemento en su sitio justo*. Profesor en el Conservatorio Manuel de Falla de Cádiz.

Hay otros muchos músicos que, aun siendo también pianistas, desarrollan más su actividad profesional en otras facetas paralelas o conectadas con el flamenco y son arreglistas, compositores o productores fundamentalmente. Por ejemplo, Jesús Bola, Jesús Cayuela, Juan Ramón Santiago, Javier Limón, Diego Magallanes o José M.ª Amador, *El Piani*.

11
Breve glosario de términos flamencos

La terminología del flamenco abarca expresiones y vocablos de difícil comprensión para los no iniciados. En la relación que ofrecemos a continuación, aparecen aquellos que se emplean con mayor frecuencia. Es, naturalmente, un resumen seleccionado y no pretendemos agotar la enorme cantidad de términos existentes.

Bailaor	Bailador de flamenco.
Baile	Elipsis de baile flamenco. Es la denominación habitual que se emplea para designar la danza flamenca.
Bajañí	Guitarra en caló.
Cabal	Aficionado auténtico que sabe calibrar la calidad de lo que ve o lo que escucha. También se dice de un estilo especial de cambio de *seguiriya*.
Cambio	Modificación habitual en ciertos estilos utilizada para rematarlos mejor haciéndolos más ágiles o vivos.
Cantaor	Cantador de flamenco.
Cante	Elipsis de cante flamenco. En el flamenco no se utiliza nunca la palabra canto, como en otros tipos de música, sino cante. El término

	se refiere al canto musical en sí y a la acción de cantarlo.
Cante Ad Libitum	Es el que no se ajusta a compás y el cantaor interpreta libremente. Se llama también cante libre.
Cante alante	(o cante *p'alante*). Es el que se ejecuta para escuchar, sin baile. El cantaor se sitúa en la parte delantera del escenario.
Cante atrás	(o cante *p'atrás*). Es el que se ejecuta para acompañar el baile. El cantaor se sitúa al fondo del escenario, o sea atrás, dejando libre la parte delantera del mismo.
Cante festero	Es el cante alegre, vivaz, rítmico como las *cantiñas* o las *bulerías.* Es cante de fiesta.
Cante jondo	Cante hondo. Incluye los estilos con resonancias arcaicas. Son cantes solemnes y de gran fuerza expresiva a base de sentimientos trascendentales y profundos.
Cante a palo seco	Los que se cantan sin guitarra ni acompañamiento musical de ningún tipo.
	Seco. La única música es la propia voz. Por ejemplo, la *toná,* el *martinete,* la *debla...*
Cantes de ida y vuelta	Coplas españolas que viajaron a Hispanoamérica, se impregnaron de antillanas, centroamericanas o platenses y regresaron a España aflamencándose posteriormente, en especial en Cádiz y Málaga. Por ejemplo, *guajiras, milongas, rumbas, vidalitas...*
Cantes de Levante	Son todos los cantes de Murcia y la zona de Andalucía oriental o de Levante. Son los estilos propios de las comarcas de Granada (*granaína* y *media granaína*), Málaga (*malagueñas* y *verdiales*), Almería (*tarantas* y *taran-*

tos), Jaén *(tarantas)* y Murcia *(tarantas, cartageneras* y *mineras*) y los fandangos regionales de todos estos sitios.

Cantiñear	No es exactamente cantar sino simplemente entonar el cante en voz baja o a media voz, con más estilo que facultades.
Compás	Es la medida de una frase musical considerando la acentuación que le corresponde y teniendo muy en cuenta el acompañamiento de la guitarra. Se habla de cante a compás para indicar el estilo de los cantes que se ejecutan marcando claramente el ritmo y la cadencia que tiene la copla.
Copla	Composición poética breve que sirve de letra en las canciones populares y, entre ellas, en el cante flamenco.
Duende	La Real Academia de la Lengua Española dice que es «el encanto misterioso e inefable del cante». García Lorca decía que el duende es un poder y no un obrar. Es una lucha y no un pensar. González Climent lo define como lo intermedio entre lo terreno y lo divino. El duende es la fuente de lo hondo. Los flamencos suelen decir que el duende es algo que no está en la garganta sino que sube por dentro desde la planta de los pies. Entendemos que el duende es un estado sublime de inspiración, casi un éxtasis, que se presenta de forma inesperada, sin justificación aparente y que no tiene duración fija. Igual que aparece, desaparece.
Glosolalias	Elementos vocales simples que no alcanzan a tener la categoría de elementos literarios. El cantaor los emplea a voluntad para matizar, enfatizar o resaltar diversos aspectos de la

copla. Las glosolalias más usuales en el flamenco son los «*ayes*», es decir, la utilización de ¡ay!, ¡ay!, ¡ay! repetidamente mientras se canta. O también iniciar un cante entonando la voz con expresiones como «*tara tan tran, tran tran tran*» (característico en las alegrías de Espeleta) o las «*trajili trajili*» que algunos emplean en las bulerías.

Jalear	Animar o estimular al intérprete con voces, palmas y exclamaciones diversas.
Jaleo	El conjunto de voces, palmas, expresiones y otros elementos que se emplean para jalear.
Juerga	Fiesta o reunión de aficionados que propicia el ambiente necesario para cantar, bailar y tocar flamenco bueno.
Letra	Conjunto de versos que forman la copla.
Macho	Estrofa que se añade a algunos cantes para rematarlos mejor. Equivale a cambio.
Melisma	Adorno vocálico consistente en aplicar varias notas musicales sucesivas sobre una misma sílaba.
Palo	Tipo o estilo de cante.
Por derecho	Expresión utilizada para significar la interpretación fiel de un cante.
Por lo bajini	Se dice del cante que se hace a media voz, musitando, casi como si fuera un susurro. Es lo que se llama «apuntar el cante». En cierto modo equivale a cantiñear.
Quejío	Corrupción fonética de quejido.
Rajo	Tonalidad especial de la voz que imprime mayor emotividad al cante.
Son	Compás.

Sonanta	Guitarra.
Soníos negros	Ecos profundos, sobrecogedores, emanados de la voz enduendada de un cantaor transido.
Taconeo	Serie de sonidos acompasados y rítmicos que se consiguen golpeando el suelo con los tacones de los zapatos.
Tercios	Los versos de la letra de una copla.
Tocaor	Tocador de guitarra flamenca. Guitarrista.
Toque	Acción de tocar o tañer la guitarra. Se refiere tanto a la forma de hacerlo como al tipo de sonido que produce.
Voz *afillá*	Voz recia, áspera y ronca que puede quebrarse a voluntad en cualquier momento y que resulta la más apropiada para el cante gitano y *jondo*. Así se dice que la tenía El Fillo, de donde se deriva el adjetivo «afillada» y que, por la natural deformación de pronunciación –tan habitual entre los andaluces– se convierte en *afillá*. Parece, sin embargo, que un tono de voz así se daba ya entre algunos cantaores anteriores a El Fillo pero a él se le ha adjudicado. Tenían voz *afillá*, por ejemplo, Caracol, El Borrico, Fernanda de Utrera o Terremoto.
Voz de falsete	Voz artificial utilizada para cantar cuando no se tienen cualidades naturales para hacerlo.
Voz natural	Como la expresión indica, consiste en cantar con una voz natural, tal como suena al hablar, sin utilizar impostaciones o matizaciones especiales al interpretar el cante. También se le llama voz fácil.

12
Discografía

Prescindimos de ofrecer una relación de discos de flamenco de interés sobresaliente por dos razones:

1) La lista podría resultar excesivamente larga y produciría confusión más que otra cosa. El lector medio nadaría a ciegas entre tantos títulos sin saber qué elegir.

2) La actualidad y vigencia de un disco en el mercado es efímera. Repetidamente nos encontramos imposibilitados de hacernos con un disco cuya aparición se remonte a sólo tres o cuatro años atrás. Desaparecen rápidamente y es muy difícil volver a encontrarlos al cabo de cierto tiempo. De ahí que una lista discográfica muy raras veces aporta una colaboración práctica y positiva al aficionado. Por eso hemos preferido hacer una recopilación de las mejores antologías o recopilaciones existentes, generalmente más asequibles a la hora de buscarlas. Estas antologías nos ofrecerán, en cualquier caso, la oportunidad de contar con un panorama bastante completo de los diversos estilos del cante.

Como complemento, ofrecemos una relación de artistas de calidad garantizada. Cualquier disco, compacto o vídeo de los mencionados –salvo rarísimas excepciones– será siempre bueno e interesante.

Antologías y recopilaciones

La mayor parte de ellas pueden hallarse reeditadas en CD:

Antología del cante flamenco. Hispavox, 1954. 3 discos. Texto de Tomás Andrade de Silva.

Cantaores famosos. (Antología del Cante Flamenco.) EMI-ODEÓN/La Voz de su Amo, 1958. 3 LP. Varios artistas.

Una historia del cante flamenco. Hispavox, 1958. 2 LP. Manolo Caracol y Melchor de Marchena. Texto de Manuel García Matos.

Sevilla cuna del cante. Columbia, 1960. 1 LP. Varios artistas.

Memorias antológicas del cante flamenco. Belter, 1963. 4 LP. Pepe Marchena y Paquito Simón.

Café de Chinitas (Selección de cantes de Málaga). Hispavox, 1964. 1 LP. Varios artistas.

La verdad del cante. Zafiro, 1965. 3 LP. Varios artistas.

Cien años de cante gitano. Hispavox, 1965. 1 LP. Antonio Mairena y Melchor de Marchena.

La gran historia del cante gitano andaluz, Columbia, 1966. 3 LP. Antonio Mairena, Niño Ricardo y Melchor de Marchena. Texto de Ricardo Molina.

Canta Jerez. Hispavox, 1967. 1 LP. Varios artistas.

Archivo del cante flamenco, Vergara, 1968. 6 discos. Texto de José Manuel Caballero Bonald.

Una historia del cante flamenco, Clave, 1968 (reeditada en 1986 por Hispavox). 2 discos. Manolo Caracol y Melchor de Marchena.

Historia del cante flamenco. Belter, 1968. 4 LP. Juanito Valderrama y Pepe Martínez.

Tesoros del flamenco antiguo, Hispavox, 1970. 2 discos. Pepe de la Matrona, Félix de Utrera y Manolo el Sevillano. Texto de José Blas Vega.

La Niña de los Peines. Le Chant du Monde, 1970. 1 LP.

Gran antología flamenca. RCA, 1971. 7 LP. Varios artistas. Texto Antonio Murciano.

Antología flamenca. Cien estilos del flamenco. Marfer, 1972. 9 LP. Cante y texto de Felipe Lara.

Esquema histórico del cante por seguiriya y por soleá. Zafiro, 1976. 2 LP. Antonio Mairena, Melchor de Marchena y Enrique de Melchor. Texto de Manuel Barrios.

Antología documental de cante flamenco y cante gitano, Columbia, 1978. 3 discos. Texto de Emilio González Hervás.

Antología del cante flamenco, Zafiro/Serlibro, 1978. 8 discos. Varios artistas. Texto de Manuel Barrios.

Magna antología del cante flamenco, Hispavox, 1982. 20 discos. Varios artistas. Texto de José Blas Vega.

Antología del cante gitano de nuestra tierra. Caja de Ahorros de Jerez de la Frontera, 1983. 7 LP. Varios artistas. Texto de Manuel Ríos Ruiz.

Quejío. Fontana, 1984. 3 LP. Camarón.

Antología del cante flamenco de la provincia de Cádiz. Caja de Ahorros de Jerez de la Frontera, 1986. 6 LP. Varios artistas. Texto de Manuel Ríos Ruiz.

Medio siglo de cante flamenco. Ariola, 1987. 10 LP. (Es ampliación del Archivo de 1968.) Varios artistas. Texto de José Manuel Caballero Bonald.

El cante flamenco. Antología histórica. Philips, 1987. 6 LP. Varios artistas.

La Niña de los Peines. EMI-Oeón, 1991. 1 CD.

Recopilación de la obra de Antonio Mairena. Consejería de Cultura, Junta de Andalucía, 1993. 16 CD.

Antología de los cantes de Huelva. Hispavox, 1994. Varios artistas.

Antología de Camarón de la Isla. Hispavista, 1996. 3 CD.

La mujer en el cante, Polygram, 1996. 2 CD. Carmen Linares. Texto de Ángel Álvarez Caballero.

Colección Manuel de Falla. I Concurso de Cante Jondo de Granada. (Corpus, 1922.) Sonifolk/Verlag, 1997.

Antología del cante minero y levantino. Antonio Piñana. 1 CD. Colección Grabaciones Históricas, Universal Music, 1999.

Antología de grandes clásicos del cante flamenco. El Correo de Andalucía, 2001. 28 CD. Selección de Manuel Bohórquez.

Antología flamenca. Off Sevilla, 2002. 3 CD. Varios artistas. Selección de Perico el Lunar Hijo.

Málaga cantaora: 20 cantes. Tecdisco, 2003. 1 CD. Varios artistas.

Manuel Vallejo. Sonifolk, 2004. 2 CD. Texto de José Blas Vega.

Enciclopedia de los estilos flamencos de la A a la Z. Universal, 2007. 12 CD + libro.

Varios artistas. Selección de Faustino Núñez y José Manuel Gamboa.

El Camarón de la Isla. Universal Music Spain, 2009. 3 CD.

Atlas del Cante Flamenco. Universal, 2011. 10 CD + libreto de Faustino Núñez. Varios artistas.

Antología de Manuel Vallejo. Federación de Peñas de Sevilla/Fonotrón, 2012. 13 CD. Libreto de Juan Vergillos.

Los 100 mejores toques de guitarra. Universal, 2012. 5 CD. Varios artistas.

Flamenco discoteca básica: los 10 discos indispensables del flamenco. Universal Music Spain, 2012.

40 años de cante. Warner Music, 2014. 3 CD. José Mercé. Producción de Javier Limón.

Obras completas de Pepe Marchena. Federación de Peñas de Sevilla, Diputación de Sevilla, Instituto del Flamenco y Ayuntamiento de Marchena, 2014. 17 CD libreto de Manuel Martín Martín.

Antologías (remasterizadas, en 2 CD) de Camarón, Carmen Linares, Manolo Sanlúcar y Tomatito. Universal Music Spain, 2015.

Obra completa de Antonio Chacón. El Flamenco Vive. Colección de Carlos Martín Ballester. 3 CD + libro (Ramón Soler, Guillermo Castro y J. M. Gamboa), 2017.

100 Mejores Cantes de Pepe Pinto. Federación de Entidades Flamencas de Sevilla/Fonotrón. 5 CD + libro, 2017.

Relación de artistas importantes con grabaciones de calidad

Agujetas (cante)

Agujetas el Viejo (cante)

Almadén, Jacinto (cante)

Amaya, Carmen (baile)

Amaya, Juana (baile)

Amigo, Vicente (toque)

Antonio (baile)

Arcángel (cante)

Argentina (cante)

Argentina, La (baile)

Argentinita, La (baile)

Arrebola, Alfredo (cante)

Bacán, Pedro (toque)

Baras, Sara (baile)

Barón, Javier (baile)

Bayón, Isabel (baile)

Bernarda de Utrera (cante)

Bernardo el de los Lobitos (cante)

Borrico, El (cante)

Caballero, Luis (cante)

Cabrero, El (cante)

Camarón (cante)

Cano, Manuel (toque)

Caracol, Manolo (cante)

Carbonerillo, El (cante)

Carrasco, Manuela (baile)

Carrasco, Rafaela (baile)

Cepero, Paco (toque)

Chacón, Antonio (cante)

Chaqueta, Antonio el (cante)

Chaquetón (cante)

Chato de la Isla, El (cante)

Chicuelo (toque)

Chocolate (cante)

Chunga, La (baile)

Clavel, Diego (cante)

Cojo, Enrique el (baile)

Coral, Matilde (baile)

Cornejo, Mariana (cante)

Cortés, Carmen (baile)

Cortés, Joaquín (baile)

Culata, Pepe el (cante)

Diego del Gastor (toque)

Donday, Santiago (cante)

Domínguez, Manuel (toque)

Dorantes (piano)

Durán, Rosa (baile)

Enrique de Melchor (toque)

Escudero, Vicente (baile)

Esmeralda, Merche (baile)

Faíco (baile)

Farruco (baile)

Farruquito (baile)

Félix de Utrera (toque)

Fernanda de Utrera (cante)

Fernández, Esperanza (cante)

Fernández, Israel (cante)

Fosforito (cante)

Franco, Manolo (toque)

Gades, Antonio (baile)

Galván, Israel (baile)

Galván, Pastora (baile)

Gloria, El (cante)

Güito, El (baile)

Rey, Antonio (toque)
Reyes, Antonio (cante)
Ricardo, Niño (toque)
Riqueni, Rafael (toque)
Rodríguez, José Antonio
  (toque)
Romero, José (piano)
Romero, Juan Carlos (toque)
Romero, Rafael (cante)
Ruiz, Mercedes (baile)
Sabicas (toque)
Sánchez, Calixto (cante)
Sanlúcar, Manolo (toque)
Sellé, Aurelio (cante)
Sernita (cante)
Serranito (toque)
Sierra, Pedro (toque)
Silveria, Manuel (toque)
Soler, Pedro (toque)
Sordera, El (cante)
Soto, Vicente (cante)

Talega, Juan (cante)
Taranto, Paco (cante)
Tena, Lucero (baile
  y castañuelas)
Terremoto (cante)
Terremoto Hijo (cante)
Tomasa, José el de la (cante)
Tomatito (toque)
Torre, Manuel (cante)
Torta, El (cante)
Valencia, José (cante)
Vallejo, Manuel (cante)
Varea, Juan (cante)
Vargas, Aurora (cante)
Vargas, Manolo (cante)
Vargas, Manuela (baile)
Vargas, María (cante)
Villar, Juanito (cante)
Yerbabuena (baile)
Zambo, Luis (cante)

Para la adquisición de todo tipo de material relacionado con el flamenco (discos, CD, libros, instrumentos musicales, ropa, zapatos, etc.) recomendamos en Madrid la tienda:

El Flamenco Vive
Moratín, 6
28014 Madrid
Tel. 91 547 39 17
info@elflamencovive.es

13
Bibliografía

Dentro de la amplia bibliografía existente, seleccionamos los títulos que, no solamente ofrecen una mayor garantía y que mejor estudian el fenómeno apasionante del flamenco sino, muy especialmente, los que responden a las pretensiones de este libro. Nuestra *Guía* quiere, simplemente, orientar a todas aquellas personas que sienten curiosidad por descubrir lo que es el flamenco. Y, dando un paso hacia adelante, pretende a su vez conducir por el buen camino a los que se hayan sentido ya atraídos por la magia del flamenco y deseen profundizar en su conocimiento.

De ninguna manera pretendemos abarcar un saber enciclopédico y nada más lejos de nuestra intención que ofrecer una relación bibliográfica exhaustiva.

Somos conscientes de que omitimos en nuestra relación obras de gran valor relativas al mundo del flamenco pero reiteramos que nuestra intención es orientar tratando de ofrecer los medios más adecuados de la manera más clara y concisa.

De muchas de las obras que ofrecemos en nuestra bibliografía existen reediciones posteriores.

ALMENDROS, Carlos, *Todo lo básico sobre flamenco,* Barcelona, Ediciones Mundi Libro, 1973.

ÁLVAREZ CABALLERO, Ángel, *Historia del cante flamenco,* Madrid, Alianza Editorial, 1981.

—, *Gitanos, payos y flamencos en los orígenes del flamenco,* Madrid, Cinterco, 1988.

—, *La discoteca ideal del flamenco,* Barcelona, Planeta, 1995.

—, *El cante flamenco,* Madrid, Alianza Editorial, 1994.

—, *El baile flamenco,* Madrid, Alianza Editorial, 1998.

—, *El toque flamenco,* Madrid, Alianza Editorial, 2003.

ARBELOS, Carlos, *Matices flamencos* (texto de M.ª Rosa Fiszbein y prólogo de Manuel Ríos Ruiz), Sevilla, Giralda, 1994.

ARREBOLA, Alfredo, *Cantes gitano-andaluces básicos,* Cádiz, Servicio de Publicaciones de la Universidad de Cádiz, 1987.

—, *Perfiles estéticos y biográficos de cantaores flamencos,* Málaga, Universidad de Málaga, 1998.

AURELIO, BERNARDO y MATRONA, *Cien años hace que nacieron,* Madrid, Instituto Nacional de las Artes Escénicas y de la Música, Ministerio de Cultura, 1987.

BARRIOS, Manuel, *Ese difícil mundo del flamenco,* Sevilla, Servicio de Publicaciones Universidad de Sevilla, 1972.

BERLANGA, Miguel Ángel, *El Flamenco, Baile, Música y Lírica,* Granada, Universidad de Granada, 2021.

BLAS VEGA, José, *Las tonás,* Málaga, El Guadalhorce, 1967.

—, *Temas flamencos,* Madrid, Dante, 1973.

—, *Conversaciones flamencas con Aurelio de Cádiz,* Cádiz, Servicio de Publicaciones Universidad de Cádiz, 1988.

—, *Vida y cante de D. Antonio Chacón,* Madrid, Cinterco, 1990.

—, *Silverio, Rey de los Cantaores,* Córdoba, Publicaciones del Excmo. Ayuntamiento de Córdoba, 1995.

—, *El flamenco en Madrid,* Almuzara, 2006.

—, *50 años de Flamencología.* Libro + CD. Madrid, El Flamenco Vive, 2008.

— y Ríos RUIZ, Manuel, *Diccionario enciclopédico ilustrado del flamenco,* Madrid, Cinterco, 1988.

BOHÓRQUEZ CASADO, Manuel, *La Niña de los Peines en la casa de los Pavón.* Sevilla, Signatura Ediciones, 2000.

BOIS, Mario, *Le Flamenco,* París, Marval, 1994.

BRETÉCHÉ, Guy, *Histoire du flamenco*, Biarritz, Atlántica, 2008.

CABALLERO BONALD, José Manuel, *Luces y sombras del flamenco*, Barcelona, Lumen, 1997.

CALADO OLIVO, Silvia, *Por bulerías. 100 años de compás flamenco*, Córdoba, Almuzara, 2009.

CALVO, Pedro y GAMBOA, José Manuel, «Historia-guía del Nuevo Flamenco». «El duende de ahora», Ediciones Guía de Música, Madrid, 1994.

CANO, Javier y MARTÍN LUENGO, Mercedes, *Retrataura*, Madrid, Celeste, 1997.

CANO, Manuel, *La guitarra. Historia, estudios y aportaciones al arte flamenco*, Córdoba, Servicio de Publicaciones Universidad de Córdoba, 1986.

CASTAÑO HERVÁS, José M.ª, *De Jerez y sus cantes*, Córdoba, Almuzara, 2007.

CASTRO BUENDÍA, Guillermo, *Génesis musical del cante flamenco. De lo remoto a lo tangible en la música flamenca hasta la muerte de Silverio Franconetti*. Sevilla, Libros con duende, 2014.

CASTRO MARTÍN, María Jesús, *Historia Musical del Flamenco*, Barcelona, Maestro Flamenco, 2007.

CLEMENTE GAVILÁN, Luis, *Filigranas. Historias del Nuevo Flamenco*, Valencia, Editorial La Máscara, 1995.

—, *Flamenco de evolución*, Madrid, Editorial Lapislázuli, 2002.

—, *Kitsch y flamenco*, Madrid, Editorial Lapislázuli, 2009.

DEVAL, Frédéric, *Le flamenco et ses valeurs*, París, Aubier, 1989.

DIEUZAIDE, ... *Être Flamenco* (prólogo de Edgar Morin), París, Julliard, 1992.

DUMAS, Danielle, *Chants flamencos*, París, Aubier Montaigne, 1973.

DURAND, Jacques y MUÑOZ, Isabel, *Flamencos*, París, Plume, 1993.

ESPADA, Arcadi y ESPAÑA, Antonio, *Molde roto*, Sevilla, Renacimiento, 2022.

ESPÍN, Miguel y MOLINA, Romualdo, *Flamenco de ida y vuelta*, Sevilla, Grupo Cruzcampo, 1991.

ESTÉBANEZ CALDERÓN, Serafín, *Escenas andaluzas,* Madrid, La Novela Corta, 1917.

GAMBOA, José Manuel, *Hechos y hechuras del maestro,* Madrid, El Flamero Vive, 2021.

—, *Una historia del flamenco,* Espasa Calpe, Madrid, 2005.

— y CALVO GUERRERO, Pedro, *Guía libre del flamenco,* SGAE, Madrid, 2001.

GARCÍA GÓMEZ, Génesis, *José Menese. Biografía jonda,* Madrid, El País /Santillana, 1996.

—, *Cante flamenco, cante minero,* Barcelona, Anthropos, 1993.

GARCÍA LABERNÍA, Joaquín, *Así se descubre el cante flamenco,* Barcelona, Cims, 1997.

GARCÍA MATOS, Manuel, *Sobre flamenco,* Madrid, Cinterco, 1987.

GARCÍA-MATOS ALONSO, Carmen: *La mujer en el cante,* Córdoba, Almuzara, 2010.

GARCÍA REYES, Alberto, *Guía del flamenco,* Junta de Andalucía, Sevilla, 2002.

—, *La ruta del flamenco,* Grupo Pandora, Sevilla, 2004.

GOBIN, Alain, *Le flamenco,* París, Presses Universitaires de France, 1975.

GONZÁLEZ CLIMENT, Anselmo, *Oído al cante,* Madrid, Escelicer, 1960.

—, *Bulerías,* Jerez de la Frontera, Publicaciones del Excmo. Ayuntamiento, 1961

—, *Flamencología,* Madrid, Escelicer, 1964.

GRANDE, Félix, *Memoria del flamenco,* Madrid, Espasa-Calpe, 1979. Barcelona, Círculo de Lectores, 1995 (reedición).

GRIMALDOS FEITO, Alfredo, *Historia social del flamenco,* Barcelona, Península, 2010.

GUTIÉRREZ CARBAJO, Francisco, *La copla flamenca y la lírica popular,* Madrid, Cinterco, 1990.

HILAIRE, Georges, *Initiation Flamenca,* París, Tambourinaire, 1954.

HURTADO TORRES, Antonio y David, *La llave de la música flamenca,* Signatura Ediciones, Sevilla, 2009.

Larrea, Arcadio, *El flamenco en su raíz,* Madrid, Nacional, 1974.

Leblon, Bernard, *Flamenco,* París, Cité de la Musique/Actes Sud, 1995.

—, *Musique Tsigane et Flamenco,* París, L'Harmattan, 1990.

Lemogodeuc, Jean-Marie y Moyano, Francisco, *Le Flamenco,* París, Presses Universitaires de France, 1994 (Colección Que sais-je?).

León Benítez, Catalina, *El flamenco en Cádiz,* Córdoba, Almuzara, 2006.

López Rodríguez, Fernando, *Historia queer del flamenco,* Barcelona, Egales, 2020.

López Rodríguez, Manuel, *El flamenco. Las onomatopeyas en su léxico,* Málaga, Giralda, 1994.

—, *Los nombres artísticos en el mundo del flamenco,* Sevilla, Giralda, 1997.

López Ruiz, Luis, *Guide du flamenco,* París, L'Harmattan, 1994 (reeditada en 2003 y 2010).

—, *De flamenco.* Signatura Ediciones, Sevilla, 2010.

Luna, José Carlos de, *De cante grande y cante chico,* Madrid, Escélicer, 1942.

Machado y Álvarez, Antonio, «Demófilo», *Cantes flamencos,* Madrid, Espasa Calpe, 1975.

—, *Colección de cantes flamencos recogidos y anotados,* Madrid, El Porvenir, 1981.

Manfredi Mayoral, Juan Luis, *El Flamenco de ayer y de siempre,* Sevilla, Universidad de Sevilla, 2021.

Marín Rújula, Ángel y Melgar Reina, Luis, *Arte, genio y duende,* Córdoba, Caja de Ahorros, 1988.

Martín Ballester, Carlos (ed.), *Don Antonio Chacón,* Madrid, El Flamenco Vive, 2016.

— (ed.), *Manuel Torres,* Madrid, El Flamenco Vive, 2018.

— (ed.), *Tomás Pavón,* Madrid, El Flamenco Vive, 2019.

Martín Martín, Manuel, *El gazpacho andaluz de Morón,* Sevilla, Ayuntamiento de Morón de la Frontera y Diputación Provincial, 1998.

Martín Salazar, Jorge, *Los cantes flamencos,* Granada, Diputación Provincial, 1991.

Martínez Bernicola, José Antonio, *Mundo y formas del flamenco, la memoria que nos une,* Alicante, Universidad de Alicante, 2019.

Mederos, Alicia, *El flamenco,* Madrid, Acento, 1996.

Molina Fajardo, Eduardo, *Manuel de Falla y el cante jondo,* Granada, Publicaciones de la Universidad de Granada, 1962.

Molina Tenor, Ricardo, *Misterios del arte flamenco,* Barcelona, Sagitario, 1967.

—, *Cante flamenco,* Madrid, Taurus, 1969.

Molina, Ricardo y Mairena, Antonio, *Mundo y formas del cante flamenco,* Madrid, Revista de Occidente, 1963.

Monleón, José, *Lo que sabemos del flamenco,* Madrid, Gregorio del Toro Editor, 1967.

Mora Díaz, Miguel, *La voz de los flamencos. Retratos y autorretratos,* Madrid, Siruela, 2008.

Moreno Galván, Francisco, *Letras flamencas completas,* Morón de la Frontera, Cristino Raya González, 1998.

Navarro García, José Luis, *Historia del baile flamenco*, 5 vols., Sevilla, Signatura Ediciones, 2010.

— y Ropero Núñez, Miguel, *Historia del flamenco,* 5 vols. y 40 CD, Sevilla, Tartessos, 1995.

Núñez Núñez, Faustino, *Cádiz y lo flamenco en torno a 1812*, El Porvenir Ediciones, 2013.

—, *América en el flamenco,* Flamencópolis, 2021.

Ortiz Nuevo, José Luis, *Setenta y siete seguiriyas de muerte,* Madrid, Hiperión, 1988.

—, *Tío Gregorio, Borrico de Jerez,* Jerez de la Frontera, Servicio de Publicaciones del Excmo. Ayuntamiento, 1984.

—, *Anica la Piriñaca,* Madrid, Hiperión, 1987.

—, *¿Se sabe algo? Viaje al conocimiento del arte flamenco*, Ed. El Carro de la Nieve, 1990.

Osuna García, Javier, *Cádiz, cuna de los cantes.* 2002.

OTERO ARANDA, José, *Tratado de bailes.* Sevilla, 1912 (reedición de Rocío Plaza y Antonio Zoido), Sevilla, 2012.

PABLO LOZANO, Eulalia, *Mujeres guitarristas.* Signatura Ediciones, Sevilla, 2009.

PARRA PUJANTE, Antonio, *Rito y geografía del cante,* 1 vol + 26 videocasetes del programa del mismo nombre de TVE, Murcia, Alga Editores, 1997.

PELLERIN, Marc-Alfred, *El Loco,* París, Julliard, 1990. (En español, París, XXI Congreso Internacional de Flamenco, 1993.)

PEMARTÍN, Julián, *El cante flamenco,* Madrid, Afrodisio Aguado, 1966.

PÉREZ, Eric, *Flamenco. Parcours d'un art,* Lyon, Presses Universitaires de Lyon, 1992.

PLATA, Juan de la, *La tradición flamenca de Jerez,* Jerez de la Frontera, Cátedra de Flamencología, 1987.

—, *Flamencos de Jerez,* Jerez de la Frontera, Cátedra de Flamencología, 1961.

—, *El flamenco que he vivido,* Sevilla, Signatura Ediciones, 2009.

POHREN, Donn Elmer, *El arte flamenco,* Morón de la Frontera, Sociedad de Estudios Españoles, 1970.

PRADAL, Vicente, *Flamenco, le cri et le geste,* París, Ediconseil, 1991.

QUIEVREUX, Louis, *Art Flamenco,* Bruselas, 1959.

QUIÑONES CHOZAS, Fernando, *El flamenco, vida y muerte,* Barcelona, Plaza y Janés, 1971.

—, *¿Qué es el flamenco?,* Madrid, Cinterco, 1993.

REYES TORRES, Manuel, *Flamenco Universal,* Independently published, 2020.

RÍOS RUIZ, Manuel, *Introducción al cante flamenco,* Madrid, Istmo, 1972.

—, *Rumbos del cante flamenco,* Barcelona, Picazo, 1973.

—, De *cante y cantaores de Jerez,* Madrid, Cinterco, 1987.

—, *Historias y teorías del cante jondo,* Madrid, Taller El Búcaro, 1979.

—, *Ayer y hoy del flamenco,* Madrid, Istmo, 1997.

ROBERT, René, *Flamencos, la rage et la grâce,* José Blas Vega y texto de Anne-Marie Virelizier, París, Syros, 1993.

ROLDÁN FERNÁNDEZ, José M.ª, *Los largos caminos del flamenco,* Huelva, Diputación Provincial de Huelva/Fundación El Monte, 1998.

ROMERO JIMÉNEZ, José, *La otra historia del flamenco,* Centro Andaluz del Flamenco, Jerez, 1996.

ROPERO NÚÑEZ, Miguel, *El léxico caló en el lenguaje del flamenco,* Sevilla, Publicaciones de la Universidad de Sevilla, 1978.

ROSSY, Hipólito, *Teoría del cante jondo,* Barcelona, Credsa, 1966.

SALINAS RODRÍGUEZ, José Luis, *Jazz, flamenco, tango: las orillas de un ancho río,* Madrid, Catriel, 1994.

SÁNCHEZ MARÍN, Calixto y NAVARRO GARCÍA, José L., *Aproximaciones a una didáctica del flamenco,* Sevilla, Junta de Andalucía, Consejería de Educación y Ciencia, 1988.

SOLER GUEVARA, Luis, *Reflexiones sobre el flamenco y los flamencos,* Málaga, 2013.

— y SOLER DÍAZ, Ramón, *Antonio Mairena en el mundo de la seguiriya y la soleá,* Fundación Antonio Mairena y Junta de Andalucía, Málaga, 1992.

TRIANA, Fernando el de, *Arte y artistas flamencos,* Madrid, Helénica, 1935 (ed. facsímil, Madrid, Editoriales Andaluzas Unidas, 1986).

VALDERRAMA ZAPATA, Gregorio, *Adiós Granada. El Concurso del Cante Jondo,* Madrid, El Flamenco Vive, 2021.

VALERO VARGAS, Francisco (PACO VARGAS), *Flamenco en Málaga. Historia y actualidad de sus cantes y sus artistas*, Córdoba, Almuzara, 2010.

VELÁZQUEZ-GAZTELU, José María, *De la noche a la mañana (50 años de flamenco)*, Sevilla, Athenaica, 2021.

VERGILLOS, Juan, *Nueva historia del flamenco*, Córdoba, Almuzara, 2021.

Índice